마가복음설교

사람의 아들,

그리고

사람

이 책은 "성도와 신학 아카데미"(대표 정채훈 장로)의 후원으로 출판되었습니다

마가복음 설교

# 사람의 아들, 그리고 사람

초판 1쇄    2024년 5월 25일

발 행 인    조병수
지 은 이    조병수
디 자 인    김민정
펴 낸 곳    도서출판 가르침
주    소    경기도 용인시 수지구 성복1로 157, 106동 502호(16854)
홈페이지    http://huguenot.kr/
인 쇄 처    천일인쇄 (02)2265-6666

ISBN    979-11-968579-4-3 93230
값      17,000원

표지 그림은 마가의 모습을 묘사한 10세기 작품이다

PREACH MARK ——————————————— 조병수

# 사람의 아들, 그리고 사람

가르침

사람은 한쪽 끝에서 반대쪽 끝을 사는 모순적인 존재이다. 자기를 잣대로 삼아 모든 것을 평가하기에 자기의 욕구와 필요에 따라 평가가 달라질 수밖에 없다. 그래서 한쪽을 주장하다가도 생각이 바뀌면 순식간에 반대쪽을 주장하기 일쑤이다. 이렇게 인간은 자아라는 실존 속에 갇혀 있는 존재이다. 유명인사나 보통사람이나 자기 실존 속에 갇혀 있다는 사실에는 별 차이가 없다. 달걀이 메추리알보다 조금 더 큰 것처럼 훌륭한 인물이란 평범한 사람보다 반경이 조금 더 클 뿐이지 자기중심적인 실존에서 벗어날 수가 없다는 점에서는 똑같다. 인간은 스스로는 그 실존 속에서 빠져나오지 못한 채 한 인생을 살다가 끝난다. 마치 어미 새가 밖에서 껍질을 깨주지 않으면 끝내 껍질 안쪽에서 죽어버리는 새끼와 같다.

자기가 표준인 사람에게 진정한 표준을 제시하시고 자아라는 실존 속에 갇힌 사람을 구원하기 위해 하나님의 아들이신 예수님이 "사람의 아들"(인자)로 오셨다. 사람의 아들 예수님은 매사에 사람을 교정하신다. 구원이란 인간 교정이다. 악령으로부터, 죄악으로부터, 자아로부터 교정이다. 교정 받아야 할 대상은 고급사회에 속한 사람이건 비천한 자리에 놓인 사람이건, 유대인이건 이방인이건, 남자건 여자건, 예수님을 처음 만난 사람이건 다년간 예수님을 따라다닌 사람이건 상관이 없다. 사람의 아들이신 예수님만이 사람을 교정하신다. 이 사실을 간명하게 잘 보여주는 것이 마가복음이다. 마가복음은 인간정신과 싸운다. 마가복음에서 사람의 아들 예수님은 모순적인 자아와 폐쇄적인 자아에 근간을 두고 있는 사람을 교정하신다.

이 설교집은 2008년에 서울 양재동에 소재한 그의나라교회에서 대략 열 달 동안 설교한 내용을 모은 것이다. 이 책에 실은 설교 외에도 몇 편이 더 있는데 정리가 덜 되어 출판하는 것을 미루어두었다. 언젠가 증보판을 낼 때 보탤 계획이다. 당시에 마가복음을 전부 설교하는 것은 시간도 많이 걸릴 뿐 아니라 나중에는 청중이 식상하게 여길 수 있다는 생각이 들어 각 장에서 두세 편 정도씩 설교하는 쪽으로 가닥을 잡았다. 그러다보니 때로는 중요한 본문을 넘어갈 수밖에 없었지만, 이 정도의 설교만으로도 마가복음의 핵심이 대체로 드러났다고 생각하며 자족하는 마음을 가진다.

이 책은 "성도와 신학 아카데미"(대표 정채훈 장로)의 후원으로 출판되었다. 고개를 숙여 심심한 감사를 드린다.

아울러 이 자리를 빌어 전주새중앙교회(담임 홍동필 목사)에 감사의 말을 전하고 싶다. 평생친구 홍 목사는 교회를 통해 정말 오랜 시간 나에게 연구비를 지원해주었다. 우습게 들릴지 모르지만, 신학을 하는 것도 제법 경비가 많이 드는 일이다. 값비싼 책 앞에서 선뜻 손을 내밀지 못하고 머뭇거릴 때 누군가에게 도서비를 지원받는 것이 가뭄에 단비를 만난 것 같은 기분임은 경험해 본 사람만이 아는 일이다. 이런 의미에서 전주새중앙교회와 홍동필 목사는 신학자에게 힘을 실어주는 좋은 본보기가 되었다. 앞으로 많은 교회가 신학자들의 연구를 돕는 일이 일어나면 좋겠다. 우리가 잊지 말아야 할 것은, 신학의 지원 없이는 교회가 존재하지 않고, 교회의 지원이 없이는 신학이 존재하지 않는다는 사실이다.

2024년 5월 15일, 조병수가 쓰다

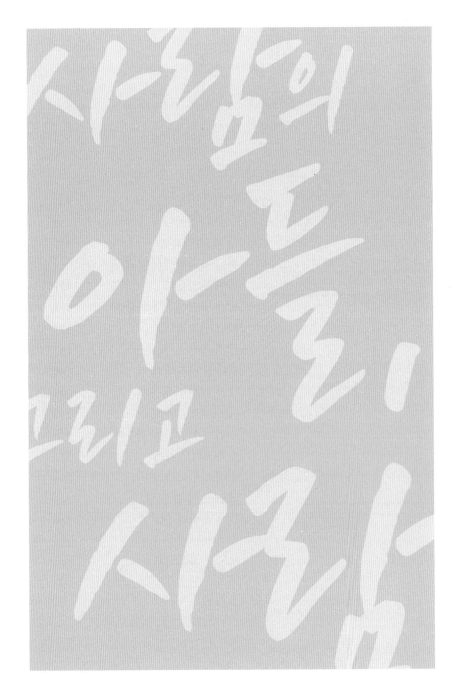

# 복음의 시작

성경에는 사복음서라고 불리는 네 권의 복음서가 있다. 왜 네 권의 복음서가 있어야 하는가에 대한 대답은 사람마다 다르게 제시할 것이다. 무엇보다도 예수 그리스도를 다양한 시각에서 설명하려는 의도가 있었던 것으로 생각해 볼 수 있다. 이렇게 할 때 예수님을 보다 충분하게 묘사할 수 있는 길이 열린다. 더 나아가서 네 권의 복음서가 있기 때문에 사람들을 점진적으로 더 잘 설득할 수 있었을 것이다. 한 복음서만을 읽고 끝나면 설득되지 않을 사람도 네 권을 읽을 때 설득을 받을 수 있다는 것이다. 한 명의 증인보다는 네 명의 증인이 훨씬 충격적이라는 뜻이다. 여기에 예수 그리스도에 대한 증언의 완전성이 성립된다.

성경의 복음서는 모두 동일한 방식으로 구성되어 있다. 사복음서는 모두 세례자 요한에 대한 이야기에서 예수님의 활동과 수난과 부활(승천)까지를 내용으로 삼는다. 기독교의 초기부터 성경의 사복음서 외에 도마복음이니, 유다복음이니 하는 것들이 많이 등장을 했다. 그러나 그런 것들은 성경의 사복음서와 구성이 전적으로 다르다는 점에서 배척되었다. 어떤 사람들은 그런 것들이 예수 그리스도에 대한 역사적인 자료를 제공한다고 믿지만 늦은 작성 연대 때문에 허황된 생각일 뿐이다. 게다가 우리는 예수 그리스도에 대한 역사적 자료를 더 필요로 하지 않는다. 바로 여기에 고고학의 의미와 무의미가 공존한다. 고고학이 예수 그리스도에 대한 역사적인 자료를 더 발굴할 때 자료가 늘어났다는 의미는 있지만 구원이 확실해진다는 의미는 없다. 중요한 것은 역사의 유산이 아니라 영혼의 구원이다. 역사의 유산 자체에도 의미가 있는 것은 사실이지만, 그 의미란 언제나 영혼의 구원과 관련될 때만 성립된다. 다시 말해서 역사의 유산은 영혼의 구원 없이는 무의미하다. 이런 점에서 볼 때 성경의 사복음서 외에 다른 복음서는 필요가 없다. 중요한 것은 자료가 아니라 구원이며, 역사가 아니라 복음이다. 우리가 초점을 맞추어야 할 것은 역사가 제공하는 자료가 아니라 복음이 제공하는 구원이다. 이 문제를 민감하게 인식했던 것이 다름 아닌 바로 마가복음이다. 마가는 복음서를 기록하면서 역사의 자료를 제시하려는 것이 아니라 복음의 구원을 제시하려고 한다. 그래서 마가는 처음부터 복음에 집중한다. 마가가 처음부터 묻는 것은 두 가지이다. 복음은 어떻게 시작되었는가? 복음의 내용은 무엇인가?

## 1. 복음의 시작

복음은 어떻게 시작되었는가? 마가복음은 이에 대하여 분명한 대답을 준다. "하나님이 아들 예수 그리스도의 복음의 시작이라"(1). 이것은 마가복음의 첫 말로서 언뜻 보면 표제어와 같은 성격을 지니고 있다. 그러나 이것은 표제어 이상의 의미를 가진다. 이 구절 자체가 바로 본문에 속하기 때문이다. 여기에서 우리가 주목해야 할 말은 "복음의 시작"이라는 표현이다. 이 말은 복음이 어떻게 시작되었는지 잘 보여준다. 예수님의 복음은 오래 전에 시작되었다. 복음의 뿌리를 캐어 들어가자면 그 끝에는 하나님이 계시다. 복음의 줄기에는 선지자들이 있고, 복음의 열매는 예수 그리스도이시다. 그 사이에는 세례자 요한이 있다. 그래서 복음은 하나님, 선지자들, 세례자 요한, 그리고 예수님을 포괄하는 놀라운 것이다. 바로 여기에서 우리는 복음과 관련하여 두 가지 열정을 발견하게 된다.

첫째로 복음의 기원이신 하나님의 열정이다. 마가복음은 복음의 기원이신 하나님께서 이 복음을 역사가운데 펼치기 위하여 어떤 일을 하셨는지 설명한다. 마가복음에 의하면 하나님의 일은 구속사적인 행위로서 두 가지로 요약될 수 있다. 그것은 선지자들의 활동(2-3)과 세례자 요한의 활동(4-8)이다. 하나님께서는 복음을 전파하기 위하여 오랜 시간동안 선지자들을 보내셨다. 마가복음은 그 가운데서 대표적으로 이사야와 말라기를 제시한다. "보라 내가 내 사자를 보내노니..."(말 3:1), "광야에서 외치는 자의 소리가 있어..."(사 40:3). 복음의 기원이신 하나님은 복음이 왕성하게 확립되고 확장되도록 부지런히 선지자들을 보내어 활동하게 하셨다. 그리고 마지막에는 복음을 위하여 세례자 요한을 보내셨다. 복음의 기원이신 하나님은 열정적으로 사람들을 보내어 복음을 위해 활동하게 하셨다.

둘째로 복음의 확장을 위한 사람들의 열정이다. 선지자들은 죽음을 각오하고 복음을 증언했다. 그 중에 대표적으로 이사야와 말라기를 볼 수 있다. 이사야 선지자는 이스라엘 백성이 하나님을 아버지로 섬기지 않는 것을 심하게 책망했다(사 1:2-3). 말라기도 이스라엘 백성이 하나님을 아버지와 주인으로 공경하지 않는 것을 심하게 책망했다(말 1:6). 선지자들은 이스라엘 백성이 진정으로 회개하고 돌아올 수 있는 방법은 오직 메시아에 의한 구원밖에는 없다는 것을 알았다. 그래서 선지자들은 메시아가 오실 것을 예언하였다. 그들은 메시아를 예언하기 위하여 백성을 책망했고 이 때문에 핍박과 증오를 받았다. 선지자들은 메시아를 예언하기 위하여 험난한 길을 걸어갔던 것이다. 세례자 요한도 마찬가지이다. 그는 메시아를 선포하기 위하여 고통의 길을 감수했다. 요한은 광야에서 활동을 했고, 낙타 털옷을 입고 메뚜기와 석청을 먹었다. 그는 회개를 부르짖고 세례를 주었으며 메시아를 예언했다. 이 때문에 요한은 유대인들로부터 치명적인 공격을 받았다. 그러나 요한은 복음을 위해서 이 모든 것을 감내했다.

복음은 복음의 기원이신 하나님에 의하여 열정적으로 시작되었고 복음의 줄기에 속하는 선지자들과 세례자 요한에 의하여 열정적으로 전개되었다.

## 2. 복음의 내용

그러면 복음의 내용은 무엇인가? 도대체 복음은 무엇인가? 복음의 기원이신 하나님 자신이 복음이시다. 하나님의 존재와 활동 그 자체가 복음의 내용이다. 또한 선지자들도 복음의 내용이다. 이것은 구약 안에 있는 복음이다. 세례 요한도 복음이다. 세례자 요한은 복음의 전령자일 뿐 아니라 그 자체가 복음의 일부이다. 그런데 복음으로서의 하나님, 선지자들, 세례자 요한은 마치 깔때기처럼 예수님께 집중한다. 모든 초점이 예수님께 모아진다. 마가복음은 이 사실을 우리에게 알려준다. 복음의 기원이신 하나님의 열정과 복음의 줄기에 서 있는 선지자들과 세례자 요한의 활동은 결국 예수님을 향한 것이다. 그러므로 예수님이 복음이다.

예수님은 누구인가? 마가복음의 첫 부분에서는 예수님이 세례자 요한과 비교에서 설명된다. 세례자 요한은 이렇게 말했다. "나보다 능력 많으신 이가 내 뒤에 오시나니 나는 굽혀 그의 신발 끈을 풀기도 감당하지 못하겠노라"(7). 세례자 요한은 시간적으로 자신보다 뒤에 오는 예수님을 예언했다. 뒤에 온다고 해서 열등한 것이 아니다. 세례자 요한은 예수님이 비록 시간적으로 후에 오지만 자신보다 능력이 많다는 것을 명시했다. 세례자 요한은 자신과 비교할 때 예수님이 얼마나 능력이 많은지 비유적으로 설명한다. 예수님은 세례자가 허리를 굽혀 신발 끈을 풀기도 감당하지 못할 정도의 인물이다.

그러면 도대체 예수님은 세례자 요한보다 왜 능력이 많은가? 도대체 왜 세례자 요한은 허리를 굽혀 예수님의 신발 끈도 풀 수 없는가? 도대체 예수님의 능력이 무엇인가? 세례자 요한은 바로 그 이유를 밝혀주었다. "나는 너희에게 물로 세례를 베풀었거니와 그는 너희에게 성령으로 세례를 베푸시리라"(8). 여기에 세례자 요한의 활동과 예수님의 활동이 극명하게 대조적으로 언급된다. 세례자 요한의 활동은 물세례이지만 예수님의 활동은 성령세례이다. 이것이 세례자 요한과 예수님의 차이이며, 예수님이 요한보다 능력이 많으신 이유이다.

마가복음은 예수님이 하나님, 선지자들, 세례자 요한의 복음이 깔때기처럼 모아진 복음이라고 말한다. 그리고 마가복음은 복음이신 예수님은 성령님으로 세례를 주시는 분이라고 정의한다. 예수님이 복음이라는 사실은 예수님이 성령님으로 세례를 주시는 분이라는 사실이다. 한 마디로 말해서 마가복음이 첫 단락에서 제시하는 복음은 성령론적인 복음이다. 예수님은 성령님으로 세례를 주시는 분이다. 장차 예수님이 성령님으로 세례를 주기 위하여 갈릴리와 유다의 활동, 수난과 부활(승천)을 거치신다. 이것이 마가복음의 내용이다. 마가복음은 성령님으로 세례를 주시는 예수님이 걸어가시는 길을 설명한다. 따라서 마가복음이 말하는 복음은 예수님이 성령님으로 세례를 주신다는 사실이다. 그러면 성령님으로 세례를 주신다는 것은 무슨 의미를 가지는가?

첫째로 성령님으로 세례를 준다는 것은 거룩함의 실현이다. 성령님은 "거룩한" 영이시다. 마가복음은 성령님과 관련하여 이 점을 강조하는 듯이 보인다. 예수님이 성령님으로 세례를 주신다는 것은 무엇보다도 그 대상들에게 거룩함을 실현하는 것을 목적으로 삼는다. 복음의 내용 가운데 한 가지는 하나님의 거룩한 백성이 되는 것이다(벧전 1:16-17). 복음은 하나님의 백성을 거룩하게 만드는 것을 내용으로 삼는다. 그러므로 복음을 받은 하나님의 백성은 거룩한 사람들(성도)이므로 죄악과 불륜에 대하여 싸워야 한다. 성도는 영적으로나 육체적으로 악한 것과 더러운 것을 제거해야 한다. 이 때문에 마가복음에서 자주 볼 수 있듯이 예수님이 공생애 동안에 악하고 더러운 영들을 추방하셨던 것이다. 예수님은 악하고 더러운 귀신들을 몰아내심으로써 복음의 내용이 거룩함에 있다는 사실을 분명하게 보여주셨다.

둘째로 성령님으로 세례를 준다는 것은 영의 활동의 실현이다. 성령님은 거룩한 "영"이시다. 예수님은 사람들에게 성령님으로 세례를 주심으로써 육신의 인생에서 영의 인생으로 이동하게 하신다. 성령세례는 육적인 사람과 영적인 사람의 분기이다. 성령세례 이전에는 육적인 사람이며, 성령세례 이후에는 영적인 사람이다. 예수님은 성령세례를 통하여 육신에만 관심하는 인생이 아니라 영혼에도 관심하는 인생을 만드신다. 육신을 목적하는 인생에서 영혼을 목적하는 인생으로 나아가게 하신다. 성령세례는 육신의 사람이 아니라 영의 사람이 되게 한다. 육적인 삶보다 영적인 삶을 중시하게 만든다. 성령세례를 통하여 육적인 사람에서 영적인 사람으로 변한다. 육적인 사람이 영적인 사람으로 변하는 것이 복음이다. 복음의 내용은 영혼이 살아있는 사람이 되는 것이다. 살아있는 영혼을 만드는 것이 복음이다.

그러나 예수님이 성령님으로 세례를 주시는 목적은 이 정도로 그치지 않는다. 예수님이 성령세례로 목적하는 "영적인 사람이 됨" 또는 "영혼의 살아있음"은 단순히 육체적인 것에서 관심을 돌려 영적인 것에 관심을 가지는 것을 의미하지 않는다. 성령세례를 주심으로써 예수님이 목적하는 것은 영혼이 살아있되 성령님과의 관계에서 살아있는 것이다. 영혼의 문제에 관심하는 것도 훌륭하지만 성령님께 관심하는 것이 더 중요하다. 한 마디로 말해서 예수님의 목적은 성령님의 사람을 만드는 것이다. 예수님이 성령님으로 세례를 주심으로써 성령님의 사람을 만든다. 바로 이것이 복음이다.

성령님의 사람은 성령님으로 새롭게 된 사람이다. 성령님으로 세례를 받는다는 말에서 "세례를 받는다"는 말은 새로운 관계설정을 의미한다. 세례는 지금까지와 이제부터의 상태를 분리시키는 가장 구체적인 행사이다. 그래서 성령님으로 세례를 받는 사람은 지금까지는 세상의 영으로 더러움 가운데 살았지만 이제부터는 하나님의 영으로 거룩함 가운데 산다. 이것은 더러움에 대한 단절이며 거룩함에 대한 연결이다. 거룩한 영이신 성령님처럼 거룩해지는 것이다. 그래서 성령님의 사람은 성령님과 친밀한 사람이다. 성령님의 사람은 성령님과 긴밀하게 사귄다. 그는 성령님께서 어떤 뜻을 가지고 있는지 이해한다. 이 때문에 성령님의 사람은 성령님께 민감하다. 사람이 성령님으로 변화하고 성령님과 친밀하고 성령님께 민감하게 되는 것이 복음의 내용이다.

그러므로 성령님의 사람은 항상 성령님께 붙잡혀 있다. 성령님의 사람은 성령님께 붙잡힌 사람이다. 이것은 마치 예수님이 그랬던 것과 같다. 대표적인 성령님의 사람은 예수 그리스도시다. 마가복음은 이 사실을 잘 보여준다. 예수님이 세례자 요한에게 세례를 받으셨을 때 성령님이 임재하셨고, 예수님이 사탄에게 시험을 받으셨을 때 성령님께서 주도하셨다. 예수님은 항상 성령님께 이끌림을 받으셨다. 따라서 예수님은 성령님의 사람을 위한 모범이며 실례이다. 성령님의 사람은 예수님처럼 모든 일에 성령님께 붙잡혀 이끌림을 받는다. 이런 의미에서 성령님의 사람은 예수님을 닮는 사람이다. 복음이란 예수님처럼 성령님께 붙잡힌 사람이 되는 것이다.

복음은 성령님의 사람을 만드는 것이다. 이것은 관계의 문제이며 인격의 문제이며 생활의 문제이다. 복음은 성령님과 관련된 사람이 되는 것, 복음은 성령님으로 말미암아 인격이 변화되는 것, 복음은 성령님에 의하여 주도되는 생활을 하는 것이다. 복음은 새로운 관계, 새로운 인격, 새로운 생활을 창출한다. 예수님이 성령님으로 세례를 주신다는 사실이 복음이다. 성령님으로 세례를 주신다는 사실로서의 복음을 풀어 말하자면 다음과 같다. 우선 거룩한 관계, 거룩한 인격, 거룩한 생활을 준다는 것이 복음이다. 또한 영적인 관계, 영적인 인격, 영적인 생활을 준다는 것이 복음이다. 결정적으로 성령님과의 관계, 성령님으로 변화된 인격, 성령님에 의한 생활을 준다는 것이 복음이다.

마가복음은 복음의 시작을 말하고 있다. 복음은 하나님에게서 시작되어 선지자들과 세례자 요한을 통해 예수 그리스도까지 포괄한다. 마가복음은 복음의 내용을 말하고 있다. 하나님 자신이 복음이며, 선지자들과 세례자 요한도 복음이다. 이 모든 것은 예수님께 초점을 모으고 있다. 예수님이 복음이다. 그런데 마가복음은 가장 먼저 예수님을 성령님으로 세례를 주시는 분으로 정의한다. 마가복음에 의하면 예수님이 성령님으로 세례를 주시는 것이 복음의 정수이다. 그러므로 마가복음은 가장 먼저 거룩한 사람이 되는 것, 영적인 사람이 되는 것, 성령님의 사람이 되는 것이 바로 복음임을 가르치고 있는 것이다.

# 나는 죄인을 부르러 왔노라

Mark 2:13-17

예수 그리스도 당시에 세리는 로마제국을 위해서 동포들의 주머니를 긁어내는 악질적인 일을 행하여 지탄의 대상이 되었다. 또 그 당시에는 죄인이라고 불리는 사람들이 있었는데 실제적인 범죄자들을 비롯해서 가난한 자들과 병자들도 이 부류에 속하는 것으로 간주되었다. 세리와 죄인은 모두 소외되고 배척당하는 처지에 놓여있었다. 그런데 문제는 당시에 이런 사람들이 적지 않게 많았다는 점이다. 마가는 이런 사실을 지나가는 듯한 표현으로 넌지시 암시한다. "이는 그러한 사람들이 많이 있어서"(15). 그런 사람들이 많다는 것은 사회에 구조적인 문제가 있다는 것을 의미한다. 사실 사회가 아무리 발전된다 할지라도 구조적인 문제에서 탈피할 수는 없다. 어떤 훌륭한 정치가가 등장해서 평등을 실현하기 위해 노력해도 사회에는 필연적으로 버림받은 자들, 소외된 사람들, 약한 자들이 생기게 마련이다. 비관적인 말로 들리겠지만 이런 현상은 역사가 끝날 때까지 계속될 것이다. 그래서 이런 시각으로 역사를 바라보는 기독교는 애초부터 비관적인 역사관을 가지고 말할 수 있을 것이다.

이렇게 구조적으로 문제가 많은 세상에서 세리와 죄인에 대하여 예수님은 당시의 보통사람들이 생각하는 것과는 너무나도 다른 입장을 보여주셨다. 한 마디로 말하면 주님의 행동은 파격이었다. 주님의 파격적인 행동은 세리인 레위를 제자로 부르신 사실에서 분명하게 나타난다. "또

지나가시다가 알패오의 아들 레위가 세관에 앉아 있는 것을 보시고 그에게 이르시되 나를 따르라 하시니 일어나 따르니라"(14). 레위가 주님에게 요청한 것이 아니라 주님이 레위에게 명령한 것이다. 예수님은 세상의 구조적인 문제를 피하지 않고 도리어 정면으로 돌파하는 방법을 사용하셨다. 그리고 주님의 이런 적극적이며 파격적인 도전은 레위의 집을 방문하심으로써 더욱 분명하게 제시되었다. 집은 집주인의 인격과 삶이 총체적으로 표현되는 구체적인 공간이다. 예수님이 레위의 집을 방문하신 것은 레위의 인격과 삶에 완전히 침투하신 것을 의미한다. 이렇게 하여 주님은 사회적으로 비난받는 사람의 인격과 인생에 전적으로 개입하셨다. 주님은 사회의 구조적인 문제를 적극적으로 해결하기 원하셨던 것이다. 그래서 주님은 레위의 집에서 세리들 및 죄인들과 함께 식사를 하셨다. 이것은 소외당한 사람들에게 접근하시는 파격적인 모습의 절정이다. 이렇게 하여 예수님은 세리와 죄인처럼 사회적으로 배척당하는 사람들까지도 스스럼없이 만나신다는 입장을 만방에 공개했다. 예수님은 당시의 보통 사람들이 볼 때 파격적인 인물이었다. 주님은 파격의 예수이다.

## 1. 예수님의 견해

주님께서 이렇게 파격의 길을 가신 데는 이유가 있다. 그것은 오직 한 가지 이유 때문이다. 주님은 스스로 그 이유를 밝혀주셨다. "건강한 자에게는 의사가 쓸 데 없고 병든 자에게라야 쓸 데 있느니라 나는 의인을 부르러 온 것이 아니요 죄인을 부르러 왔노라"(17). 한 마디로 말해서 주님께서는 자신의 종교를 죄인의 종교로 생각하셨다. 예수님의 종교는 죄인을 위한 종교이다. 주님은 죄인의 종교를 꿈꿨다. 진정한 의사가 병든 자를 위한 의사가 되듯이, 예수님은 죄인을 위한 구주가 되셨다. 그러므로 예수님의 종교는 죄인에게 공개된 종교이다. 예수님의 종교는 죄인에게 접근이 금지된 종교가 아니다.

예수님의 생각을 따르자면 의사는 병든 자를 위한 의사가 되어야 하듯이 기독교는 죄인을 위한 종교가 되어야 한다. 예수님이 제시하신 기독교는 아래로 흐르는 종교이며 하찮은 곳을 찾아가는 종교이다. 그것은 낮은 자들의 종교이며 천한 자들의 종교이다. 이렇게 주님은 하류의 종교를 제시하셨다. 하나님의 아들 예수 그리스도에 의하여 시작된 기독교는 그 자체로 영원한 신적인 기품을 가진다. 그러나 영원한 신적인 기품을 가진 기독교는 낮은 곳과 더러운 것을 찾아가는 것을 피하지 않으며 약한 사람들과 천한 사람들을 찾아가는 것을 마다하지 않는다. 이것이 예수님의 모습이다. 기품의 예수님은 죄인들의 친구가 되셨다.

기독교는 상위 1퍼센트를 위한 종교가 아니다. 그러나 기독교는 항상 이런 길을 가려고 애를 쓴다. 기독교가 힘의 종교로 탈바꿈하려고 할 때 이런 현상이 자주 나타난다. 특히 정치와 경제 등 여러 사회에서 고급계층에 기독교인이 많을수록 이런 현상이 짙게 나타난다. 그러므로 기독교에서 얼마나 낮아질 수 있느냐가 관건이다. 이런 현상이 나타나지 않도록 조심해야 할 뿐 아니라, 의지적으로 낮은 자 쪽으로, 약한 편으로 가야한다. 기독교는 낮아질수록 좋다. 이렇게 해서 예수님의 정신을 실현해야 한다. 이것이 예수님의 마음이다. "그는 근본 하나님의 본체시나 하나님과 동등 됨을 취할 것으로 여기지 아니하시고 오히려 자기를 비어 종의 형체를 가지사 사람들과 같이 되셨고 사람의 모양으로 나타나사 자기를 낮추시고 죽기까지 복종하셨으니 곧 십자가에 죽으심이라"(빌 2:6-8).

사실 이런 길을 가는 것은 쉬운 일이 아니다. 누구나 깨끗한 것, 고급한 것, 품위 있는 것을 선호하기 때문이다. 그런데 사회에서 소외된 사람들을 상대하려면 천하고 더러운 생활을 접해야 한다. 그것은 누구에게도 달갑지 않은 매우 어려운 일이다. 그러나 이것은 기독교가 해야 할 일이다. 기독교의 사명은 낮은 사람들과 약한 사람들을 신분과 재물에서 고양시키는 것이 아니다. 그들을 더 높게 부하게 만드는 것은 기독교의 일차적인 목적이 아니다. 기독교의 사명은 그들의 영혼에 변화를 일으키는 것이다. 주님에게 접목시켜 주님의 사람으로 만드는 것이다. 따라서 기독교의 진정한 관심은 그들을 예수화 시켰느냐에 있다. 그들이 어떤 신분에 어떤 위치에 있든지 간에 예수님을 주님으로 고백하는 사람들이 되게 하는 것이다.

## 2. 바리새인들의 견해

그러나 예수님의 파격적인 행동은 누구보다도 특히 바리새인들이 도무지 이해할 수 없는 것이었다. "바리새인의 서기관들이 예수께서 죄인 및 세리들과 함께 잡수시는 것을 보고"(16). 바리새인의 서기관이라는 표현은 바리새인들 가운데 구약성경을 필사하는 업종에 종사하던 사람들을 가리킨다. 이것은 정통 바리새인을 의미한다. 그들은 예수님의 파격적인 행위를 보면서 예수님이 "어찌하여 죄인 및 세리들과 함께 먹는가"(16) 생각했다. 바리새인들이 주님께서 세리 및 죄인과 함께 식사하는 것에 문제를 제기한 까닭은 주님이 가르치는 모습을 보았기 때문이다. "예수께서 다시 바닷가에 나가시매 큰 무리가 나왔거늘 예수님이 그들을 가르치시니라"(13). 예수님의 가르치는 모습을 본 바리새인들은 이런 위치에 있는 사람이 세리나 죄인 같은 하류인들과 교제하는 것을 잘못이라고 평가했다. 그들은 교사가 하층류와 동석하는 것을 터부로 생각하였다.

당시에 바리새인의 특징은 구별이다. 그러므로 바리새인들은 모든 면에서 자신들을 더러운 것으로부터 구별하기 위해서 애썼다. 그들은 자신들이 일반사람들과 다르다는 것을 강조했다. 바리새인의 종교정신은 구별과 차이에 근간을 두고 있었던 것이다. 따라서 그들은 죄인과 공간적으로 멀리 있는 것이 의인임을 증명한다고 생각했다. 예수님은 바리새인과 세리의 비유에서 이 사실을 알려주셨다. "바리새인은 서서 따로 기도하여"(눅 18:11). 그러나 죄인과 공간적으로 격리된 것만이 과연 의인의 길인가? 세리나 죄인과 함께 앉아 식사하는 것은 과연 의로움을 포기하는 것인가?

바리새인의 종교는 의인들의 종교이다. 그들은 자신들의 종교를 죄인에 대하여 구별과 차이를 실천하는 의인들을 위한 종교로 생각했다. 사실 예수 그리스도 당시에는 바리새인들보다도 이런 정신을 더욱 간절하게 구가했던 사람들이 없지 않았다. 그 가운데 대표적인 사람들이 에세네파 사람들이다. 그들은 사해 근처의 광야에 쿰란 공동체를 설립했다. 종교적으로 부패한 예루살렘과 결별하겠다는 의지 때문이었다. 그래서 쿰란 공동체에 속한 에세네파 사람들은 불결한 것들과 접촉을 금하기 위해서 불편하지만 광야의 동굴에서 생활을 하는 것을 감수했다. 그들의 종교는 의인들의 종교이다.

바로 여기에 바리새인들과 예수님의 차이가 있다. 예수님의 종교가 죄인을 위한 종교라면, 바리새인들의 종교는 의인을 위한 종교이다. 주님은 죄인의 종교를 꿈꾸고, 바리새인들은 의인의 종교를 꿈꿨다. 예수님은 병든 자들을 위한 의사를 꿈꾼 것이며 바리새인들은 건강한 사람들을 위한 의사를 꿈꾼 것이다. 의인을 위한 바리새인의 종교는 죄인을 위한 주님의 종교와 다르다. 그것은 마치 건강한 자를 위한 의사가 병든 자를 위한 의사와 다른 것과 같다.

이런 의인들의 종교에는 여러 가지 특징들이 나타난다. 첫째로 그들은 짙은 폐쇄성을 가진다. 바리새인 집단은 폐쇄적인 집단이다. 그들은 자신들의 의로움을 지키기 위해서 타인에게 절대로 문을 열지 않는다. 따라서 의인의 종교를 주장하는 바리새인들은 항상 닫혀있는 세계에 갇힌 상태로 생활한다. 그들의 세계는 닫혀있고 그들의 인생은 갇혀있다. 바로 여기에서부터 둘째 특징이 파생된다. 그것은 의인들의 종교에 속한 사람들은 언제나 자신이 표준이 된다는 것이다. 그들에게는 자신들도 틀릴 수 있다는 가능성에 여지가 없다. 그들은 철저하게 독선과 아집에 사로잡힌다. 자신들이 표준이기 때문이다. 그리고 이로부터 셋째 특징이 유래한다. 의인들의 종교에 속한 사람들에게는 자신들 외에 모두 비판의 대상이 된다. 바리새인이 주장하는 의인들의 종교는 언제나 비판하고 정죄하는 데 익숙하다. 그들의 눈은 비판하고 그들의 입은 정죄한다. 마가는 이 사실을 다음과 같이 명확하게 기록했다. "바리새인의 서기관들이 … 보고 … 이르되"(16). 바리새인들은 비판의 눈과 정죄의 입을 가지고 있었다.

다르게 말하자면 의인들의 종교에 속한 바리새인은 죄인이기를 싫어하는 사람들이었다. 그들은 죄인으로 드러나기 싫어하는 사람들이었다. 그들은 죄인이기에 더욱 의인처럼 보이고 싶은 사람들이었다. 마치 졸다가 머리를 떨어뜨린 사람이 존 것이 아닌 척하기 위해서 목운동을 하는 듯한 행동을 취하는 것과 같다.

바리새인들은 사실 영적인 면에서나 사회적인 면에서 여러 가지 죄악에 사로잡혀 있음에도 불구하고 그것을 애써 숨기려는 사람들이었다. 그러나 숨기는 것은 해결책이 아니다. 그것은 마치 질병을 앓고 있음에도 불구하고 병자이기 싫어하고 병자로 드러나기 싫어하는 사람들과 비슷하다. 이런 사람들은 병에 걸려있지만 병을 확인하기 싫어한다. 그러나 병을 가리는 것으로는 의미가 없다. 그것은 진정한 해결책이 아니다. 오히려 그런 식으로는 결국 감춘 병으로 말미암아 희생을 당하고 말 것이다. 가려진 질병만큼 숨겨진 죄악도 무섭다. 의인들의 종교를 주장하는 바리새인들에게는 이런 현상이 짙었다.

오늘날 기독교도 서서히 의인들의 종교로 탈바꿈하고 있다. 기독교 안에 스스로 의인이 많다는 것이 문제이다. 기독교는 어느덧 강한 자들의 종교, 부자들의 종교, 고급한 계층의 종교, 주류정치에 달라붙은 종교가 되어버렸다. 기독교에 속한 사람들이 영적으로나 사회적으로 정말 모두 의인이 되어서 의인들의 종교가 된다면 얼마나 좋은 일이겠는가. 하지만 껍질만 의인들의 종교가 되는 것은 소용이 없는 일이다. 기독교가 세리와 죄인 같은 사람들의 접근을 경계하고 의인과 상류만 모이는 종교가 되는 것은 큰 문제이다. 왜냐하면 그것은 기독교가 겸손을 상실하고 교만을 선택했다는 것을 의미하기 때문이다.

기독교는 은혜를 받은 후에도 항상 하나님 앞에서 겸손해야 한다. 하나님이 의롭다 하시는 동안에도 우리는 항상 죄인의 심정으로 겸손해야 한다. 만일에 하나님의 칭의가 한 순간이라도 우리의 손을 놓는다면 그 순간 바로 우리는 연줄 끊어진 연처럼 허공으로 날라 가버리고 말 것이기 때문이다. 연에 금박을 물렸든지, 외국에서 수입한 연이든지, 연의 재료와 크기가 어떠하든지, 중요한 것은 연줄에 달려있어야 한다는 사실이다. 어떤 연이든지 연줄에 달려있기에 가치가 있듯이, 우리는 어떤 사람이든지 하나님의 은총에 매여 있기 때문에 가치가 있는 것이다. 그래서 진정한 신자는 사람과 비교해서 의인임을 자부하지 않고 하나님과 비교해서 죄인임을 고백한다. 그는 상대적으로 못한 인간보다 나은 인간임을 자부하는 대신에 절대적으로 나은 하나님보다 못한 인간임을 고백한다. 인간은 칭의를 받은 후에도 하나님 앞에서는 죄인임 밖에 남는 것이 없다. 그래서 성화는 우리 쪽에서 보면 언제나 죄인의식의 심화일 뿐이다.

그러므로 은혜는 죄인임을 깨달을수록 넘친다. 이것을 사도 바울은 자신의 모습을 설명하면서 정확하게 표현하였다. 사도 바울은 시간이 갈수록 이 사실을 분명하게 인식했다. 그래서 그는 사도 중에 가장 작은 자라고 고백하다가(고전 15:9), 모든 성도 중에 지극히 작은 자보다도 더 작은 자라고 고백하였고(엡 3:8), 마지막에는 자신을 가리켜 죄인 중에 괴수라고 고백했던 것이다(딤전 1:15). 은혜는 하나님이 주신 의를 깨달을 뿐 아니라 자신의 죄를 깨달을 때도 주어진다. 진정한 성도는 하나님의 은혜로 의인되었음을 확신할 때와 마찬가지로 아직도 죄인의 생활을 완전히 청산하지 못했음을 고백할 때 은혜를 얻는다.

# 안식일은 사람을 위한 것

Mark 2:23-28

오늘날에는 사회의 체제를 유지하는 데 경제가 결정적인 요인으로 작용한다. 그래서 나라의 살림을 맡은 사람들은 경제적인 안정을 꾀하기 위해서 무척 노력을 한다. 어떤 때는 철학과 사상에 바탕을 둔 정치적인 이념이 사회를 주도하는 경우도 있었다. 사람들은 자신이 추구하는 이념을 실현하기 위해서 목숨을 드리는 일도 일어났다. 예수 그리스도 당시에 유대인들의 사회는 종교에 의해서 유지되었다. 특히 바리새인과 같은 종교가들은 율법 해석에 근거하여 종교적인 질서를 준수함으로써 유대 사회를 확립하기 위해서 모든 힘을 기울였다.

바리새인들은 예수님의 행동을 유대의 종교사회에 거슬리는 위험한 것으로 생각했다. 그래서 그들은 예수님과 그의 제자들의 행동을 작은 것 하나까지도 눈여겨 날카롭게 지켜보았다. 그들은 어느 안식일에 밀밭을 지나가시는 예수님을 위하여 그의 제자들이 길을 내면서 이삭을 자르는 것을 보았다. 바리새인들은 제자들의 모습을 보면서 현장에서 예수님께 질문을 던졌다. "그들이 어찌하여 안식일에 하지 못할 일을 하나이까"(24). 우리는 바리새인들의 질문에서 그들이 평소에 가지고 있는 입장을 발견하게 되며, 이 질문에 대한 예수님의 답변에서 주님께서 추구하는 것이 무엇인지 발견하게 된다.

# 1. 바리새인의 입장

바리새인들의 질문에서 우선적으로 느끼는 것은 그들이 다른 사람들의
문제점만을 바라보는 데 익숙하다는 사실이다. 바리새인들은 다른 사람
들의 좋은 점에 대하여는 별로 관심이 없는 듯이 보인다. 그러다보니 그
들은 남의 잘못만을 지적하는 인물들이 되었다. 그들은 타인의 허물을 캐
치하는 데 열중하였다. 하지만 바리새인들의 질문에는 이보다 더 심각한
내용들이 들어있다. 바리새인들의 두 가지 시각이 문제시된다.

첫째로 바리새인들의 시각은 폐쇄적이었다. 그들은 안식일이라는 날
에 매여 있었다. 바리새인들에게는 안식일이라는 날 자체가 중요했던 것
이다. 그래서 그들은 예수님의 제자들이 안식일에 이삭을 자르는 것을 보
면서 안식일을 침범하고 있는 것으로 생각했다. 그들은 예수님의 제자들
이 안식일을 건드리고 있다는 점에서 불쾌했다. 그들은 안식일이라는 날
짜에 집착했다. 안식일이 시작되는 시각부터 안식일이 끝나는 시각까지
안식일을 지키는 것에 힘썼다. 안식일이 의미하고 있는 것이나 안식일이
주는 교훈은 중요하지 않았다. 그들의 사고는 닫혀 있었다. 이것은 마치
삼일절이라는 날짜를 준수하는 것을 중시하면서 매국행위를 하는 것과
다를 바가 없다.

둘째로 바리새인들의 시각은 부정적이었다. 그들은 안식일과 관련하
여 무엇을 할 수 없는가에 초점을 두었다. "그들이 어찌하여 안식일에 하
지 못할 일을 하나이까"(24). 바리새인들은 안식일에 하지 못할 일에만 관
심을 가졌다. 그들의 머리를 지배하고 있는 것은 안식일에 일을 하면 안
된다는 것이었다. 그들에게 중요한 것은 합당성보다는 부당성이었다. 그
러므로 그들은 안식일에 어떤 일이 가능할 수 있는지 생각해보지 않았다.

## 2. 예수님의 입장

예수님은 이렇게 폐쇄적이며 부정적인 입장을 취하고 있는 바리새인들
에게 두 가지 대답을 주셨다: "이르시되"(25), "이르시되"(27). 예수님의
대답은 바리새인들의 두 가지 잘못된 시각을 교정시켜주는 역할을 한다.

첫째로 예수님은 바리새인의 부정적 시각에 문제를 제기하셨다. 예수님의 대답은 다윗의 이야기로 전개되었다. 그것은 사울에게 쫓기는 다윗의 이야기인데, 그 배경에는 하나님을 버린 사울의 불경과 하나님을 믿는 다윗의 신앙이 있다. 신앙의 다윗은 아비아달 대제사장 때에 성전에 들어가서 진설병을 먹었다(삼상 21:1이하. 당시에 제사장의 실무는 아비아달의 아들 아히멜렉이 보고 있었다). "제사장 외에는 먹어서는 안 되는 진설병을 먹었다"(26). 그리고 다윗은 진설병을 심지어 부하들에게도 주었다.

예수님이 다윗이 성전의 진설병을 먹은 사건을 언급하신 까닭은 "못한다는 것"에 초점을 두기보다는 "한다는 것"에 초점을 두기 위함이다. 바리새인은 부정적인 시각을 가지고 접근하지만 예수님은 긍정적인 시각을 가지고 접근하신다. 바리새인은 먹는다보다는 먹지 못한다에 관심하지만, 예수님은 먹지 못한다보다는 먹는다에 관심한다. 시각이 다르다. 바리새인은 "할 수 없다"에 집중하고, 예수님은 "할 수 있다"에 집중하신다.

여기에 한 가지 중요한 사실이 있다. 그것은 예수님이 바리새인들의 부정적인 시각에 대답하면서 구태여 다윗이라는 인물을 예로 들었다는 것이다. 예수님이 말씀하고자 하는 것은 먹느냐 먹지 못하느냐가 아니라 그 일을 행하는 사람이 어떤 인물이냐 하는 것이다. 다윗은 하나님을 신앙하는 사람이었고, 하나님은 다윗을 사랑하셨다. 이런 모습은 다윗이 제사장과 가진 원만한 관계에서 잘 나타나며 이후에는 성전을 사모하는 마음에서 발견된다.

하나님에 대한 사람의 신앙과 사람에 대한 하나님의 사랑을 전제로 할 때 무엇을 하는 것이 장려된다. 이런 전제가 없이 무엇을 금지하려고 하는 것이 문제이며, 이런 전제가 없이 무엇을 허용하려고 하는 것이 문제이다. 이런 전제가 없는 허용과 금지는 둘 다 문제이다. 그러므로 중요한 것은 허용과 금지가 아니라 신앙과 사랑이라는 전제이다.

오늘날도 신자들이 무엇을 하느냐 안 하느냐에 집중하다가 신앙과 사랑을 놓치는 현상이 발생한다. 사실상 신앙이 있으면 하나님을 위해서 자연히 일하게 되어있고, 신앙이 없으면 하나님을 위해서 일하지 않게 되어 있다. 더 나아가서 신앙이 있으면 하는 것도 안 하는 것도 모두 의미가 있다.

신앙과 사랑이라는 전제 하에 예수님은 안식일에 무엇을 못하냐보다는 안식일에도 무엇을 할 수 있느냐를 생각하셨다. 예수님은 열린 시각을 가지고 있다. 예수님의 입장은 개방적이며 긍정적이다. 이런 입장은 바로 다음에 이어지는 손 마른 사람의 치료에서 잘 나타난다(3:1-6). 예수님은 "안식일에 선을 행하는 것과 악을 행하는 것, 생명을 구하는 것과 죽이는 것, 어느 것이 옳으냐"(3:4)고 물으셨다. 이것은 선을 행하는 일이라면 안식일에도 해야 한다는 것이며, 생명을 구하는 일이라면 안식일에도 해야 한다는 것이다. 안식일이라고 해서 생명이 죽어가는 것을 방치하는 것은 옳지 않다. 그것은 악을 행하는 것이다. [그러나 선을 가장하여 악을 행하는 것은 잘못이며, 생명을 구하기 위함이라고 하면서 사실은 돈 버는 것을 목적하는 것이면 무의미하다].

이제 예수님은 둘째 문제로 나아간다. 그것은 안식일의 의미에 관한 것이다. 예수님은 안식일 그 자체에 중요성을 두는 바리새인들에게 이의를 제기한다. 그들은 날 그 자체에 억류되어 있다. 그들은 날짜에 갇혀있다. 폐쇄적인 바리새인들에게 예수님은 안식일의 날 의미를 넘어 안식일이 무엇을 위한 것인지 알려주신다. "안식일이 사람을 위하여 있는 것이요 사람이 안식일을 위하여 있는 것이 아니니"(27). 예수님은 하나님이 안식일을 설정하신 뜻이 무엇인지 정확하게 보여주셨다. 하나님은 창조 후에 안식하셨다. 안식일은 신적 여유를 보여준다. 하나님이 안식 때문에 존재하는 것이 아니라, 안식일이 하나님 때문에 존재하는 것이다. 마찬가지로 하나님께서 사람에게 안식일을 지키라고 하시는 것은 사람에게 유익을 주기 위함이다.

안식일 준수가 사람들에게 주는 첫째 유익은 휴식이다. 안식일은 휴식의 날이다. 안식일을 지키는 것은 하나님이 천지와 인간을 만드셨다는 것을 인정하는 것이며, 하나님이 천지와 인간에게 휴식을 주셨다는 사실을 인정하는 것이다. 하나님은 인간에게 안식일을 주심으로써 그 존엄을 세워주셨다. 인간은 인격체이다. 인간은 일만 하는 기계가 아니며, 닳아 없어지는 소모품이 아니다. 안식일은 인간의 존엄을 목적한다. 안식일에는 심지어 노예도 가축도 땅도 쉰다. 안식일의 연장인 안식년이나 희년은 더욱 그 의미를 심화한다. 안식일은 인간 뿐 아니라 미물에 대한 존엄을 표시한다. 인간과 마찬가지로 미물도 하나님께서 창조하신 피조물임을 인정하는 것이다. 그것들에도 하나님의 섭리가 있다는 것을 인정하는 것이다. 안식일은 하나님의 통치를 보게 한다. 안식일을 지킴으로써 만물에 표현된 하나님의 주권을 받아들이는 것이다. 그러므로 안식일 준수로 1) 자신의 영육을 존중히 여기며, 2) 타인의 인격을 존중히 여기며, 3) 모든 피조물을 소중하게 생각하는 것을 실천한다.

둘째로 안식일을 지킴으로써 얻는 유익은 신앙이다. 안식일은 신앙의 날이다. 하나님은 안식일을 주심으로써 하나님의 은총과 인도를 믿으라고 하신다. 그것은 하루 일하지 않더라도 하나님께서 그 날 생활도 책임진다는 믿음이다. 광야에 들어선 이스라엘 백성 가운데 이것을 믿지 못한 사람들은 안식일에도 만나를 거두러 나갔다. 이것은 불신의 소치이다. 안식일은 하나님에 대한 믿음을 증명하는 날이다. 일하지 않고 쉬어도 하나님이 먹이시겠다고 하시니 얼마나 좋은가. 그러므로 그 날 우리는 하나님께 감사하며 예배할 것이다. 안식일은 하나님을 존엄하게 하는 날이며, 하나님께 영광을 돌리는 날이며, 하나님을 높이는 날이다. 안식일은 하나님이 인간을 높이는 날이며 동시에 인간이 하나님을 높이는 날이다.

오늘날 신자들은 안식일의 영광을 주일에 누린다. 주일은 안식일의 기독교적 변환이다. 그래서 기독교는 주일을 안식일과 같은 개념으로 지킨다. 주일은 휴식을 통하여 존엄을 인식하는 날이며, 예배를 통하여 하나님께 영광을 돌리는 날이다. 이 때문에 모든 성도는 주일성수에 힘써야 한다. 때때로 특별한 직업에 있는 사람들이 주일성수에 문제를 만난다. 안타까운 일이지만 그것은 개인이 스스로 감당해야 할 문제이다. 스스로 손해를 볼 일이다. 그럼에도 불구하고 결석주일에도 양심과 신앙을 지켜야 한다. 여의치 않은 상황에서라도 개인적으로 예배를 드려야 한다. 사도 요한이 밧모 섬에서 그랬던 것처럼(계 1장), 또는 바울과 실라처럼 옥중에서 그랬던 것처럼(행 16장). 그리고 다음 예배일에는 꼭 참석하도록 미리 준비한다.

어떤 사람들은 특별한 직종에 있는 사람들을 위해서 주일 외에 다른 예배일을 만들자고 제안한다. 그러나 주일 외에 공식적인 다른 예배일을 만드는 것은 잘못이다. 하나님은 안식일 외에 다른 예배일을 허락하지 않으셨다. 편의를 위한 예배일 추가에는 문제가 크다. 그것은 더욱 편의를 요구하는 길로 간다. 극복하기보다는 양보하는 길로 간다. 형편상 주일예배에 참석하지 못하면 다른 예배가 있으니까 라는 식으로 이해하게 된다. 게다가 신앙의 질서에서 소를 위해서 대를 희생시킬 수는 없다. 개인을 위해서 사회/단체를 희생시키거나, 소수의 신자를 위해서 다수의 교회를 희생시키거나, 사람을 위해서 하나님을 희생시키는 것은 옳지 않다. 한 마디로 말해서 주일 외에 다른 예배일을 만들면 기독교의 질서가 무너진다. 이것은 질서의 파괴 뿐 아니라 기독교의 체계 자체가 와해된다. 이때 결국은 기독교의 특이성이 사라지고 만다.

이렇게 예수님은 바리새인들의 폐쇄적이며 부정적인 시각을 교정하셨다. 이에 더하여 예수님은 자신과 안식일의 관계를 설명하신다. "이러므로 인자는 안식일에도 주인이니라"(28). 이 말씀은 안식일의 의미에 대한 결론이자 안식일의 새로운 의미를 설명한다. 우선적으로 예수님은 이 말씀으로 자신만이 안식일의 의미를 가장 분명하게 아시는 분임을 보여준다. 그렇게 때문에 예수만이 안식일의 의미를 가장 분명하게 설명하실 수 있으며, 안식일을 가장 완벽하게 준수하실 수 있다. 예수님은 안식일의 실현이다. 예수님은 안식일의 주인이시기 때문에 안식일을 안식일답게 만드시는 분이다. 그러므로 예수님은 안식일에 영광을 받으셔야 할 분이다. 더 나아가서 예수님은 이 말씀으로 안식일은 예수님을 표상한다고 알려주신다. 안식일은 기독론적인 의미를 가진다. 안식일은 예수님의 모형이다. 안식일이 지향하는 목표는 예수이다. 예수님은 안식일을 통해서 보여주려는 진정한 목표가 자신임을 알려주셨다. 안식일은 그리스도의 신성과 인성을 표상한다. 그러므로 안식일에서 예수님을 발견해야 한다. 안식일이라는 날을 지킬 때 안식이 있는 것이 아니라 안식일이 표상하고 있는 예수님을 구주로 받아들일 때 안식이 있다. 진정한 안식은 안식일의 날짜 준수에서 얻는 것이 아니라 안식일의 주인이신 예수 그리스도 안에서 얻는다.

주일은 안식일의 역사적인 완성이다. 주일은 예수님이 죽은 자들 가운데서 부활하신 날이다. 그러므로 구약의 성도들이 안식일에 휴식을 얻고 신앙을 표현하며 오실 예수님을 바라보았던 것처럼, 우리는 주일에 휴식을 얻고 신앙을 표현하며 다시 오실 예수님을 대망한다. 주일은 부활

확신의 날이며 재림 대망의 날이다. 주일은 영광의 날이다. 성도가 하나님을 영화롭게 하는 예배의 날이며, 하나님이 성도를 영화롭게 하는 은혜의 날이다.

# 열둘을 세우셨으니

Mark 3:13-19

예수님께는 여러 겹의 제자들이 있었다. 많은 사람들이 떼를 지어 주님의 뒤를 따라다녔는데, 그들은 보통 무리라고 불리었다. 예를 들면 그들은 예수님의 말씀을 듣기 위해서 문 앞에 모여들었다(막 1:33; 2:2). 또 주님에게는 칠십 명의 제자들이 있었다(눅 10:1). 그들은 복음을 전파하는 일을 했다. 주님의 제자들 가운데 가장 유명한 사람들은 이름이 밝혀진 열두 제자이다. 본문은 예수님이 열두 제자를 세우시던 장면을 묘사한다. 여기에 제자를 세우시는 예수님의 뜻이 설명되며, 주님께서 세우신 제자들이 어떤 의미를 주는지 설명된다.

## 1. 열두 제자를 세우심(14,16)

주님께서 열두 명의 제자를 세우셨는데 그들의 이름이 하나씩 열거된다(16-19). 시몬 베드로, 세베대의 아들 야고보와 요한(보아너게, 우레의 아들), 안드레, 빌립, 바돌로매, 마태, 도마, 알패오의 아들 야고보, 다대오, 가나나인 시몬, 예수님을 판 가룟 유다. 이것은 열두 제자의 명단이다. 그런데 이렇게 간단한 진술 속에 제자들에 대한 매우 복잡한 신상정보가 들어있다.

첫째로 예수님의 제자들 가운데는 평범한 사람들이 들어있다. 안드레, 빌립, 바돌로매, 마태, 도마, 다대오는 아무 설명이 붙어있지 않은 평범한 사람들이다. 물론 안드레는 앞에서 이미 언급된 적이 있는데 시몬의 형제로서 어부라는 직업을 가지고 있었다(1:16-18). 마태는 레위라는 이름으로 이미 언급되었다(2:13-14). 그는 세리였다. 나머지 빌립, 바돌로매, 도마, 다대오는 마가복음에서 어떤 인물인지 설명되지 않는다. 이것은 지극히 평범한 사람들도 주님의 제자가 되었다는 것을 의미한다. 유명하고 탁월한 사람들만 예수님의 제자가 되는 것이 아니다. 오히려 주님의 제자들 가운데는 이름 없는 평범한 사람들이 더 많다. 그래서 평범성은 주님의 제자가 되는데 아무런 문젯거리가 되지 않는다. 평범한 사람이기 때문에 주님의 제자가 될 수 없다고 생각할 필요가 없다. 평범한 사람으로 살다가 주님의 제자가 된 것에 대하여 조금도 부끄러워할 필요가 없다.

둘째로 주님의 제자들 가운데 몇 사람은 아주 가정적이었던 것처럼 보인다. 먼저 그들 중에는 부친이 언급된 제자들이 있다. 야고보와 요한의 아버지는 세베대였고, 또 다른 야고보의 아버지는 알패오였다. 세베대는 품꾼들을 데리고 일했다는 점에서 어느 정도 어업에 성공한 사람이었던 것 같다. 야고보와 요한은 아버지 세베대의 어업을 돕다가 주님의 부르심을 받았다(1:19-20). 게다가 야고보와 요한에게는 형제관계가 부언된다. 이것은 두 사람이 형제로서 화목한 관계를 유지하고 있었다는 것을 보여준다. 앞에서 시몬은 장모를 모시고 살고 있었다는 말이 나온다(1:29-31). 그만큼 시몬은 가정적인 사람이었다는 것을 알 수 있다. 이들의 가정들이 문벌 좋은 것은 아니었다. 그들의 가정은 지극히 평범했다. 이것은 가문이 좋아야만 예수님의 제자가 되는 것은 아니라는 진실을 보여준다(고전 1:26). 예수님이 이들의 가정적인 모습을 보시고 제자를 삼는 일에 결정적인 점수를 주었는지는 확실하지 않다. 그러나 한 가지 확실한 것은 예수님의 제자들이 가정에서 성공하지 못하는 것을 정당화할 수 없다는 것이다. 주님께서는 제자들에게 한편으로는 가정을 절대화하면 안 된다고 말씀하시면서 다른 한편으로는 가정을 파괴해서는 안 된다고 말씀하신다. 주님의 진정한 제자는 가정을 주님의 권위 아래 두면서 화목하게 만든다.

셋째로 주님의 제자들 가운데 가나나인 시몬과 가룟 유다는 출신이 언급된다. 가나나인은 가나안(또는 가나) 사람이라는 뜻일 수도 있고, 열심당원(카나)이라는 뜻일 수도 있다. 가롯이라는 표현도 지역을 가리키거나 어떤 종파를 가리키는 것일 수 있다. 이 부가어들이 출신지역을 말하는 것이든지 출신종파를 말하는 것이든지 배후에 특정세력이 있다는 것을 의미한다. 주님의 제자들 가운데는 특정한 배경을 가진 사람들이 있었다. 그러나 이런 것들은 예수님의 제자가 된 다음에는 잊어야 한다. 출신지역과 출신그룹을 고집하면 파벌이 생기고 분란이 일어난다. 그러므로 예수님의 제자들에게는 이런 모든 배경이 녹아 없어져야 한다.

넷째로 주님의 제자들 중에 몇 사람에게는 별명이 붙여졌다. 주님은 시몬에게 베드로라는 별명을 주셨고, 야고보와 요한에게는 보아너게라는 별명을 주셨다. 베드로는 돌멩이라는 뜻이다. 돌멩이는 갈릴리에서 어디든지 흔하게 볼 수 있는 것들이다. 흔해빠진 돌멩이는 큰 가치가 없다. 시몬에게 이런 별명을 붙여주신 까닭은 그가 생각하는 것이나 행동하는 것이나 모두 별로 신통치 않기 때문이다. 시몬이 가지고 있는 모든 것은, 인격이든지, 신분이든지, 생활이든지, 모두 돌멩이 같은 것에 지나지 않는다. 돌멩이는 무익할 뿐 아니라 때때로 해악할 수도 있다. 왜냐하면 그것은 사람의 발에 걸려 넘어지게 만드는 원인이 될 수 있기 때문이다. 그때 돌멩이는 무릎을 깨뜨리고 살을 찢게 만든다.

야고보와 요한은 보아너게라는 별명을 받았다. 이것은 우레의 아들들이라는 뜻이다. 아마도 그들의 목소리가 우레처럼 컸던 것으로 추측해 볼 수 있다. 그들은 거친 풍랑 속에서도 말을 해야 하는 바다의 사나이들이기 때문이다. 목소리가 크다는 것은 성격이 솔직하다는 뜻도 되지만 거칠다는 뜻도 된다. 실제로 야고보와 요한은 사마리아 사람들이 주님을 환영하지 않는 것을 보고 아주 거친 반응을 나타냈다. "주여 우리가 불을 명하여 하늘로부터 내려 저들을 멸하라 하기를 원하시나이까"(눅 9:54). 큰 소리로 말하는 사람은 자기의 의견을 숨김없이 솔직히 말한다는 장점도 가지지만 그로 말미암아 다른 사람들에게 상처를 입힐 가능성이 높다. 야고보와 요한은 어느 날 예수님의 좌우편에 앉게 해달라고 요청함으로써 나머지 열 제자의 화를 돋우는 일이 벌어졌다(막 10:35-45). 예수님의 제자가 되면 자기의 성격을 죽여야 한다. 주님의 제자는 날마다 자기 성질을 죽이는 연습을 한다.

다섯째로 가룟 유다는 예수님을 판 자로 소개되었다. 가룟 유다가 예수님을 파는 일은 한참 후에 비로소 자세히 언급될 것이다(14:10 이하). 가룟 유다는 주님의 총애를 받는 제자였을 것이다. 재정과 회계를 맡은 사람이었기 때문이다. 그러나 돈을 사랑하는 마음을 정리하지 못한 가룟 유다는 결국 예수님을 팔아넘기는 무서운 일을 저지르고 말았다. 예수님의 제자는 재물로 대표되는 세속적인 가치에 대하여 신앙적인 입장을 확립해야 한다. 주님의 제자는 세속적인 가치를 신앙적 가치 아래 두는 사람이다.

가룟 유다는 주님의 제자 그룹에 실패를 결정화 한 사람이다. 가룟 유다의 배반으로 예수님이 체포를 당할 때 모든 제자가 도망을 쳤다. "제자들이 다 예수님을 버리고 도망하니라"(14:50). 이렇게 하여 주님이 세우신 소그룹은 여지없이 무너지고 말았다. 오늘날 우리는 목회의 성공을 보장하는 소그룹을 소개할 때 언제나 예수님의 열두 제자라는 소그룹을 대표적인 사례로 거론하는 경향이 있다. 그러나 주님의 소그룹이 주는 교훈은 우리의 생각과 거리가 멀다. 주님은 열두 제자를 통해서 소그룹의 실패를 보여주시려고 했던 것이다. 열두 제자라는 소그룹은 실패한 것이었다. 소그룹이 그 자체로 의미가 있는 것이 아니다. 중요한 것은 소그룹을 형성하고 있는 개인의 변화이다. 개인이 주님의 제자로서 변화된 확고한 신앙을 갖기까지는 소그룹이 실패하고 만다. 개인이 성령님을 받기 전까지는 소그룹에 희망이 없다. 그러므로 개인의 신앙고백이 소그룹의 집회보다 선행해야 한다. 예수님은 열두 제자의 소그룹으로 이런 교훈을 주신 것이다. 소그룹은 목회나 사업을 위한 성공의 비결이 아니다.

## 2. 예수님이 원하는 자들(13)

이렇게 주님께서 부르신 열두 제자는 복잡한 신상을 가지고 있던 사람들이다. 그들 가운데 어떤 사람들은 평범한 신분과 평범한 가정에 속해 있었고, 몇 사람은 특정한 배경을 가지고 있었고, 어떤 사람들은 변화되지 않은 성격과 세속적인 가치관을 소유한 사람들이었다. 예수님은 이런 사람들을 제자로 부르셨다. 그런데 그들이 예수님의 제자가 된 것은 스스로 된 것이 아니라 예수님이 부르셨기 때문이다. 이 부르심에는 예수님의 뜻이 작용했다. 예수님은 "자기가 원하는 자들"을 부르셨다. 그들이 자원하여 제자가 된 것이 아니라 예수님이 그들을 원하셨기 때문에 제자가 되었다. 사람의 뜻으로는 예수님의 제자가 되지 못한다. 주님께서는 자기들의 의지와 생각으로 제자가 되려는 사람들을 거절하셨다. 한 서기관이 스스로 주님을 따르겠다고 요청했을 때 주님은 여우와 새를 비유로 들어 넌지시 거절하셨다(마 8:18-22). 자기의 뜻으로 따라온 자는 자기의 뜻대로 떠나간다. 그러므로 예수님의 제자가 되는 것은 예수님의 뜻에서 시작된다.

우리가 예수님의 제자가 되었다는 것은 우리에게 예수님의 뜻이 작용했다는 것을 의미한다. 따라서 우리는 우리의 뜻대로 제자의 길을 가면 안 된다. 제자인 우리는 예수님의 뜻을 이해해야 하며, 예수님의 뜻에 부합해야 한다. 예수님의 제자는 예수님의 뜻에 자신을 맡겨야 한다. 그래서 주님은 제자들이 자신들을 부인해야 한다고 말씀하셨다. "누구든지 나를 따라오려거든 자기를 부인하고 자기 십자가를 지고 나를 따를 것이니라"(8:34). 예수님의 제자들은 예수님의 뜻과 힘에 자신들을 맡겨야 한다. 이때 제자로서의 길이 편안하고 순조롭다. 마치 돛단배가 바람을 거슬러 가려고 하면 힘들지만 바람에 맡기면 쉬운 것과 같다. 오케스트라가 지휘자에게 맞출 때 아름다운 연주가 된다. 이렇게 하기 위해서 단원들은 자기의 의지와 해석을 버려야 한다. (금난새 씨가 어느 고등학교 오케스트라를 미국에 데려가 연주할 때, 한 학생이 인터뷰를 했는데 줄곧 독주를 연습하다가 자기 뜻을 꺾고 지휘자의 지시를 따라 서로에게 맞추려고 하니 무척 힘들다고 고백하였다). 반주자는 연주자에 맞추어야 한다. 이런 의미에서 볼 때 제자는 연주자가 아니라 반주자이다.

예수님의 뜻에 가장 잘 순종하는 사람이 가장 훌륭한 제자이며, 제 뜻을 고집하는 사람이 가장 잘못된 제자이다. 예수님의 제자는 주도권이 자신에게 있지 않고 주님께 있다는 것을 인정한다. 우리를 제자로 부르신 예수님의 뜻을 이해하고 부합해야 한다. 그러므로 참된 제자도는 자기 힘 빼기이다. 제자로서의 성숙은 자기 힘 빼기이다. 자기 힘이 가장 많이 빠진 것이 성화이다.

## 3. 열두 제자를 세운 이유(14-15)

그러면 열두 제자를 부르신 예수님의 뜻은 무엇인가? 예수님이 열두 제자를 부르신 데는 분명한 뜻이 있었다. 그것은 무엇보다도 "자기와 함께 있게 하심"(14)이다. 예수님이 제자들에게 가지신 첫째 뜻은 자기와 함께 있게 하는 것이다. 예수님과의 연합이 제자도의 첫째 항목이다. 예수님은 복잡한 신원을 가지고 있는 개인들이 예수님의 사람으로 변화되는 것을 제자의 길로 생각하셨다. 개별적으로 자기의 삶을 살던 사람이 예수님과 함께 있는 것이 참된 제자의 의미이다. 물론 이것은 몸만 같이 있는 것이 아니라 뜻도 같이 있는 것을 가리킨다. 제자들의 존재는 예수님과 함께 있는 것에서 의미가 있다. 예수님의 제자들은 무엇을 행하기 전에 예수님과 함께 있어야 한다. 예수님을 위하여 일하는 것보다 예수님과 함께 있는 것이 중요하다(마리아와 마르다의 경우). 예수님은 일하는 것보다 함께 하는 것을 중요하게 생각하지만, 우리는 함께 하는 것보다 일하는 것을 중요하게 생각한다. 여기에 주님과 우리 사이에 괴리가 있다. 제자들이 가장 먼저 연습해야 할 것은 예수님을 위하여 일하는 것이 아니라 예수님과 함께 하는 것이다. 이것이 제자에게 최우선의 과제이다. 이것이 제자에게 요구되는 첫째 변화이다. 그것은 존재의 변화이다.

존재에 변화가 일어나고야 비로소 행동에 변화가 일어난다. 예수님의 제자는 존재적인 변화를 겪고 나서 활동에도 변화를 겪는다. 그는 이제 예수님의 일을 하는 사람으로 변한다. 그것은 행동의 변화이다. 주님께서는 함께 하심이 성립된 후에 비로소 제자들에게 사역을 주신다. 제자들의 사역은 두 가지 축으로 이루어진다. 전도와 축사이다. 예수님은 전도와 축사의 사명을 이루도록 제자들을 보내신다. 제자의 사명은 복음을 전하는 것이며 더러운 영을 내쫓는 것이다. 이런 의미에서 제자의 삶은 영적 싸움이다. 그것은 거룩한 복음을 전파하려는 싸움이며 더러운 세력을 배격하려는 싸움이다. 전도는 예수님을 심는 것이고, 축사는 마귀를 뽑는 것이다. 제자는 예수님의 거룩함을 심고, 마귀의 더러움을 뽑는다. 전도는 예수님을 말하는 것이기 때문에 제자의 영광이며, 축사는 적군을 이기는 것이기 때문에 제자의 위엄이다. 예수님의 제자일 때만 이런 사역이 성공한다.

예수님이 열두 제자를 부르셨다. 그들의 신원정보를 파헤쳐보면 그들은 평범하거나 무익하거나 해악한 사람들이었다. 바로 그런 사람들을 주님께서는 제자로 부르셨다. 거기에는 주님의 뜻이 작용했다. 그들은 스스로 주님의 제자가 된 것이 아니라 주님의 뜻에 의해서 제자가 되었다. 그러므로 그들은 자신들이 본래 가졌던 모든 신원을 내려놓고 주님의 뜻을 따라야 한다. 주님의 뜻은 존재와 활동에 변화를 겪는 것이다. 제자는 주님과 함께 있는 사람들이며 복음을 전하고 마귀를 이기는 활동을 하는 변화의 사람들이다. 제자들은 새로운 사람이다.

# 나의 어머니와 나의 형제들

——————————————————————— Mark 3:31-35

예수님은 가족을 중시한다. 이것은 여러 가지 면에서 어렵지 않게 확인할 수 있다. 우선 제자들을 부르심에 주님의 가족중시가 나타난다. 제자들 가운데 구태여 부친의 이름이 언급되는 사람들이 있다. 야고보와 요한의 아버지는 세베대이며(17), 다른 야고보의 아버지는 알패오(18)이다. 이것은 그들이 부친을 잘 섬기는 사람들이었다는 것을 단적으로 보여준다. 또한 제자들은 형제관계도 원만했다. 시몬과 안드레가 그랬고, 야고보와 요한이 그랬다(17). 예수님이 이렇게 부친과 형제에 대하여 좋은 관계를 유지하는 사람들을 제자로 부르셨다는 것은 가정을 중시한다는 결정적인 증거이다. 나아가서 병자들을 치료하심에 주님의 가족중시가 나타난다. 주님은 병자를 고치신 후에 집으로 돌려보내셨다(막 5:19; 8:26). 심지어 병자가 치료를 받은 후에 주님과 함께 있기를 간구했지만 주님은 허락하지 아니하시고 집으로 돌아가라고 말씀하셨다. 이것은 주님께서 가족을 얼마나 소중하게 여기시는지를 보여주는 중요한 증거이다.

예수님께도 가족이 있었다. 성경에 주님의 가족에 관한 언급이 적지 않게 나온다. 마태복음과 누가복음은 예수님의 탄생과 관련하여 부모에 대하여 자세히 소개한다. 주님의 가족은 한 단락에서 자세하게 설명된다. "이 사람이 마리아의 아들 목수가 아니냐 야고보와 요셉과 유다와 시몬의 형제가 아니냐 그 누이들이 우리와 함께 여기 있지 아니하냐"(막 6:3).

이 구절에 의하면 아버지 요셉은 이미 죽은 것처럼 보이며, 주님은 아버지 요셉의 뒤를 이어 목수로 일했다("그 목수의 아들", 마 13:55 참조). 그런데 처음에는 가족들도 예수님을 이해하지 못했다. "예수님의 친족들이 듣고 그를 붙들러 나오니 이는 그가 미쳤다 함일러라"(21). 본문에도 예수님의 가족이 등장한다. 예수님의 어머니와 동생들이 와서 밖에 서서 사람을 보내어 주님을 불렀다(31). 그들이 찾아온 것은 주님을 이해하지 못하고 주님의 사역을 만류하기 위함이었던 것으로 보인다.

물론 주님께서는 이런 가족을 끝까지 소중하게 생각했던 것 같다. 그래서 주님께서는 십자가에 달려 운명하는 순간에도 자기의 어머니를 보시고는 사랑하는 제자에게 맡기는 일을 했다(요 19:26). 결국 주님의 형제들은 그 구속사역을 믿음으로 받아들이게 되었고 그들 가운데 야고보와 유다는 나중에 교회를 위하여 큰 역할을 했다. 그들은 야고보서와 유다서를 기록했다. 특히 야고보는 예루살렘 교회에서 기둥 같은 역할을 담당했다(갈 2:9).

본문에서 예수님은 가족이 자신을 찾아온 것을 보시면서 근본적인 질문을 던지셨다. "누가 내 어머니이며 내 동생들이냐"(33). 예수님은 육체적인 가족을 넘어선 새로운 가족을 생각하셨다. 누가 예수님의 가족인가? 예수님은 누가 자신의 새로운 가족인지 분명하게 알려주셨다.

## 1. 예수님을 둘러앉은 자들(34)

첫째로 주님께서는 자신을 둘러앉은 사람들이야말로 자신의 가족이라고 말씀하셨다. "둘러앉은 자들을 보시며 이르시되 내 어머니와 내 동생들을 보라"(34). 이 말씀을 따르면, 주님의 가족이 된다는 것은 그렇게 어렵지 않은 것처럼 보인다. 주님을 둘러앉은 사람들이 주님의 가족이기 때문이다. 그러면 주님을 둘러앉아 있다는 것은 무슨 의미인가? 그것은 두 가지 의미를 가진다. 주님을 둘러앉는다는 것은 첫째로 주님과의 좋은 관계를 의미하며, 둘째로 둘러앉은 사람들 서로 간에 좋은 관계를 의미한다.

## 1) 주님과의 관계

우선 그것은 예수님과 아주 좋은 관계가 형성되어 있다는 것을 의미한다. 주님을 둘러앉은 것은 주님과 함께 있다는 뜻이며, 주님과 함께 있다는 것은 주님과 좋은 관계를 맺고 있다는 뜻이다. 나도 수년 전에 정해진 교회가 없는 신학생들과 금요일 밤에 학교 생활관의 로비에서 벽난로를 피어놓고 자유롭게 기도회를 한 적이 있는데 그 모임에 참석한 사람들과 특별히 좋은 관계를 맺었다. 예수님을 둘러앉았다는 것은 사람들이 예수님과 친근한 관계와 밀접한 관계를 가지고 있다는 것을 보여준다. 이것은 예수님이 자기와 함께 있게 하려고 제자들을 세우셨다는 사실을 연상시켜준다(3:14). 사람들은 예수님과 함께 함으로써 예수님을 구체적으로 체험한다. 그분의 냄새를 맡고, 그분의 몸짓을 보고, 그분의 음성을 듣고, 그분을 만져본다. 그렇게 하는 동안에 사람들은 예수님께 동화된다. 예수님과 함께 하는 사람들은 예수님의 삶에 젖어들고, 예수님의 생각에 맞추어지고, 예수님을 닮게 된다. 이렇게 예수님과 함께 하는 사람들이 예수님의 새로운 가족이다.

또한 주님을 둘러앉아 있다는 것은 주님을 중심으로 삼는다는 것을 의미한다. 사람들은 주님을 둘러앉음으로써 자연히 주님을 한가운데 모시는 것이 된다. 따라서 주님은 그들의 중심이며 초점이다. 다시 말하자면 예수님을 둘러앉은 사람들은 예수님을 중심으로 하는 사람들이며, 예수님께 초점을 둔 자들이다. 그들은 모든 일에 예수님을 중심과 초점으로 삼기 때문에 모든 일에서 예수님께로 돌아간다. 주님이 그들의 끊임없는 귀환점이다. 주님을 둘러앉은 사람들은 예수님을 중심으로 삼을 때 인생에 최고의 가치가 있다고 믿는다. 그러므로 그들은 예수님을 떠나서는 의미가 없는 사람들이다. 이렇게 예수님을 중심으로 삼는 사람들이 예수님의 새로운 가족이다.

더 나아가서 예수님을 둘러앉는다는 것은 예수님을 중심으로 각 사람의 위치가 형성되었다는 것을 의미한다. 예수님을 둘러앉은 사람들은 예수님을 중심으로 위치가 형성된 사람들이다. 그들은 예수님의 교훈에 의지하여 자신들의 자리를 결정한다. 바꾸어 말하자면 그들의 인격과 언행과 활동은 모두 예수님과의 관계에서 형성된다. 그들에게 인생의 좌표는 예수 그리스도로 말미암아 결정된다. 따라서 예수님을 떠나면 그들의 위치가 균열되고 파괴되고 와해되고 혼돈된다. 예수님과의 관계를 끊는 것은 인공위성이 기지와 교신이 단절된 것과 같다. 예수님을 둘러앉은 사람들이 안정된 까닭은 예수님을 중심하고 있기 때문이다. 그들은 스스로 안정된 것이 아니라 예수님과의 관계에서 안정된다. 예수님으로부터 흘러나오는 교훈이 그들을 안정되게 만든다. 바로 이런 사람들이 예수님의 새로운 가족이다.

### 2) 둘러앉은 사람들 서로의 관계

예수님을 둘러앉은 사람들은 예수님을 중심으로 서로 간에 새로운 관계를 형성한다. 마치 핵에 붙어있는 분자들처럼 그들은 예수님께 붙어있기 때문에 상호관계를 맺는다. 그들은 본래 서로 관계가 없던 사람일지 모르지만 이제 예수 때문에 새롭게 엮어진다. 주님은 둘러앉은 사람들이 가장 친밀한 새로운 관계를 갖게 만드는 동력이며 접력이다. 그들은 예수님을 통해 서로를 알게 되며 서로를 받아들임으로써 한 공동체가 된다. 예수님을 둘러앉은 사람들은 모두 수평적인 관계에 놓인다.

그러므로 이런 새로운 관계가 형성된 이후부터 이전의 관계들은 모두 차선이 된다. 이전의 관계들은 무엇이든지 더 이상 절대적 가치가 아니다. 그것들은 지금까지 누리던 절대적인 권위를 잃는다. 세속관계가 지니고 있던 가치체계가 해체되고 새로운 사회가 정립된다. 이것이 예수님의 가족이다. 이런 새로운 사회에 속한 사람들이 예수님의 어머니며 예수님의 형제들이다.

## 2. 하나님의 뜻을 행하는 자(35)

둘째로 예수님은 하나님의 뜻을 행하는 사람들이야말로 자신의 가족이라고 말씀하셨다. "누구든지 하나님의 뜻대로 행하는 자가 내 형제요 자매요 어머니니라"(35). 주님께서는 하나님의 뜻을 행하는 사람들을 자기의 가족으로 생각하셨다. 그러면 하나님의 뜻은 무엇인가?

## 1) 하나님의 뜻

성경에는 하나님의 뜻에 관한 여러 진술이 나온다. 주님을 보고 믿는 것이 하나님의 뜻이다(요 6:40). 모든 사람이 구원을 받으며 진리를 아는 데에 이르는 것이 하나님의 뜻이다(딤전 2:4). 하나님의 뜻은 성도의 거룩함이다(살전 4:3). 그러나 하나님의 뜻을 논의함에 있어서 반드시 주의해야 할 사항이 있다. 그것은 이 뜻이 "하나님의" 뜻이라는 사실이다. 이것은 하나님께 속한 것 모든 것이 하나님의 뜻이라는 것을 의미한다. 이런 점에서 하나님의 뜻은 하나님의 일부가 아니라 하나님의 전부이다. 하나님 자신이 이미 하나님의 뜻이다. 하나님의 생각, 말씀, 활동 모든 것이 하나님의 뜻이다.

그러므로 하나님의 뜻은 하나님께 속하는 것이며 하나님의 소유가 되는 것이다. 이것은 하나님과 완전히 결속하는 것을 의미한다. 양이 목자에게 결속하고, 포도나무 가지가 포도나무에게 결속하며, 지체가 몸에 결속하는 것처럼 우리가 하나님께 결속하는 것이 하나님의 뜻이다.

하나님이 원하시는 것은 만물이 하나님의 통치를 받는 것이며 하나님의 다스림에 순복하는 것이다. 하나님의 뜻은 하나님의 통치이다. 만물이 하나님의 주권 하에 놓이는 것이 하나님의 뜻이다. 사도 바울은 이것을 잘 이해했다. "이는 만물이 주에게서 나오고 주로 말미암고 주에게로 돌아감이라"(롬 11:36). 이것은 하나님의 뜻이 무엇인지 가장 명백하게 보여주는 말씀이다. 하나님은 만물의 "으로부터"이며, "말미암음"이며, "에게로"이다. 다시 말해서 "주에게서"는 하나님이 만물의 유래가 되심을 가리킨다. 하나님은 만물의 기원이다. 그러므로 하나님의 뜻은 우리의 생각과 언행과 행동이 하나님을 기원으로 삼는 것이다. "주로 말미암고"는 하나님이 통로가 되심을 의미한다. 만물은 하나님을 통해서 운행한다. 그러므로 하나님의 뜻은 우리의 모든 것이 하나님을 과정으로 삼는 것이다. 하나님이 우리의 필터가 되는 것이 하나님의 뜻이다. "주에게로"는 하나님이 목적이 되심을 가리킨다. 하나님의 뜻은 만물이 하나님을 위하는 것

이다. 그러므로 하나님의 뜻은 우리가 오직 하나님만을 목적으로 삼는 것
이다. 이 때문에 예수님도 겟세마네 기도에서 아버지의 뜻을 말했다. 주
님께서는 이 기도로 자신의 십자가 죽음이 하나님에게 나오며, 하나님을
통하며, 하나님을 위한다는 것을 드러냈다. 십자가 죽음을 목전에 두신
예수님은 하나님에게 초점을 두셨던 것이다.

### 2) 하나님의 뜻을 행함

그러면 하나님의 뜻을 행하는 것은 무엇인가? 그것은 사람의 뜻을 버리
는 것이다. 사람의 뜻을 버린다는 것은 세상의 뜻과 개인의 뜻을 버리는
것을 가리킨다. 사람의 뜻은 하나님의 뜻에 거슬린다. 그것은 하나님과
무관하려 하며, 하나님을 벗어나려 하며, 하나님을 거역하려 한다. 이와
반대로 하나님의 뜻을 행한다는 것은 하나님과의 결속 가운데 하나님의
주권 하에서 모든 것을 이해하는 것이다. 이것은 돌 하나, 꽃 하나에서도
하나님의 소유를 이해하며 하나님의 통치를 보는 것이다. 만물에서 하나
님의 세계를 보는 것이다. 세상의 움직임을 하나님과의 관계에서 이해하
는 것이 하나님의 뜻을 행하는 것이다. 개인의 삶을 하나님의 통치 하에
서 이해하는 것이 하나님의 뜻을 행하는 것이다.

주님께서는 이렇게 하나님과의 결속, 하나님의 통치, 하나님의 주권
을 받아들이고 그 가운데서 삶을 진행하는 사람들을 가리켜 자신의 가족
이라고 불렀다. 하나님의 뜻에 기초하여 예수님의 가족관계가 형성된다.
하나님의 뜻을 행하는 자들이 예수님의 어머니이며 예수님의 형제들이
다. 하나님의 뜻을 중심으로 형성된 사람들이 바로 예수님의 가족이다.

주님께서는 육체적인 가족관계를 넘어 영적인 가족관계를 주장하셨
다. 예수님은 육체적인 가족관계가 소중한 것은 사실이지만 자신의 제자
들은 여기에 머물러서는 안 된다고 가르치신다. 영적인 가족관계를 형성
해야 한다. 그것은 우선 예수 그리스도와의 관계에서 이루어진다. 예수님
과 함께 하며, 예수님을 중심으로 하는 사람들이 예수님의 가족이다. 그
것은 하나님과의 관계에서 이루어진다. 하나님의 소유가 되고, 하나님의

통치를 인정하며, 하나님의 주권 아래서 모든 것을 행하는 사람들이 예수님의 가족이다.

예수님의 형제들도 후에는 이렇게 변했다. 본래 그들은 주님의 사역을 이해하지 못하던 사람들이었지만 결국에는 주님을 중심으로 삼는 사람들이 되었다. 그래서 주님의 형제인 야고보와 유다는 그들의 편지 첫 구절에서 자신들을 주님의 종으로 소개한다. "하나님과 주 예수 그리스도의 종 야고보는 흩어져 있는 열두 지파에게 문안하노라"(약 1:1), "예수 그리스도의 종이요 야고보의 형제인 유다는..."(유 1). 육체적으로 주님의 가족이었던 형제들이 영적으로 주님의 새로운 가족이 된 것이다.

# 하나님 나라

Mark 4:26–29

모름지기 왕국은 왕을 정점으로 하기 때문에 왕의 성품이 왕국의 모습을 결정한다. 왕의 성품에서 통치의 방식과 목적이 유래한다. 왕국은 왕의 성품에 기초한 통치방식을 따를 수밖에 없다. 따라서 통치를 보면 왕의 성품을 알 수 있다. 하나님의 나라도 하나님의 성품에 기초한다. 하나님의 성품에 의해서 통치의 방식과 목적이 결정된다. 다시 말하자면 하나님은 그 성품에 기초하여 통치하신다. 그러므로 하나님의 나라는 하나님의 의로움, 믿음, 사랑 같은 성품을 고스란히 표현한다. 그러면 이런 하나님 나라는 이 세상에서 어떻게 실현되는가? 예수님은 이 세상에서 하나님 나라가 실현되는 것을 식물이 자라는 것에 비유하셨다. "하나님의 나라는 사람이 땅에 씨를 뿌리고 그가 밤낮 자고 깨며 그가 알지 못할 때 씨가 나서 자라는 것과 같다"(26-27). 주님의 비유는 하나님 나라의 본질을 설명하기보다는 하나님 나라의 방식을 설명한다. 예수님은 하나님 나라가 이 세상에서 진행되고 성취되는 방식에 관해서 비유로 알려주셨다.

## 1. 씨를 뿌림

주님께서는 무엇보다도 하나님 나라가 사람이 씨를 뿌리는 것과 같다고 말씀하신다(26). 이것은 하나님 나라의 실현이 씨를 뿌리는 것처럼 시작된다는 의미이다. 씨를 뿌리지 않고는 열매를 기대할 수 없는 것처럼, 하나님 나라도 씨를 뿌리는 것 같은 시작이 없으면 실현되지 않는다. 바꾸어 말해서 하나님 나라를 실현하려면 씨를 뿌리는 것 같은 일이 있어야 한다. 그러면 하나님 나라와 관련해서 씨를 뿌리는 것은 무엇을 의미하는가?

첫째로 그것은 하나님 나라가 시시하게 시작한다는 것을 의미한다. 씨를 뿌리는 것은 시시하게 보이는 일이기 때문이다. 사람들은 시시한 일은 하려고 하지 않는다. 대부분의 사람들이 큰 일을 좋아하고 작은 일을 좋아하지 않으며, 주역을 좋아하고 조역을 좋아하지 않는다. 그러나 하나님 나라는 작게 시작된다. 하나님 나라는 시시하게 시작할지라도 반드시 놀라운 성취를 얻는다. 이것을 잘 보여주는 것이 겨자씨 비유이다(30-32). 그래서 시시하게라도 시작하지 않으면 하나님 나라는 실현되지 않는다. 아무리 작게라도 하나님 나라를 시작해야 한다.

하나님 나라는 작게 시작해도 하나님 나라이기 때문에 가치가 있고, 능력이 있고, 희망이 있다. 이것은 마치 큰 나라가 작은 대사관을 설치하는 것 같고, 큰 기업이 작은 대리점을 개설하는 것 같고, 큰 은행이 작은 지점을 오픈하는 것 같다. 때때로 큰 은행이 지점을 낼 수 없는 장소에 자동입출금기를 한 대 설치하는 경우를 본다. 그것은 시시하게 보여도 큰 은행의 역할을 한다. 자동입출금기는 구석에 놓여있는 한 대의 기계에 불과하지만 그것을 설치한 큰 은행과 주요 거래를 가능하게 해준다.

마찬가지로 하나님 나라는 씨를 뿌리듯이 시시하게 시작할지라도 하나님 나라이기 때문에 놀라운 성취를 이룬다. 그래서 성도들과 교회들은 시시하게 보일지라도 하나님 나라를 심는 일을 시작해야 한다. 자동입출금기를 한 대 설치하는 것처럼 하나님 나라를 자신의 위치에 세워야 한다. 각자의 위치에서 하나님 나라를 작게 시작하라. 그 일이 보잘것없는 것 같아도 시작해야 한다. 하나님 나라의 작은 시작이 결국은 큰 성취를 일으킬 것이기 때문이다. 시시하게 보이는 일을 하지 않으면 하나님 나라가 시작되지 않는다.

둘째로 씨를 뿌리는 것은 귀찮은 일이다. 그래서 시편기자는 눈물을 흘리며 씨를 뿌리는 자, 울며 씨를 뿌리러 나가는 자라는 표현을 사용했다(시 126:5-6). 씨를 뿌린다는 것은 울며 눈물을 흘려야 할 일이라는 것이다. 그만큼 씨를 뿌리는 것은 귀찮은 일이다. 사람들은 이런 귀찮은 일을 하려고 하지 않는다. 그래서 가짜 박사학위 사건에서 보듯이 씨를 뿌리지 않고 열매를 기대하는 심보가 작용한다. 명함에 박사학위를 새겨 넣는 것은 쉬운 일이지만, 그렇다고 박사가 되는 것은 아니다.

하나님 나라는 씨를 뿌리는 것처럼 귀찮은 작업으로 시작된다. 하나님 나라를 심는 것은 결코 재미있는 일이 아니다. 거기에는 육체적이며 영적인 고통이 있게 마련이다. 씨 뿌리는 자의 비유(1-20)에서 보듯이 하나님 나라를 일구기 위해서는 경제적인 면에서나 정신적인 면에서 손실이 발생할 수 있다. 파종의 시기를 놓치지 않으려면 개인적인 즐거움을 내동댕이쳐야 하듯이, 하나님 나라를 시작하려면 개인에게 유익한 것을 포기해야 한다. 호사스럽게 치장하고 푹신한 소파에 앉아 씨를 뿌릴 수 없는 것처럼 하나님 나라를 심으려면 누추함과 불편함을 감수해야 한다.

하나님 나라는 귀찮은 작업으로 시작되지만 결국은 즐거움을 주게 된다. 씨 뿌리는 것이 귀찮은 일이지만 그 결실이 기쁨을 가져다주는 것과 같다. 하나님 나라를 심는 귀찮은 작업이 없이는 하나님 나라를 거두는 즐거운 결과가 없다.

## 2. 밤낮 자고 깸

이어서 주님께서는 하나님 나라가 사람이 밤낮 자고 깨며 씨가 나서 자라는 것과 같다고 말씀하신다(27). 주님은 이 말씀으로 하나님 나라가 성장한다는 것을 알려주신다. 씨가 뿌려지면 자라듯이, 하나님 나라도 시작되면 성장한다는 것이다. 그런데 주님은 씨가 나서 자라는 과정에 씨를 뿌린 사람이 어떤 삶을 사는지 말씀하신다. 그는 밤낮 자고 깬다는 것이다. 주님은 씨 뿌린 사람의 삶을 제시함으로써 하나님 나라의 실현이 어떻게 진행되는지를 보여준다. 그러면 하나님 나라와 관련해서 씨 뿌린 사람이 밤낮 자고 깨는 것은 무엇을 의미하는가?

첫째로 그것은 인내를 의미한다. 밤낮 자고 깨는 것은 많은 시간이 지난다는 것을 의미한다. 사실 씨앗이 싹을 트기 위해서는 여러 날이 필요하다. 그것은 하루아침에 되는 일이 아니라 많은 날이 걸린다. 이때 씨를 뿌린 사람은 인내해야 한다. 이것이 농부의 인내이다(약 5:7). 그러나 많은 사람들이 씨를 뿌린 후에 긴 시간을 보내려는 의지가 부족하여 씨앗이 바로 성장하기를 바란다. 씨앗을 심어놓고 뿌리를 내렸는지 하루도 안 되어 빼보고 매일 빼보는 것은 어리석은 짓이다.

하나님 나라도 하루아침에 성장하는 것이 아니다. 하나님 나라가 성취되기 위해서는 많은 세월을 보내야 한다. 그래서 우리는 하나님 나라를 성취하기 위해서 인내해야 한다. 하나님 나라와 관련하여 오래 참는 것이 중요하다. 그래서 사도 바울은 하나님 나라를 유업으로 받기 위한 성령님의 열매에 오래 참음이라는 성격이 있다고 피력했던 것이다(갈 5:21-22).

또한 주님께서는 결실에는 반드시 순서와 절차가 있다는 것을 가르쳐 주셨다. "처음에는 싹이요 다음에는 이삭이요 그 다음에는 이삭에 충실한 곡식이라"(28). 싹의 단계를 무시하고 이삭이 생길 수 없고, 이삭의 단계를 지나치고 곡식이 여물 수 없다. 결실하기까지 반드시 거쳐야 할 절차와 단계가 있다. 그 과정을 순순히 다 통과해야만 비로소 열매가 익는다. "열매가 익으면 곧 낫을 대나니 이는 추수 때가 이르렀음이라"(29).

하나님 나라를 성취하는 데도 이런 과정이 필연적이다. 하나님 나라가 완성되는 과정에는 싹의 단계, 이삭의 단계, 곡식의 단계가 있다. 싹의 단계를 성실하게 거쳐야 비로소 이삭이 된다. 이삭의 단계를 충분하게 지내야 비로소 알곡이 된다. 씨앗의 종류에 따라서 각 단계의 기간이 조금씩 다르겠지만 어떤 씨앗이든지 이런 과정을 따라야 한다는 것은 두말할 나위가 없다. 신앙에 건너뜀이란 없다. 차근차근 이 모든 과정을 밟아야 정상적인 신앙이 된다. 이 모든 순서와 절차를 하나씩 통과할 때 하나님 나라가 완성된다. 그러므로 모든 신자는 겸손한 마음을 가지고 하나님 나라를 성취하는 과정에 순종해야 한다.

둘째로 하나님 나라와 관련해서 씨 뿌린 사람이 밤낮 자고 깬다는 것은 평범한 삶이 전제된다는 것을 의미한다. 밤낮 자고 깨는 것은 일상생활을 한다는 것을 가리킨다. 식물은 우리가 지켜보고 있으면 자라지 않는다. 그런데 우리가 그 자리를 떠났다가 돌아와 보면 식물은 크게 자라 있다. "어떻게 그리 되는지 알지 못한다"(27). 다시 말하자면 식물은 우리가 일상생활을 하는 중에 자란다. 하나님 나라도 자라는 것을 관찰할 것 없이 우리의 일상생활 중에 자란다. 사람이 밤낮 자고 깨는 중에 그가 뿌린 씨가 나서 자라는 것처럼 하나님 나라도 그것을 시작한 사람이 평범하게 사는 동안에 진행된다.

하나님 나라는 그것을 시작한 사람의 일상생활과 함께 진행한다. 그 사람은 잘 때 자고, 깰 때 깬다. 그런데 하나님 나라는 진행한다. 그는 정상적으로 밤에 자고 아침에 깬다. 하나님 나라를 성취하기 위해서 이런 정상적인 삶을 깨뜨리는 것이 아니다. 하나님 나라를 위해 일한다면서 밤이 되었는데도 잠자지 않는 것은 옳지 않으며, 아침이 되었는데 일어나지 않는 것은 옳지 않다. 하나님 나라는 신자들이 밤낮 자고 깨는 것 같은 평상적인 생활 속에서 이루어지기 때문이다. 하나님 나라는 일상생활과 멀리 있는 것이 아니다. 그것은 일상생활과 동떨어져 일어나는 것이 아니다. 하나님 나라는 우리의 일상생활 가운데 성장한다. 하나님 나라는 우리의 일상으로서의 하나님 나라이다.

그래서 우리는 하나님 나라를 성취하기 위해서 일상과 격리된 어떤 비상한 일을 하는 것이 아니다. 하나님 나라를 성취한다고 해서 일상생활을 포기하는 것은 합당하지 않다. 하나님 나라는 금욕생활이나 비상생활을 요구하지 않는다. 예외적으로 그런 경우가 요청되는 것은 사실이다. 예를 들면 세례자 요한이나 사도 바울 같은 경우이다. 하지만 일반적으로는 일상 가운데 하나님 나라가 실현된다. 하나님 나라는 잠도 안 자고, 밥도 안 먹는 것이 아니다. 주님 자신이 이 사실을 우리에게 분명하게 보여주셨다. 주님은 심지어 세리나 죄인과 함께 식사하시면서 하나님 나라를 실현하셨다. 그래서 우리도 일상가운데 하나님 나라를 성취해야 한다.

또한 일상생활 가운데 하나님 나라가 실현되기 때문에 우리는 하나님 나라와 함께 일상생활을 해야 한다. 일상생활 자체가 하나님 나라의 일이다. 우리는 매일의 삶 가운데 하나님 나라를 성취한다. 자는 것도 하나님 나라의 일이며 깨는 것도 하나님 나라의 일이다. 자는 것도 하나님의 주권 아래 있고 깨는 것도 하나님의 통치 아래 있기 때문이다. "여호와여 주께서 나를 살펴보셨으므로 나를 아시나이다 주께서 내가 앉고 일어섬을 아시고 멀리서도 나의 생각을 밝히 아시오며 나의 모든 길과 내가 눕는 것을 살펴보셨으므로 나의 모든 행위를 익히 아시오니 여호와여 내 혀의 말을 알지 못하시는 것이 하나도 없나이다"(시 139:1-4). 우리의 평범한 모든 것이 하나님 나라와 관련 있다. 가정, 일터, 학업, 군복무, 취미생활, 이런 모든 것이 하나님 나라의 일이다.

그러므로 신자는 우리는 일상에서 하나님 나라를 표현하고 실현해야 한다. 우리의 일상은 하나님 나라로서의 일상이다. 여기에 자고 깨는 것 같은 우리의 평범한 삶이 가지는 가치가 있다. 그래서 우리는 평상생활을 열심히 계속해야 한다. 우리의 매일 생활에서 하나님 나라가 실현되기 때문이다. 우리의 일상 그 자체가 하나님 나라의 성취이다. 그러므로 우리는 성실하게, 신실하게, 신앙정신을 가지고 일상적인 일을 잘 해야 한다. 우리는 일상에서 하나님 나라를 표현하면서 일상을 하나님 나라로 변환시켜야 한다.

## 3. 땅이 스스로 열매를 맺음

마지막으로 주님께서는 하나님 나라가 이 세상에서 실현된다는 사실을 가르쳐주셨다. 주님의 말씀 가운데 땅이 두 번 언급된다(26,28). 예수님은 하나님 나라를 사람이 땅에 씨를 뿌린 것으로 비유하며, 그 땅이 스스로 열매를 맺는다고 말씀하신다. 땅이 없으면 씨를 뿌릴 수가 없다. 씨를 뿌리기 위해서는 공간이 필요하다. 파종의 공간은 땅이다. 땅에 씨를 뿌리고, 땅에서 씨가 나서 자라고, 땅에서 싹이 트고 이삭을 맺고 알곡이 여문다. 땅이 없으면 이 모든 일이 불가능하다.

마찬가지로 하나님 나라도 이 세상에서 실현된다. 이 세상은 하나님 나라가 실현되는 공간이다. 이런 의미에서 세상은 긍정적인 의미를 가진다. 이 세상이 악하고 음란한 것은 사실이다. 거기에는 거짓과 사기가 판치고, 부패와 오염이 가득하고, 죄악과 폭력이 성행하고, 흑암과 죽음이 다스린다. 그럼에도 불구하고 신자들은 이 세상에서 물러서지 않는다. 비록 이 세상이 악하고 음란할지라도 신자는 이 세상을 떠나지 않고 계속 일상생활을 영위하면서 하나님 나라를 실현해나간다.

시간이 흐르면 어느덧 땅이 싹을 낸다. 주님께서는 그 현상을 가리켜

"땅이 스스로 열매를 맺는다"(28)고 설명하셨다. 여기에 언급된 "스스로"는 사실상 여러 가지를 전제하고 있다. 땅이 스스로 열매를 맺는 데는 하나님의 은혜가 전제되며, 씨앗이 전제되며, 씨앗을 뿌리는 사람이 전제된다. 이 모든 것이 있을 때 땅은 스스로 열매를 맺는다.

이와 마찬가지로 시간이 흐르면 어느덧 이 세상에는 하나님 나라가 실현된다. 하나님께서 은혜를 베푸시고, 복음이 준비되어 있고, 복음을 뿌리는 이가 일상을 성심껏 살면, 부정적인 면을 수없이 많이 가지고 있는 이 세상에서도 하나님 나라가 결실한다. 그러므로 세상은 더럽고 악하고 어두운 공간이지만 또한 하나님 나라가 실현되는 공간이라는 점을 잊어서는 안 된다. 그래서 우리는 이 소망을 가지고 변함없이 오늘도 이 세상에서 일상생활 속에서 성실하게 하나님 나라를 실현하는 것이다.

# 너희가 어찌 믿음이 없느냐

예수님은 하나님의 나라를 씨앗에 비유하시는 것을 즐겨하셨다. 하나님의 나라는 사람이 씨를 땅에 뿌리는 것과 같다는 것이다(4:26-29). 씨의 진리는 매우 단순하다. 씨는 나서 자란다. 씨의 성장에는 건너뛸 수 없이 반드시 단계가 있다. 씨에서 싹이 나고, 다음에는 이삭이 생기고, 마지막에는 충실한 곡식이 된다. 또한 하나님의 나라는 겨자씨 한 알과 같다(4:30-32). 겨자씨의 진리도 간단하다. 겨자씨는 심긴 후에 자란다. 그런데 겨자씨의 교훈에는 한 가지가 더 있다. 그것은 풀보다 커지고 큰 가지를 내서 공중의 새들이 깃들게 된다는 것이다. 주님께서 하나님의 나라를 씨앗에 비유하는 까닭은 천국이 성장한다는 것을 말하기 위함이다.

믿음의 길도 하나님의 나라와 비슷하다. 그래서 믿음도 씨를 뿌리는 것과 같다. 믿음이 처음에는 씨처럼 심겨지고 나중에는 충실한 열매를 맺는다. 이것은 믿음이 성장한다는 것을 의미한다. 그런데 믿음이 성장하는 데는 어떤 과정과 방식이 있다. 이런 과정과 방식을 거치지 않으면 믿음은 성장하지 않는다. 본문은 믿음의 길 또는 믿음 성장의 길이 어떤 것인지 잘 보여준다. 제자들은 갈릴리 바다를 건너가다가 큰 풍랑을 만났다. 갈릴리 바다를 건너가는 중에 풍랑을 만난 제자들에게 예수님은 결론적으로 이렇게 말씀하셨다. "너희가 어찌하여 이렇게 무서워하느냐 너희가 어찌 믿음이 없느냐"(40). 큰 풍랑 앞에서 무서워하는 제자들에게 주님께서 주신 결론적인 말씀을 볼 때 주님은 이 사건으로 제자들의 믿음에 관하여 교훈하고 있다는 것을 알 수 있다. 바꾸어 말하자면 이 사건은 주님이 제자들에게 믿음을 요구하신다는 것을 보여준다. 주님께서는 제자들에게 어떤 믿음을 요구하시는가? 예수님이 원하시는 제자들의 믿음은 무엇인가?

## 1. 모험의 감행

무엇보다도 주님께서 제자들에게 바라는 신앙은 모험에서 나오는 신앙이다. 주님은 느닷없이 제자들에게 갈릴리 바다를 건너가자고 말씀하셨다. "우리가 저편으로 건너가자"(35). 그런데 문제는 예수님이 제자들에게 갈릴리 바다를 건너가야 할 이유를 말씀해주시지 않았다는 데 있다. 주님이 제자들과 함께 갈릴리를 건너가야 할 이유가 분명하지 않다. 나아가 더욱 큰 문제는 예수님이 제자들에게 갈릴리 바다를 건너가자고 말씀하신 때는 항해하기에 무리한 시간이었다는 것이다. "그 날 저물 때에 제자들에게 이르시되"(35). 주님이 제자들에게 배를 저으라고 요구하신 시간은 해가 지는 저녁이었다. 문맥을 살펴볼 때 갈릴리 바다를 건너야 할 무슨 급한 일이 있는 것이 아니다. 건너편으로 가자는 주님의 요구는 비유 설교가 끝난 다음의 상황에 이어졌기 때문이다. 설득력 있는 이유가 없다면 구태여 해질녘에 항해할 필요가 없다. 갈릴리 바다는 해가 지면 순식간에 암흑으로 변하기 때문에 사람들은 가능하면 그 시간에는 배를 타고 바다에 나가지 않는다. 게다가 제자들이 갈릴리 바다를 항해하는 중에 큰 광풍을 만났다는 것은 출발하기 전에 이미 그럴 징조가 있었다는 것을 의미한다. 광풍이 갑자기 일어났다고 볼 수 없다. 이미 먹장구름이 짙게 끼고 거센 바람이 일었다고 생각하는 것이 옳다. 이런 상황에서 제자들이 항해를 꺼려했던 것처럼 보인다. 그래서 불안감을 해소하기 위해 다른 배들이 합세를 한 것 같다. "다른 배들도 함께 하더니"(36). 무리지어 가면 안심될 듯했던 것이다. 그러나 무리지어 가도 아무런 소용이 없다. 무리를 짓는 것은 심정적으로 안심이 될지 모르지만 실제로는 아무런 도움이 되지 않는다.

주님께서는 이런 상황에서 아무런 이유도 없이 제자들에게 갈릴리 바다를 건너가자고 말씀하셨다. 이것은 무리한 요구이며, 비합리적인 요구이며, 이해할 수 없는 요구이다. 그러나 이것은 주님의 의도적 요구이다. 주님은 깊은 목적을 가지고 제자들에게 바다를 건너가자고 말씀하셨다. 예수님은 의도적으로 제자들을 위험에 노출시키려고 했던 것이다. 주님의 의도는 제자들의 신앙을 키우려는 데 있다. 주님은 제자들의 신앙을 성장시키기 위해서 무리한 요구를 하셨다. 이것은 제자들의 신앙을 발전시키기 위한 일종의 시험이다. 주님은 신자들이 악에 빠지도록 시험하지는 않지만(약 1:13), 신자들의 믿음이 향상되도록 감당할만한 시험을 주시기도 한다(고전 10:13). 이것은 실패로 이끌어가는 시험이 아니라 성공으로 인도하는 시험이다.

바로 이런 이유 때문에 하나님은 아브라함을 시험하셨던 것이다(창 22:1). 하나님께서는 아브라함에게 백 세에 낳은 아들 이삭을 제물로 드리라고 요구하셨다. 하나님께서 아브라함을 시험하신 목적은 하나님을 진정으로 경외하는 사람이 되도록 하기 위함이었다. 이로 말미암아 아브라함은 큰 복을 받고 아브라함의 씨는 크게 번성하여 하늘의 별과 같고 바닷가의 모래와 같게 되며 그 씨가 대적의 성문을 차지하고 그 씨로 말미암아 천하만민이 복을 받게 될 것이다(창 22:17-18). 이와 비슷한 예가 하나님께서 이스라엘을 사십 년 동안 광야로 이끄신 것이다. 하나님은 사십 년 광야생활로 이스라엘을 시험하셨다(신 8:2). 하나님께서 이스라엘 백성을 시험하신 목적은 그 마음을 하나님의 명령에 일치시키기 위함이었다. 이로 말미암아 이스라엘은 결국 시내와 분천과 샘이 흐르고 밀과 보리가 자라고 포도와 무화과와 석류와 감람나무가 열매를 맺고 꿀이 흘러넘치고 철과 동이 나는 아름다운 땅에 이르게 될 것이다(신 8:7-10).

때때로 주님은 신앙을 성장시키기 위하여 우리를 시험하신다. 주님은 우리를 편안한 자리에서 불안한 자리로 끌어내실 뿐 아니라 불리한 시간에 어려운 상황으로 나아가게 하신다. 주님은 우리가 신앙의 길에서 모험하기를 원하신다. 모험을 하지 않으면 믿음이 성장하지 않기 때문이다. 그래서 주님은 우리에게 무리한 일을 시도하기를 요구하신다. 믿음의 시작점에는 모험이 있다. 모험은 믿음의 시작이다. 믿음은 이해할 수 없음에서 시작된다. 또한 모험은 믿음을 성장시킨다.

사실 믿음은 그 자체가 모험이다. 주님을 믿는다는 것은 다른 모든 것에 대한 믿음을 포기하는 것이기 때문이다. 주님을 믿는 것은 세상의 가치관을 버리는 것을 의미한다. 주님에 대한 신앙을 가지는 것은 인간의 시각을 따르지 않는다는 것을 가리킨다. 주님을 구주로 고백하는 것은 세상의 어떤 다른 것도 생명의 보장이 되지 않는다고 고백하는 것을 뜻한다. 사도 바울은 이런 모습을 잘 보여준 대표적인 인물이다(빌 3:7-9). 그러므로 믿음은 그 자체가 모험이다. 믿음은 인생의 모든 것을 예수님께 올인(다걸기)하는 모험이다. 과연 지금까지의 모든 것을 버리고 예수님을 구주로 섬기는 것에 의미가 있는가?

그런데 주님은 때때로 우리에게 믿음의 성장을 위해서 계속적인 신앙의 모험을 요구하신다. 이렇게 하기 위하여 주님은 우리를 아주 어려운 상황으로 인도하신다. 엘리야 선지자가 사르밧 과부에게 마지막 남은 가루 한 움큼과 기름을 달라고 했던 너무나 야속한 요구(왕상 17:13)를 주님은 우리에게도 말씀하신다. 그러나 이런 모험을 통과할 때 우리의 신앙은 성장하고 성숙한다. 그러므로 우리는 주님께서 우리를 모험적인 자리로 인도할 것을 예상해야 하며, 또한 신앙의 모험을 담대히 통과할 것을 각오해야 한다. 욥은 그렇게 고통스러운 고난가운데서 이 사실을 깨달았던 것처럼 보인다. 그러므로 욥은 우리가 가슴 깊이 새겨야 할 정도로 다음과 같이 놀라운 고백을 말했다. "그러나 내가 가는 길을 그가 아시나니 그가 나를 단련하신 후에는 내가 순금같이 나오리라"(욥 23:10).

## 2. 불신과의 싸움

둘째로 주님께서 제자들에게 요구하시는 신앙은 불신과의 싸움인 신앙이다. 제자들은 주님의 요구를 이기지 못하고 갈릴리 바다 한 가운데로 배를 몰았다. 그런데 이 배는 결국 큰 위험에 처하게 되었다. 그 위험의 정도는 다음과 같이 묘사된다. 큰 광풍이 일어났고(37), 물결이 배에 부딪쳐 들어와 배에 가득하게 되었다(37). 제자들은 자신들이 어떤 상황을 만나고 있는지 분명하게 인식했다. 그것은 죽음과 멸망의 상황이었다. 그래서 제자들은 공포에 질려 "우리가 죽게 되었다"(38)고 소리를 질렀다.

여기에서 우리가 먼저 알아야 할 것은 예수님을 모신 배에도 광풍이 밀어닥치며, 주님의 뜻에 순종해서 배를 몰고 있는 제자들에게도 고난이 닥친다는 사실이다. 우리는 보통 순종의 길에는 축복만 있고 고난은 없을 것이라고 기대한다. 하지만 많은 경우에 그렇지 않다. 순종의 길에도 고난이 있다. 아브라함이 하나님의 명령에 순종하여 가나안 땅으로 옮겨와서 얼마 되지 않아 만난 것은 심각한 기근이었다(창 12:10). 사도 바울은 하나님의 복음을 전파하기 위하여 전도자의 길에 순종했을 때 일일이 셀 수 없는 고난을 당했다. 순종하는 자세로 하나님의 일을 해도 고난이 온다. 그러나 이런 과정을 통해서 고난과 함께 신앙이 성장한다. 환난은 인내를 낳고 인내는 소망을 낳는다(롬 5:3). 고난에서 신앙이 성장한다.

갈릴리 바다에서 큰 광풍을 만난 제자들에게 가장 심각한 어려움은 주님의 모습이었다. 이렇게 위험한 상황에서 주님께서 보이신 태도는 너무나 무심한 것이었다. "예수께서는 고물에서 베개를 베고 주무시더니"(38). 주님께서는 제자들이 어떤 고난에 처했는지 전혀 아랑곳하지 않고 태평하게 주무셨다. 예수님은 제자들을 위하여 아무런 반응을 보이지 않으셨다. 주님은 갈릴리 바다 한 가운데서 큰 광풍으로 고난을 당하는 제자들을 내버려두셨다. 이것은 마치 어린아이를 교육하는 것과 같다. 어린아이가 문제를 풀지 못해서 끙끙거려도 곁에 있는 교사나 부모는 가만 내버려둔다. 어린아이가 심지어 울음을 터뜨려도 그대로 둔다. 미리 도와주면 스스로 해결하는 연습이 안 되기 때문이다. 주님께서도 죽음의 순간에 이를 정도로 심각한 고난에 처한 제자들을 그대로 내버려두셨다. 주님은 마지막 순간까지 기다리셨다. 마지막 순간까지 모른 체 하시는 이런 주님의 모습 때문에 제자들은 절망에 빠졌다. "선생님이여 우리가 죽게 된 것을 돌보지 아니하시나이까"(38). 이것은 제자들이 주님을 의심하는 단계에까지 도달한 것을 의미한다.

자주 주님은 신자들이 고난을 당할 때 내버려두신다. 이것은 마치 욥에 대한 하나님의 태도와 비슷하다. 욥이 재산을 빼앗기고, 자식을 잃고, 육체에 병이 드는 등 사탄에게 치명적인 고난당할 때도 하나님은 가만히 두고만 보셨다. 이로 말미암아 신자들의 마음속에 심한 의심이 일어난다.

주님께서 우리를 내버려두는 것 때문에 우리는 깊은 불신에 빠진다. 주님의 침묵 앞에서 우리는 짙은 회의를 품게 된다. 그러나 바로 이 같은 의심과 불신과 회의를 극복하는 것이 믿음이다. 믿음은 마지막 의심과의 싸움이다. 신앙은 최후의 불신과의 싸움이다. 확신은 마지막 회의와의 싸움이다. 이것이 바로 형들에 의하여 애굽에 팔려간 요셉이 보여준 신앙정신이다. 이런 신앙정신을 가장 잘 보여준 사람들이 다니엘의 친구들인 사드락과 메삭과 아벳느고이다. 그들은 하나님에 대한 마지막 의심과 싸워 이겼다. "왕이여 우리가 섬기는 하나님이 계시다면 우리를 맹렬히 타는 풀무불 가운데에서 능히 건져내시겠고 왕의 손에서도 건져내시리이다 그렇게 하지 아니하실지라도 왕이여 우리가 왕의 신들을 섬기지 아니하고 왕이 세우신 금 신상에게 절하지도 아니할 줄을 아옵소서"(단 3:17-18).

믿음은 최후의 의심과 불신과 회의에 대한 싸움이다. 그래서 아브라함은 바랄 수 없는 중에 바라고 믿었다. 아브라함은 백 세나 되어 자기 몸이 죽은 것 같고 사라의 태가 죽은 것 같음을 알고도 믿음이 약하여지지 아니하고, 하나님의 약속을 의심하지 않고 믿음으로 견고하여져서 하나님께 영광을 돌렸다(롬 4:18-20). 바로 여기에서 신앙의 성장이 발생한다. 뉴욕의 은행가였던 스파포드(Spafford)는 독실한 신앙인이었다. 그런데 1873년 그가 관련된 은행들이 모두 도산하고, 심지어는 대서양을 건너가던 배가 침몰하는 바람에 유학을 떠난 두 딸과 그들을 데리고 가던 아내가 한꺼번에 죽는 비운이 몰아닥쳤다. 하나님에 대한 믿음이 순식간에 깨질 위기 앞에서 스파포드는 종이를 꺼내 가만히 찬송시를 써내려갔다. "내 평생에 가는 길 순탄하여 늘 잔잔한 강같든지 큰 풍파로 무섭고 어렵든지 나의 영혼은 늘 편하다 내 영혼 평안해 내 영혼 내 영혼 평안해"(찬송가 470장). 믿음은 최후의 불신과 싸우는 것이다.

갈릴리 바다에서 큰 광풍을 만나 죽음의 위기에 처한 제자들에게 주님께서 침묵으로 일관하신 뜻은 무엇인가? 첫째로 주님께서는 제자들이 주님에 대한 믿음을 가지기를 바라셨다. 제자들은 주님이 비록 깊이 잠들어 있지만 주님이 함께 계신다면 어떤 고난도 문제가 되지 않는다는 것을 믿어야 했다. 지금 비록 큰 풍랑이 배를 뒤엎을 것처럼 보이지만 제자들은 주님이 함께 계시기 때문에 아무런 문제가 없을 것임을 믿어야 했다.

"여호와께서는 자기 백성을 버리지 아니하시며 자기의 소유를 외면하지 아니하시리로다"(시 94:14). 둘째로 주님은 제자들이 믿음을 가지고 고난을 헤쳐 나가기를 바라셨다. 주님에 대한 믿음을 전제로 하여 제자들의 노력이 필요했다. 제자들은 주님을 믿을 뿐만 아니라 스스로 노력을 해야 한다. 믿음과 함께 행위가 동반되어야 한다. 주님의 뜻은 주님의 동행에 대한 믿음에 기초해서 고난을 헤쳐 나가는 것이다. 그러나 불행하게도 제자들은 주님의 뜻을 이해하지 못했다. 제자들의 생각은 주님의 생각과 달랐다. 그들은 단지 절망에 빠졌다. 그러므로 주님은 제자들에게 말씀하셨다. "너희가 어찌하여 이렇게 무서워하느냐 너희가 어찌 믿음이 없느냐"(40).

# 믿기만 하라

Mark 5:21-24,35-43

예수님의 초기활동은 갈릴리 바다를 중심으로 진행되었다. 주님은 갈릴리 바다를 이리저리 건너다니면서 활동하셨다. 그런데 예수님이 행선하는 길에는 거의 언제나 무리가 따라다녔다. 우리는 이 군중이 어떤 의미를 가지고 있는지 살펴볼 필요가 있다. 예수님이 갈릴리 바다 한쪽에 있는 마을에 가셨을 때 그 마을의 회당장을 만나게 되었다. 회당장에게는 죽어가는 딸아이가 있었다. 회당장은 주님께 나와서 죽어가는 딸아이를 살려달라고 애원하였다. 우리는 회당장이 어떤 교훈을 주는지 생각해보아야 한다.

## 1. 예수님과 무리

회당장의 딸아이를 살려내는 장면에서 세 종류의 무리들을 보게 된다.

첫째로 예수님이 갈릴리 바다의 맞은 편으로 건너가셨을 때 모여든 큰 무리이다(21). 얼마나 많은 사람들이 모여들었는지 배에서 내린 주님은 제대로 활동을 할 수가 없었다. 주님은 앞으로 나아갈 수가 없기 때문에 바닷가에 그대로 계셨다(21). 회당장이 죽어가는 딸아이를 살려달라고 애원하여 그와 함께 간신히 발걸음을 옮기기 시작했을 때 큰 무리가 에워싸고 따라가며 밀었다(24). 하지만 이 군중에게서는 어떤 긍정적인 면을 발견할 수가 없다. 오히려 그들은 예수님의 길에 방해가 되었다. 주님께서는 큰 군중 때문에 신속하게 행동하는 데 방해를 받으셨던 것이다.

큰 군중이라고 해서 반드시 의미가 있는 것은 아니다. 주님은 이 엄청난 무리에 아무런 의미도 두지 않으신 것처럼 보인다. 왜냐하면 주님께서 이 무리에게 별다른 반응을 나타내지 않으셨기 때문이다. 특히 주목해야 할 것은 예수님이 이들에게 하나님 나라의 복음을 가르치지 않았다는 사실이다. 무리는 주님의 뜻과 상관없이 일방적으로 다가섰고 모여들었다. 무리의 접근과 운집은 주님의 가르침과 아무런 상관이 없는 것이었다. 다시 말해서 무리는 주님에게 나오는 데 뚜렷한 목적이 없었다. 그들은 주님과 인격적인 관계가 없는 단순한 구경꾼에 지나지 않았다. 그들이 예수님을 따라가는 것은 무의미한 동행에 불과했다.

무리가 보여준 것같은 방식으로 예수님을 만나는 것은 무의미하다. 이것은 사람들이 버스나 전철을 함께 타고 가는 것과 다를 바가 없다. 아무런 상관도 없는 사람들이 한 칸에 같이 있다가 각자 행선지를 따라 헤어진다. 이것은 만남이긴 하지만 인격적 교제가 없는 만남이다. 지금도 주님께 승객이나 구경꾼 같은 입장으로 나오는 사람들이 있다. 이런 사람들은 주님과 인격적으로 깊은 교제가 없이 연결과 단절을 반복하면서 일생을 보낸다. 때때로 이런 모습이 옳지 않다는 것을 느끼면서도 어떻게 이와 같은 모습을 타개하고 주님과 인격적인 교제를 나눌 것인지 고민하지 않는다. 우리는 회당장처럼 발아래 엎드리는 자세로 주님을 간절한 심정으로 만나야 한다(22-23). 주님만이 우리 자신과 가정과 사회의 심각한 문제를 해결해주시는 분이기 때문이다.

둘째로 예수님이 회당장의 집으로 가는 동안에 또 한 종류의 사람들이 등장한다. 결국은 회당장의 딸아이가 죽고 말았는데, 그때 이 사람들이 와서 이 불행한 소식을 전해주었다. 어린아이의 사망소식을 전하는 사람들은 회당장에게 말했다. "어찌하여 선생을 더 괴롭게 하나이까"(35). 이들은 예수님의 고통을 덜어주려는 것처럼 발언했다. 다시 말해서 이 사람들은 주님을 걱정하며 보호하는 것 같은 인상을 주었다. 이들은 예수님을 위하는 척 하는 사람들이었다. 이들은 예수님을 편드는 사람들이다. 그러나 왜 이 사람들이 주님을 위하는 것처럼 보이는 말을 했는지 분명하지 않다. 그들은 주님의 가르침을 받은 것도 아니고 주님의 교훈을 따르는 것도 아니다.

이런 현상은 예나 지금이나 자주 나타난다. 아직 주님의 제자가 되지 않은 니고데모는 바리새인들이 예수님을 체포하려고 했을 때 "우리 율법은 사람의 말을 듣고 그 행한 것을 알기 전에 심판하느냐"(요 7:51)고 주님을 옹호하는 발언을 했다. 지금도 학교든지 회사든지 사람들이 모이는 자리에서 기독교를 놓고 말다툼을 할 때 교회에 다니지 않으면서도 기독교를 옹호하기 위해서 핏대를 세우고 발언을 하는 사람들이 종종 눈에 띈다. 그럴 때면 아무 말도 못하고 코너에 몰리던 신자들에게 얼마나 반가운 일이 되는지 알 수 없다.

예수님의 제자가 되지 않은 상태에서 예수님을 위한 발언을 하는 것은 결코 나쁜 것이 아니다. 주님께서도 "우리를 반대하지 않는 자는 우리를 위하는 자니라"(막 9:40)고 말씀하셨다. 그러나 복음을 받지 않은 가운데 주님을 옹호하는 것이 무조건 훌륭하지는 않다. 그런 행위는 도리어 자기의 도량을 부각시키고 주님의 진정한 제자가 되는 길을 막을 수 있기 때문이다. 그런 사람은 자신이 예수님을 믿지는 않지만 예수님을 인정한다는 인간적인 도량을 자랑하려는 심보를 가진다. 이것은 마침내 예수님이 제시하시는 의의 길을 따르지 않고 자신이 세워놓은 의의 길로 가려는 악한 결과를 낳고 만다. 진정으로 예수님을 위하는 사람이 되려면 자기의 의를 버리고 주님의 뜻을 따라야 한다. 주님을 위하는 것은 일시적인 옹호발언을 하는 것이 아니라 영원한 믿음을 가지는 것이다.

셋째로 주님께서는 어린 딸이 죽은 회당장의 집에 들어가셨을 때 떠들며 울며 통곡하는 사람들을 만나셨다(38,39). 예수님은 이 사람들의 떠들며 우는 것을 막으시면서 아이가 죽은 것이 아니라 잔다고 말씀하셨다(39). 이들은 주님의 말씀을 듣자마자 곧바로 비웃음을 날렸다. "그들이 비웃더라"(40). 이들은 예수님을 비웃는 사람들이다. 이 사람들은 죽음을 잠으로 간주하시는 주님의 놀라운 영적인 시각을 이해하지 못했다. 땅에 매인 인생은 하늘에 속한 주님을 깨닫지 못한다. 사람들은 인간적인 차원에서 모든 것을 바라보지만 주님은 신적인 차원에서 모든 것을 파악하신다. 돌은 들풀이 꽃을 피운다고 말할 때 비웃고, 들풀은 애벌레가 나비가 된다고 할 때 비웃고, 애벌레는 사람이 우주로 여행한다고 할 때 비웃고, 사람은 하나님이 죽은 자를 살려낸다고 할 때 비웃는다. 그러므로 그들의 비웃음은 자신들의 한계의 표현일 뿐이다.

오늘날 한국사회에는 매스컴을 통해서 기독교에 대한 비웃음으로 가득 차 있다. 물론 기독교는 잘못된 점을 가지고 있다면 그런 비판을 받을 때 스스로 깨끗한 길을 가려고 노력해야 할 것이다. 잘못된 점을 가지고 있기 때문에 비웃음을 사는 것은 절대로 정당화될 수 없다. "죄가 있어 매를 맞고 참으면 무슨 칭찬이 있으리요"(벧전 2:20). 그런데 여기에서 간과해서는 안 될 사안은 세상의 비난이 항상 정당하지 않다는 사실이다. 옛날 예수님을 비난하는 사람들이 문제가 많았던 것처럼, 오늘날 기독교를 비난하는 사람들에게도 문제가 많다. 주님을 비웃던 사람들은 주로 눈물과 울음으로 품팔이하는 애곡꾼들이었다. 그들은 진실로 회당장의 슬픔에 동참하는 사람들이 아니었다. 마찬가지로 오늘날 기독교를 향해 비도덕적이라고 비판하는 매스컴 자체가 스스로 도덕적이지 않다. 인사도 그렇고 내용도 그렇다. 어느 방송국은 사장부터 심각한 결격사유가 있고, 어느 방송국에서는 아나운서가 술 취한 상태에서 뉴스를 진행하기도 했다. 공영방송사들이 제공하는 내용들 가운데 비도덕적인 것들이 적지 않다는 사실은 오랫동안 논쟁거리인 것을 누구나 다 알고 있다. 그러므로 비판자들은 자신들이 세운 예리한 도덕적 평가를 이겨낼 수 있을지 알 수 없다. 게다가 안타까운 것은 매스컴이 절대로 객관적이지도 중립적이지도 않다는 사실이다. 그것은 어떤 전제를 바탕으로 하여 어떤 목적을 이루기 위해서 내용을 구성한다. 그래서 기독교의 진실은 철저하게 외면된다. 예를 들면, 기독교가 사회에 끼친 무수하게 유익한 영향이라든지, 최저생활비도 보장되지 않는 상태에서 목회를 포기하지 않는 수많은 목회자들의 진심이라든지 이런 것들이다.

무엇보다도 명심해야 할 사실은 진리도 비웃음을 받는다는 것이다. 예수님이 회당장의 딸의 죽음을 잠으로 설명하셨을 때 거기에는 세상 사람들이 이해할 수 없는 엄청난 천상의 진리가 들어있었다. 그러나 진리라고 해서 세상이 환영하는 것은 아니다. 어차피 진리는 비난의 대상이다. 선지자들이 그런 비난을 당했고 사도들이 그런 비난을 당했다. 역사의 교훈은 진리가 항상 비난에 노출되어 있다는 것이다. 그러므로 우리는 진리를 따를 때 환영받을 것을 기대할 것 없고, 도리어 진리를 따르면서 비난 당할 것을 각오해야 한다. 바꾸어 말하자면 우리는 비난이 있다고 해서 진리를 포기하거나 비판을 피하기 위해서 진리를 포기해서는 안 되며, 도리어 비난이 와도 진리를 사수해야 한다. 우리는 세상의 부귀영화와 상관 없이 예수님을 생명의 주님으로 믿기 때문이다.

## 2. 예수님과 회당장

예수님께 나아온 야이로는 회당장이었다. 당시에 회당장은 존경받는 신분이었다. 그는 종교지도자이면서 동시에 사회지도자였다. 야이로에게는 어린 딸이 있었다(23). 아이의 나이는 열두 살이었다(42). 누가복음은 이 아이가 야이로의 외동딸이라고 설명한다(눅 8:42). 몇 가지 사실을 종합해 볼 때 야이로는 사회적으로 존경을 받는 사람으로서 행복하고 단란한 가정을 가지고 있었던 것을 알 수 있다. 그런데 이렇게 행복한 가정에 큰 어려움이 있었다. 딸이 죽을 상황에 처한 것이다. 누구에게나 문제와 어려움이 있다. 인간은 항상 내면과 외면이 다르다. 가장 행복하게 보이는 인간에게도 문제가 있기 때문이다. 완벽하게 행복한 인간은 없다. 모든 인간은 반드시 어떤 문제를 안고 산다. 문제가 없는 인간은 없다.

야이로는 자신의 가정문제를 해결하기 위하여 주님께 나왔다. 그의 간절한 모습은 이렇게 묘사되었다. "발아래 엎드리어 간곡히 구하여 이르되"(22-23). 이것은 야이로가 예수님께 많은 말을 했다는 뜻으로 치명적인 어려움에 봉착해 있다는 것을 의미한다. 사실 어떤 것이든지 인간의 어려움은 그 자신에게 항상 최대의 어려움이다. 인간은 모든 것이 다 갖추어진 상황에서도 아주 작은 조건 때문에도 아주 큰 불행을 느낀다. 예를 들면 사람들은 키가 작다든가 코가 낮다는 신체적인 결함, 배운 것이 없다든가 지위가 보잘것없다는 사회적인 결함, 돈이 많지 않다든가 직업이 형편없다는 경제적인 결함, 부부금실이 좋지 않다든가 자녀들이 속을 썩인다는 가정적인 결함이 하나라도 있으면, 그 외의 것들이 다 구비되어 있어도 절대적인 불행을 느낀다. 하나를 잃음으로써 모든 것을 잃는 것이 인간이다. 모든 것을 가지고 있어도 하나가 부족해서 절망하는 것이 인간이다. 그래서 인간은 극에서 반대극을 사는 존재이다. 가장 불행한 상황에서도 가장 행복할 수 있는 것이 인간이지만, 가장 행복한 순간에도 가장 불행할 수 있는 것이 인간이다. 그러므로 인간은 스스로 자신을 구원할 수 없는 연약한 존재이다. 자신의 힘으로는 인생의 길을 갈 수가 없다. 인간은 자신의 힘으로 인생을 살려고 할수록 오리무중에 빠진다.

불행하게도 회당장의 딸은 결국 죽었다. 예수님이 회당장의 집으로 가고 있는 중에 회당장 집에서 전갈이 왔다. "당신의 딸이 죽었나이다"(35). 모든 것이 끝난 것이다. 아이의 죽음을 보고하는 사람들은 회당장에게 이렇게 말했다. "어찌하여 선생을 더 괴롭게 하나이까"(35). 언뜻보면 이 말은 마치 주님을 위하는 말인 것처럼 들린다. 그러나 사실상 이것은 강한 불신의 표현이다. 이제는 더 이상 주님께 요구할 것이 없다는 의미이다. 사람들의 눈에는 아이의 치료가 주님께도 요구할 필요가 없는 사안이 되어버렸다. 그들은 아이의 죽음을 주님도 어찌할 수 없는 일이 되어버렸다고 생각한 것이다. 주님에게도 불가능한 일이 있다는 생각이다. 회당장의 주위에 심지어 주님께라도 더 이상 요구할 것이 없다는 불신의 환경이 조성되었다. 이것은 절망을 강요하는 환경이며 불신을 조장하는 환경이다. 우리의 환경은 불신을 조장하며, 의심을 강요하고, 회의를 추천한다. 우리의 환경은 우리를 불신으로 몰아간다. 우리도 때때로 이런 불신의 환경에 지배를 당한다. 우리는 자주 더 이상 기도해도 소용없다는 심정을 가진다. 그래서 주님께 기도하며 간구하는 것을 그치고, 주님에 대한 기대와 소망을 버리고, 주님을 신뢰하는 것과 의지하는 것을 포기한다. 주님께 더 말해야봐야 소용없다는 생각이다.

주님께서는 그들이 하는 말을 "곁에서 들으셨다"(36). 회당장의 집에서 온 사람들이 내뱉는 불신의 말, 의심의 말, 회의의 말을 주님이 하나도 놓치지 않고 고스란히 들으셨다. 그리고 주님께서는 회당장에게 절실하게 필요한 것이 무엇인지 아셨다. 그것은 믿음이다. 그러므로 주님은 회당장에게 오직 한 가지를 요구하셨다. "두려워하지 말고 믿기만 하라"(36). 회당장은 그냥 두면 불신에 떨어진다. 그는 스스로 신앙의 길로 갈 수 없다. 그러므로 주님은 회당장에게 믿음을 요구하셨다. 인생은 연약해서 스스로 갈 수 없다. 외부로부터 도움이 있어야 한다. 인간은 주님으로부터 신적 도움을 받을 때 비로소 완벽하게 믿음의 길을 간다. 주님이 회당장에게 요구하신 것은 모든 사람들이 다 믿지 못한다 할지라도 너는 믿어야 한다는 것이다. 모든 사람이 불신하는 상황에서도 신앙해야 한다. 믿음은 불신과의 싸움이다. 믿음의 사람은 불신의 주변과 싸워야 하며, 의심의 상황에 자신을 포함시키지 않아야 하며, 회의의 환경을 극복해야 한다. 그러므로 주님께서는 회당장에게 말씀하셨다. "두려워하지 말고 믿기만 하라"(36). "믿기만 하라"는 것은 사람의 말에 미혹되지 말라는 것이며, 사람의 견해를 따르지 말라는 것이다. 믿음은 사람에게서 눈을 떼고 사람에게 귀를 기울이지 않고, 주님에게 눈과 귀를 고정하며, 주님의 견해를 따르며 주님을 의지하는 것이다. 예수님은 문제를 해결하신다. 문제를 해결할 수 있는 분은 예수 그리스도이시다. 예수님은 하나님의 아들이시며, 삼위일체 하나님의 한 위격이시기 때문이다. 그러므로 주님의 문제해결은 수평적 해결이 아니라 수직적 해결이다. 이것을 믿는 신자들은 상황에 굴복하지 말며 환경에 굴복하지 말라. 상황이 인생을 만드는 것 아니며 환경이 인간을 결정하는 것 아니다. 그러므로 신자들은 상황과 환경이 인생을 결정하지 못하게 하라. 상황과 환경 때문에 인생을 결정하지 말라. 우리의 인생을 결정하시는 분은 오직 주님이시다. 죽음을 잠으로 보시는 주님은 우리의 상황과 환경을 뛰어넘어 계신다. 그분에게만 진정한 답이 있다. 그러므로 믿기만 하라!

# 네 믿음이 너를 구원하였으니

Mark 5:25-34

죽어가는 딸을 살려달라는 회당장 야이로의 간청을 받고 길을 가시던 예수님께 한 여자가 접근해서 옷에 손을 댔다. 예수님은 이 여자가 자신의 옷에 손을 댄 것을 확인하신 다음 "네 믿음이 너를 구원하였다"(34)고 말씀하셨다. 주님은 이 여자에게서 무슨 믿음을 보셨는가? 주님은 여자에게서 무엇 때문에 믿음이 있다고 말씀하셨는가? 우리는 여자의 믿음이 무엇이었는지 살펴보아야 한다.

## 1. 인간과 재물에 대한 믿음(25-26)

이 여자에 대한 설명은 간단하다. 이 여자는 혈루증이라는 병으로 앓고 있었다. 혈루증이 무엇인지는 정확하게 알지 못한다. 중요한 것은 이것이 정확하게 어떤 병이었든 간에 이 병을 앓는 여자도 불결하고 이 여자가 접촉하는 사람도 불결하게 된다는 사실이다(레 15:19-30). 이 여자가 혈루증으로 고생한 기간은 12년이다. 이 기간은 여자가 영육 간에 엄청난 고생을 했다는 사실을 보여준다. 오랜 병상을 이겨낼 장사가 없듯이 이 여자도 12년 동안 재가 되고 말았다.

　"많은 의원에게 많은 괴로움을 받았고"(26)라는 말씀을 보면 처음에 이 여자는 사람을 믿었던 것처럼 보인다. 이 여자는 특히 의원을 믿었다.

여자는 의사가 자기의 병을 고쳐줄 줄 믿었던 것이다. 의사에 대한 강한 확신이 여자에게 있었다는 말이다. 여자는 어딘가에 용한 의사가 있을 것이라고 믿었고, 그런 의사를 만나기만 하면 자기의 병을 고칠 수 있을 것이라고 믿었다. 그래서 여자는 자기의 병을 치료하기 위해서 많은 의원을 찾아다녔다. 여자는 셀 수 없이 많은 의원을 만났다.

그러나 이렇게 의사를 찾아다니는 데 전전긍긍했지만 여자에게 주어진 결과는 완전히 반대였다. "많은 괴로움"(26)을 받고 말았던 것이다. 사실 의사를 찾아다니는 것 자체가 고생이다. 세상에는 돌팔이 의사가 너무나도 많기 때문에 여자는 수없는 허탕을 경험했을 것이다. 그런데 돌팔이 의사도 문제이지만 진짜 의사도 문제이다. 실력 있는 의사라도 대부분 다른 목적을 가지고 있기 때문이다. 훌륭한 의사도 많지만 잘못된 의사도 그만큼 많다. 어떤 의사들에게는 병을 고치는 것이 목적이 아니라 돈을 버는 것이 목적이기 때문에 가능하면 많은 환자를 상대하려고 하며 병자에게 충분한 시간을 내어 문진이나 촉진을 하는 성실한 태도를 보이지 않는다. 돈을 버는 것이 목적이 되다 보니 의사들은 환자들을 제대로 진료하지 않는 불성실에 더하여 쩍하면 환자를 경비가 많이 드는 의료기기에 맡기려고만 한다. 또 어떤 의사들은 환자를 치료의 대상으로 보지 않고 연구의 대상으로 본다. 다시 말해서 환자가 샘플로 취급되는 것이다. 희귀병일 때는 더욱 그렇다. 환자의 치료보다 의사의 연구 실적이 더욱 중요한 셈이다. 가끔 환자의 인격을 무시한 채 인턴들이나 레지던트들 앞에서 이것저것 기계를 사용해보고, 이런저런 약물을 투입해본 실험을 설명하는 의사들의 모습에 경악하게 된다. 환자가 치료의 대상이 아니라 실험의 대상인 것이다. 병을 구실로 환자를 볼모로 삼는 의사를 만나는 것 자체가 정신적으로 괴로움과 두려움이 된다. 의사를 만나는 것이 기쁨이 되어야 하는데 도리어 공포가 되고 만다. 환자는 의사가 이것으로 찔러보고 저것으로 쑤셔보는 육체적인 고통을 당한다. 환자는 수술부작용과 약물부작용으로 육체적인 고통에 시달린다. 병이 코를 꿰는 낚시 바늘이 되었다. 돌팔이 의사도 문제이지만 진짜 의사도 문제이다. 전자는 못 고쳐서 문제이고, 후자는 목적이 다르기 때문에 문제이다.

혈루증으로 12년 동안 고생한 여자는 의사들에게 많은 괴로움을 받았다(26). 여자는 치료를 받은 것이 아니라 괴로움을 받은 것이다. 여자에게 주어진 결과는 회복이 아니라 무효이며 악화였다. "아무 효험이 없고 도리어 더 중하였던 차에"(26).

이 여자는 의사를 믿었다. 자신의 병을 고쳐줄만한 용한 의사가 있을 것이라고 믿었다. 그런 의원을 만나면 그가 자신의 병을 치료해줄 것이라고 믿었다. 그러나 믿어야 할 것이 도리어 믿지 못할 것이 되었다. 신뢰를 두어야 할 것이 신뢰하지 못할 것이 되었다. 치료의 경우가 많이 있기는 하지만 그렇게 궁극적으로 신뢰할만한 것이 되지 못한다. 인간의 의술에는 명백한 한계가 있다. "의원아 너를 고치라"는 속담처럼 의사 자신도 자기가 전공하는 병에 의해서 고통을 당한다. 그래서 의료와 관련해서 보아도 인간은 그 자체가 모순이며 한계이다. 인간에게 신뢰를 둘 수 있는 퍼센트는 그렇게 높은 것이 아니다. 의사만은 나를 구원하리라는 확신이 무의미하다. 인간을 신뢰하는 것은 많은 경우에 실패로 끝난다.

"가진 것도 다 허비하였으되"(26)라는 말씀을 보면 아마도 이 여자에게 처음에는 땅, 집, 돈, 귀중품 같은 상당한 재물이 있었던 것처럼 보인다. 그래서 이 여자는 처음에 자신의 병을 발견했을 때 자신이 가지고 있는 재물을 사용하면 치료할 수 있을 것이라고 믿었을 것이다. 여자는 재물의 능력을 신뢰했다. 그만큼 여자는 돈의 위력을 믿는 평범한 여성이었다. 여자는 돈 가지고 안 되는 일이 없고, 돈이면 다 되는 것으로 생각했다. 비록 몸에 병이 든 것은 나쁜 일이지만 충분한 돈을 가지고 있으니 얼마든지 고칠 수 있을 것이라는 생각이다. 그래서 여자는 재물을 드려 용한 의원을 수소문하기 시작했고, 용하다는 의원을 찾아가 충분한 재물을 드려 치료를 구했다.

그러나 물질은 순식간에 사라졌다. 땅도 팔았고 집도 팔았다. 12년 동안 치료를 구하는 중에 여자의 재물은 걷잡을 수 없이 빠져나갔다. 여자는 가진 것을 다 허비하였다. 재물은 그림자이다. 재물은 허상이다. 물질을 믿으면 안 된다. 재물에 대한 신뢰는 사상누각이다. 12년 동안 혈루증을 치료하기 위해서 백방으로 노력하면서 여자가 배운 것이 바로 이 사실이다. 재물은 신뢰의 대상이 되지 못하며, 재물은 인간을 구원할 수 없다는 것이다. 재물은 그냥 재물일 뿐이다. 그러므로 재물을 신뢰하는 것처럼 어리석은 것이 없다.

12년 동안 혈루증을 앓은 결과로 여자는 인간에 대한 믿음과 재물에 대한 믿음이 모조리 깨지고 말았다. 의원도 재물도 자신을 구원할 수 없다는 것을 깨달았다. 결국 여자는 칼날 같은 벼랑의 끝에 섰다.

## 2. 예수에 대한 믿음

이 여자는 사람에 대한 믿음도 재물에 대한 믿음도 모두 산산이 깨진 인생의 벼랑 끝에서 예수에 대한 소문을 들었다(27). 그리고 여자는 예수님을 만나기 위해서 접근했다.

### 1) 자신에 대한 부정

여자가 주님께 접근한 모습은 이렇게 묘사되었다. "무리 가운데 끼어 뒤로 와서"(27). 예수님이 회당장 야이로의 집으로 가는 동안 큰 무리가 따라가며 에워싸 밀었다(26). 이때 여자도 사람들과 함께 가면서 뒤로 와서 주님의 옷에 손을 대었다. 여자의 모습에는 몇 가지 의미가 있다. 무엇보다도 여자가 그 무리 가운데 끼었다는 것은 무리 가운데 한 명이 되었다는 것을 의미한다. 여자는 인격이 없는 사람이 되었다. 여자는 자신이 무리 가운데 그냥 한 점에 불과하다는 것을 알았던 것이다. 그녀는 이런 행동으로 평범한 사람에 지나지 않는다는 것을 고백한 것이다. 무리 가운데 끼어든 것은 특출난 사람이 아니라는 고백이다. 자신을 드러내려고 하면 그것은 이미 믿음이 아니다. 게다가 여자는 무리 가운데 끼었을 뿐 아니라 뒤로 왔다. 여자는 예수님의 뒤쪽에 섰다. 여자는 얼굴 없는 사람이 되었다. 이것은 여자가 더 아래로 떨어졌다는 것을 가리키는 표현이다. 여자는 이런 행동으로 자신이 예수님의 앞에 나설만한 사람이 아니라는 것을 인정한 것이다. 예수님의 뒤로 왔다는 것은 아무것도 내세울 것이 없는 사람이라는 고백이다. 믿음은 자신을 내세우는 것과는 상관이 없다.

여자는 자신의 비참함을 인식했다. 여자는 자신이 벼랑의 끝에 서 있으며 최저의 밑바닥에 와 있다는 것을 알았다. 인간의 자부심이 모두 사라진 것이다. 여자는 자신의 처지를 부끄러워했다. 그것은 드러낼 것도 없고 내세울 것도 없는 비참함이었다. 그것은 인간 자체에 대한 부끄러움이었다. 여자는 인간에 대한 신뢰와 재물에 대한 신뢰에 철저하게 배신을 당했기 때문이다. 여자는 인간과 재물을 신뢰하는 것에서 실패한 마지막 순간에 자신의 처지를 확실하게 인식했다.

바로 그 순간에 여자는 예수에 대한 믿음을 가졌다. 인간과 재물에 대한 믿음이 끝난 지점에서 주님에 대한 믿음이 시작되었다. 인간에 대한 신뢰를 종지부 찍지 않으면 주님에 대한 신뢰가 확실하지 않다. 믿음이란 절반은 인간을 믿고 절반은 예수님을 믿는 것이 아니다. 믿음이란 인간에게는 더 이상 소망이 없다는 것을 받아들이는 것이며 예수님께만 소망이 있다는 것을 받아들이는 것이다. 그래서 진정한 믿음은 인간과 재물을 믿으려는 의지와 싸운다. 인간과 재물에 대한 믿음을 일말이라도 남겨놓고는 진정한 믿음이라고 볼 수 없다. 주님은 인간과 재물을 믿는 것을 가증하게 여기신다.

주님은 여자가 무리 가운데 끼어 뒤로 와서 자신의 옷에 손을 댔을 때 바로 이런 인간과 재물의 신뢰를 버리고 인간과 재물을 신뢰한 자신을 부끄러워하는 모습을 보셨다. 주님은 여자가 자신을 완전히 부정하는 것을 보시고는 믿음을 말씀하신 것이다. 주님이 여자에게 "네 믿음이 너를 구원하였다"고 말씀하신 것은 일차적으로 여자가 자신에 대하여 부정하는 모습을 보셨기 때문이다. 자신에 대한 신뢰의 거부, 자신의 능력에 대한 불신이 믿음의 출발점이다.

## 2) 주님에 대한 긍정

여자는 무리 가운데 끼어 뒤로 와서 주님의 옷에 손을 대었다. "그의 옷에 손을 대니"(27). 이 표현은 본문에 여러 차례 나온다(27,28,30,31). 이것은 여자가 주님의 옷에 손을 댄 행위가 매우 중요한 사건이었다는 것을 알려준다.

여자가 주님의 옷에 손을 댄 것은 사실상 작은 행위였다. 여자는 분명히 주님의 옷을 덥석 잡지는 않았을 것이다. 그것은 잡은 듯 만 듯 한 행위였을 것이다. 그것은 우연히 미는 것 같은 행위였다. 사람들이 많아서 어쩔 수 없이 만진 것 같은 행위였다. 제자들도 그렇게 이해했다. 그래서 주님께서 "누가 내 옷에 손을 대었느냐"(3)고 말씀하셨을 때 제자들은 이상하다는 듯이 "무리가 에워싸 미는 것을 보시며 누가 내게 손을 대었느냐 물으시나이까"(31)라고 대꾸했다. 그만큼 여자의 행위는 무척 작고 시시한 것이었다. 눈에 띄지 않고 느껴지지 않는 것이었다.

그러나 여자의 이런 작은 시도는 주님에 대한 절대적인 신뢰에서 나온 것이다. "내가 그의 옷에만 손을 대어도 구원을 받으리라"(29). "그의 옷에만"이라는 표현은 주님에 대한 여자의 강한 마음을 보여준다. 마치 누군가에게 연애감정을 가지고 있는 사람이 그의 옷깃을 스치기만 해도 마음이 설레고 얼굴이 달아오르는 것과 같다. 여자는 주님의 능력을 간절히 사모했다. 여자가 얼마나 주님을 신뢰하는지, 이 작은 행위에 여자의 모든 심정이 담겨있다. 행위는 작지만 마음은 크다. "상전의 손을 바라보는 종들의 눈 같이, 여주인의 손을 바라보는 여종의 눈 같이 우리의 눈이 여호와 우리 하나님을 바라보며 우리에게 은혜 베풀어 주시기를 기다리나이다"(시 123:2). 여자의 시시한 행위에 간절한 심정이 담겨있다. "여호와여 우리에게 은혜를 베푸시고 또 은혜를 베푸소서"(시 123:3). 여자가 주님의 옷에 손을 댄 것은 인생을 건 행위였다.

관건은 행위의 크기가 아니라 신뢰의 여부이다. 행위가 크냐 작으냐가 문제 아니라 주님을 믿느냐 안 믿느냐가 문제이다. 때때로 우리는 행위의 크기에 가치를 두고 영혼의 신뢰에 가치를 두지 않는다. 믿음을 행위로 판단하고 심정으로 이해하지 않는다. 그러나 어찌 보면 주님께서 요구하시는 믿음은 큰 행위가 아니다. 주님께서는 우리에게 겨자씨만한 믿음을 요구하신다. 그러므로 주님께서는 여자의 애절함을 느끼셨다. 주님은 여자의 촉각을 느낀 것이 아니라 마음을 느낀 것이다. 만짐을 느낀 것이 아니라 믿음을 느낀 것이다. 주님은 이렇게 여자에게서 믿음을 보셨다.

여자가 주님의 옷에 손을 댄 것은 작지만 구체적인 행동이었다. 여자는 주님을 막연하게 믿은 것이 아니다. 여자는 자신이 할 수 있는 행위로 자신의 믿음을 표현하였다. 손을 댄 것은 그녀가 할 수 있는 모든 것이며, 마지막 것이며, 유일한 것이었다. 믿음은 구체적인 것이다. 마음은 어떤 방식으로든지 몸으로 표현된다. 그것은 표정일 수도 있고, 눈동자의 움직임일 수도 있고, 손가락의 까딱거림이나 재물을 내놓는 것일 수도 있다. 어쨌든 믿음이라는 영적 세계에는 물리성이 있다. 이런 의미에서 사도 바울이 "사람이 마음으로 믿어 의에 이르고 입으로 시인하여 구원에 이르느니라"(롬 10:10)고 말했다. 마음은 입으로 연결되고 믿음은 고백으로 표현된다. 믿음은 마음의 문제이지만 반드시 몸으로 표현된다. 믿음은 공상이 아니라 현실이다. 믿음은 생각이 아니라 행동이다. 믿음은 심정일 뿐아니라 행위이다. 그래서 믿음과 행위는 별개의 것이 아니다. 믿음과 행위는 이분화 될 수가 없다. 이런 의미에서 야고보는 행함이 없는 믿음은 그 자체가 죽은 것이라고 말했다(약 2:17). 믿음에는 필연적으로 행위가 따르고 행위는 필연적으로 믿음을 전제한다. 믿음을 표현해야 한다. 믿음을 작은 방식으로라도 표현하자. 가지고 있는 삶으로 표현하자.

여자가 주님의 옷에 손을 댄 작은 행위는 믿음에서 나온 것이다. 믿음이 있기에 행동이 나왔다. 주님에 대한 믿음이 손으로 대는 행위로 표현되었다. 손으로 댐은 믿음의 표현이었다. 그래서 주님은 여자에게 "네 믿음이 너를 구원하였다"(34)고 말씀하신 것이다.

주님은 여자의 믿음을 보시고 여러 가지 은혜를 베푸셨다. 믿음은 여자에게 여러 가지 결과를 가져왔다. 첫째로 여자는 믿음으로 구원을 받았다. "네 믿음이 너를 구원하였다"(34). 모든 구원은 믿음으로부터 나온다. 육체의 구원도 영혼의 구원도 주님에 대한 믿음에서 비롯된다. 예수 외에는 육체에도 영혼에도 참된 구원이 없다(행 4:12). 둘째로 여자는 믿음으로부터 평안을 얻었다. "평안히 가라"(34). 이 말은 가서 평안을 누리라는 것이다. 믿음으로 말미암아 인생이 평안해진다. 믿음 없는 인생은 불안하다. 어디를 가든지, 무엇을 하든지, 누구를 만나든지 예수님을 믿는 믿음을 가지라. 그러면 평안이 임한다. 주님이 구주임을 믿어라. 우리를 죄악에서 인도하시고, 의의 길로 인도하시는 주님을 믿어라. "너희는 마음에 근심하지 말라 하나님을 믿으니 또 나를 믿으라"(요 14:1). "평안을 너희에게 끼치노니 곧 나의 평안을 너희에게 주노라"(요 14:27). 주님은 믿음을 가진 여자에게 참 평안을 주셨다. 셋째로 여자는 믿음으로 말미암아 건강을 회복했다. "네 병에서 놓여 건강할지어다." 믿음으로부터 건강이 나온다. 많은 경우에 건강도 믿음의 문제이다. 주님께서는 믿는 자에게 건강의 은총을 내리신다.

네 믿음이 너를 구원하였으니

# 의롭고 거룩한 사람

Mark 6:14-29

보통 "포도원 농부 비유"라고 알려진 비유에서 예수님은 구속 역사의 일면을 명확하게 보여주셨다(막 12:1-12). 이 비유의 내용은 한 사람이 포도원을 만들어 농부들에게 세로 준 다음에 포도원 소출 얼마를 받으려고 여러 차례 종들을 보냈었으나 농부들이 그 종들을 잡아 심히 때리고 머리에 상처를 내고 능욕하고 죽였으며 마지막에는 주인의 아들까지 잡아 죽여 포도원 밖으로 내던졌다는 것이다. 이 비유가 말하려는 교훈은 여러 가지인데 그 가운데 우리는 종들을 주의해서 살펴봐야 한다. 이 비유에 나오는 종들은 이스라엘의 선지자들을 가리킨다. 하나님께서 이스라엘 나라를 세우시고 그 백성에게 여러 차례 선지자들을 보냈지만 이스라엘 백성은 그 선지자들을 핍박했다는 것이 비유의 요점이다.

하나님께서 이스라엘 백성에게 보낸 선지자들 가운데 마지막 선지자는 세례자 요한이었다. 세례자 요한은 말라기 선지자 이후로 신약시대에 이르기까지 400년 동안의 공백기의 끝에 등장한 마지막 선지자였다. 그래서 요한이 등장했을 때 사람들은 실제로 그를 선지자로 간주했다. "모든 사람이 요한을 참 선지자로 여겼다"(막 11:32). 세례자 요한은 마지막 선지자로서 무엇보다도 마치 구약과 신약을 연결하는 다리와 같은 사명을 감당했다. 세례자 요한의 목적은 특별히 예수님의 길을 준비하는 것이었다(막 1:2). 사실 구약과 신약 사이에 오랜 시간의 간격이 있기 때문에 주님이 바로 오신다면 어둠과 죽음에 살던 사람들은 큰 충격을 받을 수밖에 없었다. 하나님은 그런 충격을 최소화하기 위해서 먼저 세례자 요한을 보내어 메시아 예수님을 맞이할 수 있도록 백성의 마음을 준비하게 하셨던 것이다. 이것은 세례자 요한이 이루어야 할 완충작업이었다.

세례자 요한이 예수님의 길을 준비했다는 사실은 요한과 주님 사이에 긴밀한 유사점이 있다는 것을 암시한다. 이것은 마치 대통령직 인수위원회의 이념과 대통령의 이념 사이에 깊은 관련성이 있는 것과 비슷하다. 인수위원회의 사명은 대통령의 길을 준비하는 것이므로 그 이념이 다를 수가 없듯이, 세례자 요한의 사명은 예수님의 길을 준비하는 것이므로 많은 점에서 동일한 모습을 가진다는 것이다. 그래서 세례자 요한의 활동을 보면 예수님의 활동을 상당히 예견할 수가 있다. 한 마디로 말하자면 요한에게서 주님의 모습이 반영된다.

이런 의미에서 세례자 요한이 왜 그리고 어떻게 최후를 맞이하였는지 자세하게 보여주고 있는 본문으로부터 세례자 요한이 죽임 당한 이유와 과정에 관한 진술은 예수님이 어떤 길을 가실 것인지 예시한다는 사실을 알게 된다. 다시 말하자면 우리는 요한의 수난을 통해서 주님의 수난을 본다. 우리는 본문에서 세례자 요한의 삶과 죽음을 살펴보게 된다. 우리는 요한의 삶과 죽음이 우리에게 어떤 교훈을 주는지 생각해보려고 한다.

## 1. 요한의 삶

가장 먼저 살펴보아야 할 것은 세례자 요한이 어떤 삶을 살았느냐 하는 것이다. 요한의 삶의 첫째 특징은 죄악과 싸우는 것이었다. 세례자 요한은 사람들의 죄악을 절대로 그냥 넘어가지 않았다. 따라서 그는 역사의 무대에 등장하자마자 "죄 사함을 받게 하는 회개의 세례를 전파했다"(막 1:4). 요한의 첫째 사역은 사람들의 죄악 문제를 건드는 것이었다. 이것은 사실 요한이 구약시대의 모든 선지자들이 갔던 길을 그대로 따라갔다는 것을 의미한다. 요한에게는 선지자 의식이 분명했다. 이런 점에서 요한을 마지막 선지자라고 부를 수 있다. 요한의 삶은 예수님이 가실 길을 미리 보여준다. 그래서 주님께서도 세례자 요한과 마찬가지로 처음부터 죄악의 문제를 심각하게 다루셨다(막 2:5,17). 이것은 주님께서 구약의 선지자들을 비롯하여 세례자 요한과 동일한 선상에 서 있다는 것을 가리킨다.

세례자 요한은 사람들의 내면에 박혀있는 죄악과 행실로 표현된 죄악을 아주 무서운 용어를 사용해서 통렬하게 지적했다. 요한이 무엇보다도 먼저 죄악을 공격한 까닭은 죄 사함을 받지 않고는 그 다음 단계로 나아간다는 것이 아무런 의미가 없다는 것을 알았기 때문이다. 죄 사함을 받지 않으면 어떤 종교행위도 어떤 도덕활동도 어떤 사회생활도 의미가 없다. 그것은 마치 뿌리가 썩은 나무를 비싼 화분에 심어놓은 것과 같고, 죽은 사람에게 호사스런 옷을 입히고 고급화장품으로 꾸미는 것과 다를 바가 없다. 내면의 죄를 해결해야 그 때부터 비로소 생명이 시작된다. 하나님의 은혜는 죄 사함에서부터 출발한다. 그러므로 죄를 고백하여 사함을 얻지 않은 채 하나님의 은혜가 오지 않는다고 말하는 것은 매우 어리석은 말이다. 수도관이 막혔는데 어떻게 물이 나오겠으며, 부모와 관계가 단절되었는데 어떻게 부모로부터 혜택을 받겠는가? 마찬가지로 죄를 해결하지 않으면 하나님의 은혜가 임하지 않는다. 이것을 깨달은 백성들은 세례자 요한에게 나와서 자기의 죄를 회개하고 세례를 받았다(막 1:5).

세례자 요한은 일반백성 뿐 아니라 유대사회를 이끌어가는 바리새인과 사두개인 같은 종교지도자들도 아랑곳하지 않고 비판을 했다. 그리고 요한은 심지어 나라를 통치하고 있는 왕까지도 신랄하게 비판했다. 죄악을 회개하라고 외치는 요한의 비판 앞에 성역은 없었다. 당시에 헤롯 왕은 자기의 동생인 빌립의 아내인 헤로디아와 결혼을 하는 악행을 저질렀다(17). 이것을 본 세례자 요한은 헤롯과 헤로디아에게 직격탄을 날렸다. "이는 요한이 말하되 동생의 아내를 취한 것이 옳지 않다 하였음이라"(18). 요한은 하나님 앞에서 의로움과 거룩함을 지키는 사람이기 때문에 아무리 왕이라도 죄악에 물든 것을 모른 척 넘어갈 수가 없었다. 물론 요한은 왕을 공격할 때 자신에게 어떤 나쁜 결과가 주어질지 몰랐던 것이 아니다. 그는 공격받은 헤롯과 헤로디아가 어떻게 반응할지 알고 있으며, 그로 말미암아 자신이 어떤 운명에 처할지도 알고 있었다. 그러나 요한은 이런 모든 결과를 각오하고 왕가의 죄악을 비판하는 것을 감행했다.

세례자 요한은 교회와 성도가 무엇과 싸워야 하는지 분명하게 보여주었다. 우리가 싸워야 할 싸움의 대상은 일차적으로 죄악이다. 우리는 무엇보다도 죄와 싸워야 한다. 우리는 자신의 죄와 싸워야 하며 사회의 죄와 싸워야 한다. 하나님을 떠나는 것, 하나님을 버리는 것, 하나님을 어기는 것, 하나님을 거스르는 것, 이것이 죄악의 뿌리이다. 그리고 여기에서부터 다른 모든 개인적이며 사회적인 죄악이 파생한다. 그러므로 교회와 성도는 하나님과 단절된 근본적인 죄악과 사람에게서 나타나는 파생적인 죄악과 싸워야 한다. 이것은 세례자 요한이나 예수 그리스도처럼 선지자의 길을 가는 것이다. 성도에게는 죄악과 싸우려는 선지자적인 정신이 필요하다.

그러면 세례자 요한이 이처럼 강력하게 백성이건 왕이건 사람들의 죄악을 비판한 이유는 무엇이었을까? 그것은 요한이 의로움과 거룩함을 지니고 있었기 때문이다. 헤롯의 말을 빌리자면 요한은 "의롭고 거룩한 사람"(20)이었다. 요한이 의롭고 거룩한 사람이었던 까닭은 하나님께서 보내셨기 때문이다. "보라 내가 내 사자를 네 앞에 보내노니"(막 1:2). 또한 요한의 의와 성결은 하나님께서 그에게 사명을 주셨다는 사실에 기인한다. "그가 네 길을 준비하리라"(막 1:2). 따라서 요한은 수련을 함으로써 의로움과 거룩함을 얻은 것이 아니다. 요한의 의와 성결은 하나님께서 자신을 보내셨다는 분명한 의식과 하나님께서 사명을 맡겨주셨다는 강력한 확신에서 생긴 것이다. 다시 말하자면 신적인 유래와 신적인 소명이 요한을 의롭고 거룩한 사람으로 만들었다. 요한의 의와 성결은 하나님과의 관계에서 형성된 것이다.

의로움과 거룩함이 요한의 능력이었다. 하나님과의 관계에 있다는 것이 요한의 무기였다. 요한은 의로움과 거룩함을 가지고 있었기 때문에 심지어 나라를 다스리는 왕이 저지른 죄악과 싸우는 것이 가능했다. 의롭고 거룩할 때 죄악을 지적하는 것이 능력을 발휘한다. 요한은 이렇게 선지자의 길을 갔다. 요한은 옛날 선지자들과 마찬가지로 하나님의 유래와 소명이라는 의식을 가지고 의로움과 거룩함을 지님으로써 세상의 죄악과 싸웠다. 오늘날 교회와 신자가 세상과 싸워야 할 무기도 의로움과 거룩함이다. 풍성함과 거대함이 능력과 무기인 것처럼 생각하는 것은 치명적인 오류이다. 오늘날도 의로움과 거룩함이 교회와 성도의 진정한 능력이며 무기이다. 이 능력을 가져야 비로소 교회와 성도는 죄악에 싸움을 걸 수 있으며 죄악과의 싸움에서 승리할 수 있다.

## 2. 요한의 죽음

세례자 요한은 비판받는 헤롯이 보기에도 의인이었고 성인이었다. "헤롯이 요한을 의롭고 거룩한 사람으로 알고"(20). 그러나 요한은 헤롯조차 인정하는 의롭고 거룩한 사람이었음에도 불구하고 수난의 길을 갔다. 요한의 수난은 예수님의 수난을 예고한다. 선지자들이 수난의 길을 간 것처럼 요한도 수난의 길을 갔으며, 요한이 수난의 길을 간 것처럼 주님도 수난의 길을 가셨다. 본문을 살펴보면 요한의 수난이 점진적으로 묘사된다. 요한은 점점 더 어려운 수난으로 빠져들었다.

가장 먼저 세례자 요한은 헤로디아에게 원한을 샀다. "헤로디아가 요한을 원수로 여겨"(19). 헤로디아는 헤롯 왕에게 붙음으로써 무소불위의 권력을 보장받았다. 헤로디아는 그런 마당에 세례자 요한이 자신이 헤롯과 결혼한 것을 공격하자 원수로 여길 수밖에 없었다. 그래서 헤로디아는 어떻게 하면 요한을 죽일까 생각을 했다(19). 주님께서도 안식일에 한쪽 손 마른 사람을 고친 사건 때문에 바리새인들로부터 살해의 공작을 받았다(3:6). 의인과 성인의 지적이 언제나 달게 받아들여지는 것은 아니며, 악인은 지적을 받는다고 해서 쉽게 달라지지 않는다. 도리어 의인과 성인의 지적은 증오거리로 여겨진다. 하지만 원한을 사는 것이 두려워서 진리를 말하는 것을 그쳐서는 안 된다. 단지 거짓은 언제나 진리를 배척한다는 사실을 인식해야 한다. 진리가 아니라면 거짓에게 배척을 당할 이유가 없다. 그래서 오늘날 교회가 세상으로부터 배척을 당할 때 그 이유가 무엇인지 심각하게 생각해보아야 한다. 교회가 부패했기 때문인가 아니면 교회가 진실하기 때문인가? 만일에 교회가 부패해서 비판을 받는다면 심각하게 회개해야 할 것이며, 만일에 교회가 진실해서 비판을 받는다면 두려워할 것이 없다. 오히려 교회는 원한 받을 것을 무릅쓰고 진실의 칼을 더욱 날카롭고 빛나게 해야 할 것이다.

세례자 요한의 수난은 결국 투옥으로 이어졌다. "사람을 보내어 요한을 잡아 옥에 가두었으니"(17). 왕실을 향한 비판이 더 이상 만방에 공개되지 못하도록 요한을 감옥에 던져 넣은 것이다. 이 감옥은 보통 사해의 동쪽에 인접한 마케루스(Machaerus) 요새에 소재하는 것으로 알려져 있다. 오늘날 이 요새는 관광지로 개발되어 여행상품으로 인기를 얻고 있다. 헤롯이 세례자 요한을 투옥한 것은 전적으로 헤로디아를 위한 조치였다(17). 헤롯은 불륜의 파트너를 위해서 의인과 성인으로 여기는 요한을 감금하는 일을 서슴지 않았다. 한 마디로 말해서 불륜을 감추기 위하여 의인을 투옥한 것이다. 불의를 숨기기 위하여 의가 감금당한 것이며, 더러움을 감추기 위해서 거룩함이 투옥당한 것이다. 의인의 고난과 상관없이 악인의 기쁨은 계속된다. 요한은 감옥에 있고 헤롯과 헤로디아의 불륜은 계속된다. 요한은 투옥당하고 헤롯은 생일잔치를 연다(21-22). 헤롯의 생일잔치에는 많은 하객들이 있다. "헤롯이 자기 생일에 대신들과 천부장들과 갈릴리의 귀인들로 더불어 잔치할새"(21). 그리고 거기에는 사람들을 기쁘게 하는 춤이 있다. "헤로디아의 딸이 친히 들어와 춤을 추어 헤롯과 그와 함께 앉은 자들을 기쁘게 한지라"(22). 더 나아가서 거기에는 사람들을 깜짝 놀라게 하는 헤롯의 약속이 있다. "무엇이든지 네가 내게 구하면 내 나라의 절반까지라도 주리라"(23). 의인과 성인이 세상의 죄악을 지적한다고 해서 반드시 세상이 변하는 것은 아니다. 세상은 변함없이 제 길을 가며, 제 길 가는 것을 멈추지 않는다. 그러나 세상의 불변에도 불구하고 선지자는 고난의 길을 감행한다. 세상이 변하지 않는다고 해서 선지자가 자신의 사명을 포기하는 것은 아니다. 마찬가지로 교회의 사명은 세상의 불변 때문에 좌절하지 않는다. 교회는 묵묵히 자기의 사명에 충실하게 감당한다. 우리는 세상이 변하지 않는다고 해서 좌절하지 말고 변함없이 의인의 길을 가야 한다.

세례자 요한의 수난의 끝은 죽음이었다. 결국 요한은 헤롯에 의하여 살해를 당했다. 요한의 죽음은 헤로디아의 딸이 춤을 춘 대가였다(23). 헤로디아의 딸은 헤로디아의 사주를 받아 춤에 대한 값으로 세례자 요한의 머리를 요구했고(24), 헤롯은 마지못하는 척 하면서 헤로디아의 딸에 대한 약속을 이행했다(25-26). 이렇게 해서 세례자 요한은 투옥당한 상태에서 참수형을 당했다(27). 요한의 목숨이 여아의 춤에 대한 대가로 지불되었다. 사람들이 보기에 의인이며 성인인 요한의 가치는 여자 아이의 하찮은 춤 값에 지나지 않았던 것이다. 의로움과 거룩함의 가치는 세상에서 그렇게 높은 것이 아니다. 때때로 의로운 사람과 거룩한 사람의 값이 이렇게 보잘것없이 책정된다. 선지자 시대에도 그랬다. 그래서 악인들은 신발 한 켤레로 의인을 팔았고 찌꺼기 밀로 성인을 바꾸었다(암 2:6; 8:6). 주님도 그런 수난을 당하셨다. 주님은 은 30개라는 하찮은 가격에 팔려 십자가에서 가장 고통스러운 죽임을 당했다. 선지자의 수난에도, 세례자 요한의 수난에도, 그리고 예수님의 수난에도 세상의 겉모습은 변하지 않았다. 그 이후로도 여전히 인간사가 반복되었다. 교회의 길도 마찬가지이다. 어둠이 빛을 미워하듯이, 세상은 교회를 미워한다. 세상은 교회에게 사랑의 대상이지만, 교회는 세상에게 미움의 대상이다. 그러나 우리는 한 가지 사실을 명심해야 한다. 교회와 성도는 선지자들과 세례자 요한과 예수 그리스도처럼 수난을 당하는 자리에서도 죽음을 두려워하지 않고 의롭고 거룩한 길을 가야 한다는 것이다. 그 이유는 매우 간단하다. 우리는 수난의 길을 통해서 선지자의 후예이며, 세례자 요한의 동료이며, 예수님의 제자임을 가장 명백하게 증명할 수 있기 때문이다.

# 하늘을 우러러

Mark 6:30-44

오병이어 기적은 복음서 네 권이 한결같이 기록하고 있는 신기한 사건이다. 마가복음도 오병이어 기적이 어떤 상황에서 벌어졌는지 자세하게 묘사한다. 열두 제자가 전도하고 돌아왔을 때 예수님은 그들에게 광야로 가서 잠시 휴식을 취할 것을 허락하셨다. 왜냐하면 많은 사람들이 제자들 주위에 붐벼 식사할 겨를도 없었기 때문이다. 그러나 제자들이 광야에 도착했을 때 그 사실을 안 많은 사람들이 모든 도시에서 나와 그곳으로 찾아왔다. 주님께서는 그렇게 따라오는 큰 무리를 보셨을 때 목자 없는 양 같다고 생각하시어 불쌍히 여기시면서 무리에게 많은 것을 가르쳐주셨다. 그런데 날이 점점 어두워지자 제자들에게는 군중의 저녁끼니에 대한 염려가 생겼다. 이때 주님께서는 제자들이 가져온 오병이어를 가지고 남자만 세어도 오천 명이나 되는 큰 무리를 먹이시는 놀라운 이적을 행하셨다. 오병이어 이적이 벌어지는 현장에서 제자들과 주님은 상반된 입장을 보여주셨다.

## 1. 상황문제

오병이어 이적이 벌어지는 현장에서 제자들은 자신들이 어떤 상황에 처해 있는지를 보았다. 그들은 자신들이 광야에 있다는 사실과 저녁이 되었다는 사실을 인식했다(35). 제자들이 처한 공간은 광야였고 시간은 저녁이었다. 그러므로 제자들은 주님께 자신들의 상황을 정확하게 보고했다. "이 곳은 빈 들이요 날도 저물어가니"(35). 이것은 상황이 제자들에게 큰 문젯거리로 다가왔다는 것을 보여준다. 그들은 시공간적으로 불리한 형편을 문제로 생각했다. 제자들은 좋지 않은 상황 앞에서 걱정에 처했다. 상황이 그들의 마음을 조여들게 만들었다. 제자들은 이 상황을 어떻게 탈피할 수 있을까 생각했다. 이만큼 그들은 상황에 매여 있었던 것이다.

우리도 많은 경우에 상황에 구속당한다. 상황이 우리의 삶에 막중한 조건이 된다. 상황이 우리의 삶을 조건 짓는다. 그래서 우리는 상황에 좌지우지된다. 인생은 상황에 매여 있다. 그래서 인생은 상황이라는 표현이 어느 정도는 맞는 말이다. 모든 평범한 사람들이 이런 삶을 산다. 우리는 특히 불리한 상황에 매우 민감하다. 그래서 우리는 불리한 상황을 만나면 어찌할 바를 모른다. 우리는 어려운 환경을 만나면 쉽게 주저앉고 절망한다.

오늘날 교회들도 상황론과 환경론에 상당히 매료되어 있는 것처럼 보인다. 많은 교회들이 상황과 환경의 변화에 살 길이 있다고 생각하면서 상황과 환경을 바꾸자는 구호로 외친다. 그래서 현대의 교회들은 불리한 상황을 타개하고 조악한 환경을 극복하기 위하여 다양한 물리적 방법을 강구한다. 예를 들면 요즘 교회들은 높은 강단을 헐어내고 낡은 강대상을 바꾸는 데 열을 올린다. 편리성을 고려해서 바꾸는 것이 아니라 환경론 때문에 바꾸는 것이다. 물론 상황과 환경이 전혀 중요하지 않다고 말할 수는 없다. 기왕이면 좋은 상황과 환경이 유익하다는 것을 두말할 나위가 없다. 그러나 우리는 상황에 매이거나 환경에 구속당해서는 안 된다.

예수님은 상황과 환경에 매이는 분이 아니셨다. 상황이 주님의 활동을 방해하지 못했고, 환경이 주님의 사역을 억누르지 못했다. 주님께서는 광야라는 환경과 저녁이라는 상황에 아랑곳하지 않고 말씀을 가르치셨다. 불리한 상황이 말씀을 가르치시는 주님의 열정을 억제하지 못했다. 상황은 광야와 저녁이라는 조건 때문에 점점 식어져갔지만 주님의 마음은 말씀이라는 조건 때문에 더욱 뜨거워져갔다. 예수님은 많은 것을 가르치기 위하여 다른 데 여념이 없었다(34). 주님께는 상황과 환경을 염려할 겨를이 없이 아직도 가르쳐야 할 것이 많이 남아있었던 것이다. 그러므로 가르칠 것이 많은 주님은 상황이 어떻게 돌아가는지 전혀 개의치 않으셨다. 주님은 상황을 철저하게 무시하셨다. 악한 상황이나 나쁜 환경이 문제가 아니라 말씀의 기근과 말씀의 고갈이 문제이다. 주님은 상황의 악화를 문제시하신 것이 아니라 말씀의 부재를 문제시하신 것이다.

오늘날 교회는 말씀을 살리는 것보다 환경을 살리는 데 관심한다. 그래서 상황과 환경을 살리는 데 온 힘을 쓰느라고 말씀을 잃는다. 말씀은 나빠도 상황과 환경만 좋으면 된다고 생각한다. 상황이 말씀을 질식시키는 것이다. 우리는 주님의 방식으로 돌아가야 한다. 말씀으로 상황을 극복해야 한다. 환경이 좋은 것은 유익하지만 비록 환경이 나빠도 말씀이 있으면 된다는 것을 확신해야 한다.

## 2. 경제문제

오병이어의 기적이 일어나기 전에 제자들은 군중을 어떻게 먹일까 생각을 했다. 그래서 그들은 예수님께 "무리를 보내어 무엇을 사 먹게 하옵소서"(36)라고 말했고, "우리가 가서 이백 데나리온의 떡을 사다 먹이리이까"(37)라고 말했다. 제자들의 입에 "사다"라는 말이 연거푸 두 번 반복되었다. 게다가 제자들은 사람 수 대비 음식비용을 바로 계산해내었다. 군중에게 먹일 떡을 사려면 이백 데나리온이 필요하다는 것이었다. 당시에 한 데나리온은 군인 또는 일꾼이 하루에 받는 품삯이다. 제자들은 주님을 따라온 군중을 둘러보았을 때 그들을 위한 저녁끼니 값이 얼른 계산되었다. 꼭 그런 것은 아니지만 대체로 말은 사람의 의식을 보여준다는 사실을 고려할 때, 제자들이 한 말에서 그들의 평소의식을 읽어낼 수 있다. 그들은 경제에 익은 사람들이며 계산에 밝은 사람들이었다. 이런 제자들에게 군중을 보면서 덜컥 돈 걱정이 생겼던 것이다.

이때 제자들은 한 번은 군중에게 경제적 책임을 슬쩍 떠넘기려고 하였다. 그래서 그들은 주님께 군중을 "보내어... 가서"(36)라고 주문했다. 이것은 경제적 책임을 회피하려는 의도에서 나온 말이다. 다른 한 번은 제자들이 경제적 책임을 감당하려고 하면서도 부담스러운 표정을 지었다. "우리가 가서 사다 먹이리이까"(37). 역시 이런 질문도 경제적 책임을 회피하려는 의도를 보여준다. 어쨌든 제자들은 돈 문제에 걸려 있었다. 그들은 주님의 일에 돈 문제를 개입시켰고 주님의 일을 경제적인 방식으로 풀어보려고 했다. 제자들은 주님의 생각을 돈으로 계산해보았다.

불행하게도 오늘날 많은 교회들과 성도들이 이런 방식을 꾀한다. 주님의 일을 놓고 물질적 계산을 하는 교회들과 성도들이 적지 않다. 작게 **보면**, 어떤 교회들은 교회를 운영하기 위해서 계산을 하고 또 계산을 한다. 계산하면서 안심하고 또 계산하면서 불안해한다. 교회들이 주님의 일을 돈으로 계산하다 보니 돈 걱정을 너무 많이 한다. 그래서 교회도 세상과 똑같아지고 말았다. 주님을 위한 일에 경제가 배제되는 것은 아니다. 그러나 반드시 기억해야 할 것은 경제는 필요하지만 경제에 구속되는 것은 불필요하다는 사실이다. 장부를 정리하는 것은 필요하지만 장부에 매이는 것은 불필요하다. 교회는 경영이 아니기 때문이다. 크게 **보면**, 어떤 교회들은 교회를 경제적인 원칙으로 경영하려는 시도를 한다. 그런 교회들은 마치 경제력이 교회의 힘인 것처럼 생각한다. 금력이 능력이 된 것이다. 이런 사고를 가진 교회들은 심지어 경제를 창출하려고 애를 쓴다. 그래서 장사하는 교회가 되고, 사업하는 교회가 된다. 그 결과로 사업적인 마인드로 교회를 운영하는 목회자들이 생겨나고 그것을 환영하는 신자들이 생겨났다. 목회가 사업이 되었다. 기업들이 사업의 경제적 규모를 크게 하는 것에 목적을 두듯이 교회들도 목회의 경제적 규모를 크게 하는 것에 목적을 둔다.

그러나 이것은 예수님의 방식이 아니다. 주님은 제자들에게 해결책을 다른 데서 찾지 말고, 자신들에게서 찾으라고 말씀하셨다. "너희가 먹을 것을 주라"(37). 또한 주님은 제자들에게 거창한 해결책을 찾지 말고, 있는 그대로에서 찾으라고 말씀하셨다. "너희에게 떡 몇 개나 있는지 가서 보라"(38). 주님의 생각은 제자들에게 해결책이 있고, 제자들이 가지고 있는 떡이 해결책이라는 것이다. 이것이 주님의 경제방식이다. 제자들이 가지고 있는 것을 내놔야 한다는 것이다. 가지고 있는 것을 활용해라. 그것이 귀하다.

우리는 자신의 소유를 살펴보아 활용하지 않고 다른 데서 해결책을 찾으려는 습성을 가지고 있다. 하나님께서 우리에게 주신 은사, 능력, 재

주, 물질, 시간 이런 것들을 활용만 해도 큰 효력을 발휘할 터인데 우리
는 다른 해결책을 강구하는 잘못을 저지른다. 주님은 제자들을 신뢰하셨
다. 주님은 제자들이 문제를 해결할 수 있다고 생각하셨다. 엄청난 돈을
씀으로써가 아니라 그들의 작은 소유를 내놓음으로써. 그러므로 다른 데
로 눈을 돌릴 필요가 없다. 일차적인 해결방안은 바로 우리에게 있기 때
문이다.

## 3. 인간문제

오병이어 기적 직전에 제자들은 사람들을 의지했다. 제자들이 예수님께
"이 곳은 빈 들이요"(35)라고 말한 까닭은 사람들에게서 도움을 받을만한
곳이 못 된다는 것을 보이기 위함이었다. 광야에는 도움을 줄 사람이 없
다는 뜻이다. 그래서 제자들이 관심한 것이 주위에 있는 촌과 마을이었
다. 제자들은 주님께 "무리를 보내어 두루 촌과 마을로 가서 무엇을 사
먹게 하소서"(36)라고 말했다. 또한 제자들은 "우리가 가서 이백 데나리
온의 떡을 사다 먹이리이까"(37)라고 말했다. 여기에 두 번 사용된 "가서"
라는 말에는 사람을 의지해야 한다는 뜻이 들어있다. 촌과 마을에 가면
도움을 줄 사람들을 만날 수 있다는 것이다. 제자들은 사람의 문제는 사
람에게서 해결되어야 한다는 생각했다. 제자들의 생각에 의하면 사람이
사람을 도와야 한다. 사람은 사람에게서 도움을 받아야 한다는 것이다.
　물론 하나님께서도 우리에게 때때로 도움을 주는 사람을 만나게 하신
다. 하나님은 심각한 기근의 시기에 엘리야 선지자에게 사렙다 과부를 통
해 도움을 주셨다. 사도 바울은 하나님의 은혜로 가는 곳마다 돕는 사람
들을 만났다. 주님 자신도 여러 여성들에게 물질적인 도움을 받으셨다(눅
8:2-3). 하나님께서는 복음의 선한 사업을 위해서 일꾼들에게 물질적인 도
움을 주는 사람들을 붙여주신다. 그래서 복음일꾼들은 사람들의 경제적
인 협력을 감사함으로 받아들여야 한다. 그러나 오직 사람의 도움에만 의
지하는 것은 큰 문제이다.
　예수님의 방식이 우리에게 그것을 분명하게 보여주셨다. 주님은 일차
적으로 제자들 자신이 문제를 해결하라고 하셨다. 사람들을 의지할 필요

가 없다는 것이다. 그러나 주님의 방식은 여기에서 그친 것이 아니다. 주님은 한 걸음 더 나아가셨다. 주님은 사람들을 떼 지어 앉게 하셨다. "모든 사람으로 떼를 지어 푸른 잔디에 앉게 하시니"(39). 주님께서는 제자들과 달리 군중을 책임지신다. 제자들은 군중을 흩으려고 했지만 주님은 군중을 모이게 하셨다. 그래서 사람들은 "떼로 백 명씩 또는 오십 명씩 앉은지라"(40). 그리고 주님은 제자들에게서 떡 다섯 개와 물고기 두 마리를 받으셨다. 그 다음의 모습이 중요하다. 주님은 "하늘을 우러러"(41) 보셨다. 이것은 주님께서 하늘을 뚫어 보신 것을 의미한다. 주님은 하늘을 관통하셨다. 다시 말하자면 이것은 예수님이 하나님을 보셨다는 것을 가리킨다. 주님은 철저하게 하나님을 의지하셨다. 주님은 사람을 의지하지 않고 근본적으로 하나님을 의지하셨다. 하나님께만 진정한 해답이 있기 때문이다. 상황도 해결책이 아니며, 경제도 해결책이 아니며, 인간도 해결책이 아니다. 해결책은 오직 하나님께만 있다.

이것은 뒤에는 바로의 추격과 앞에는 홍해의 가로막음 사이에서 하나님만을 의지한 모세의 자세이다. 모세는 두려워하는 이스라엘 백성에게 말했다. "너희는 두려워하지 말고 가만히 서서 여호와께서 오늘 너희를 위하여 행하시는 구원을 보라"(출 14:13). 이것은 사마리아 성을 에워싼 아람 군대 앞에서 하나님의 천사들을 본 엘리사의 신앙이다. 엘리사는 두려워하는 사환에게 말했다. "두려워하지 말라 우리와 함께 한 자가 그들과 함께 한 자보다 많으니라"(왕하 6:16). 이것은 얼굴에 수색이 가득하여 왕에게 문책을 받을 위험한 자리에서 하늘의 하나님께 묵도한 느헤미야의 믿음이다(느 2:4). 이것은 빌립보에서 복음을 전하다가 깊은 옥에 갇혀 발에 차꼬로 든든히 채운 상태에서 하나님께 기도와 찬송을 드린 바울과 실라의 모습이다(행 16:25). 이것은 복음 때문에 유배당한 밧모 섬에서 하나님의 세계를 본 사도 요한의 자세이다(계 1:9-10).

진정한 신자는 하나님만이 유일한 해결책이심을 믿는다. "네 영혼아 네가 어찌하여 낙심하며 어찌하여 내 속에서 불안하여 하는가 너는 하나님께 소망을 두라 그가 나타나 도우심으로 말미암아 내가 여전히 찬송하리로다"(시 42:5,11; 43:5). "나의 영혼아 잠잠히 하나님만 바라라 무릇 나의 소망이 그로부터 나오는도다"(시 62:1,5). 지금도 우리를 도우시는 하나님은 가장 험악한 상황에서도 하나님을 찾으라고 말씀하신다. 난파하여 혼자 생존한 로빈슨 크루소가 성경을 발견하고 펼쳤을 때 읽은 말씀이 이것이다. "환난 날에 나를 부르라 내가 너를 건지리니 네가 나를 영화롭게 하리라"(시 50:15). 그러므로 우리는 상황에 매이지 말고, 경제에 고민하지 말고, 사람을 의지하지 말고, 근본적으로 하나님께 나아가자. "그러므로 우리는 긍휼하심을 받고 때를 따라 돕는 은혜를 얻기 위하여 은혜의 보좌 앞에 담대히 나아갈 것이니라"(히 4:16).

# 전통을 지키려고

Mark 7:1-13

많은 사람들이 현대를 가리켜 포스트모더니즘 시대라고 부른다. 포스트모더니즘이라는 용어는 오늘날 인간이 어떤 정신을 가지고 있는지 반영한다. 거기에는 무엇보다도 상대주의가 만연한다. 이 시대를 사는 사람들은 절대적 가치를 인정하지 않는다. 모든 것을 상대화시켜버렸기 때문이다. 그래서 현대인들은 절대는 없다고 생각한다. 절대에 대한 부인은 마침내 하나님의 존재를 부정하는 데로 이끌며 성경의 권위를 떨어뜨린다. 포스트모더니즘의 둘째 현상은 주관주의이다. 이 시대에는 모든 사람이 자기만이 옳다고 생각한다. 모든 관점이 자기 자신에게서 시작된다. 현대인에게는 객관이 없다. 이것은 해석학적 문제이다. 그래서 오늘날 많은 신자들이 성경도 제멋대로 해석한다. 포스트모더니즘은 한 마디로 정리하면 인본주의이다. 그것은 모든 것의 해법을 인간 그 자체에서 찾으려는 시도의 절정이다. 그러나 인간은 불안한 존재이기 때문에 이런 노력가운데도 결국 허무함에 빠지고 만다. 교회 안에도 포스트모더니즘이 기승을 부리고 있다. 여기에 감염된 사람들은 하나님을 신화적인 존재로 간주하며, 성경을 인간의 글로 전락시키고, 교회의 조직을 해체하며, 기독교를 인간의 개인적 이익(축복)을 위한 종교로 변환시킨다. 이런 모든 시도는 기독교를 인본주의로 만들려는 것이다. 그런데 놀랍게도 이런 인본주의적인 시도는 이미 예수 그리스도 당시의 유대인들, 특히 바리새인들과 서기관들 같은 종교지도자들에게서 발견하게 된다. 그들은 예수님의 제자들이 손을 씻지 않고 떡을 먹는 것을 보면서 부정한 손으로 떡을 먹는 것은 자신들의 전통에 충돌한다고 생각하여 논쟁을 걸었다. 이에 대하여 예수님은 유대 지도자들이 문제가 무엇인지 분명하게 지적해주셨다.

## 1. 전통을 만들려는 것(3-4)

유대 지도자들은 특히 결례와 관련하여 수많은 전통을 만들어냈다(3-4). 결례전통은 식사 전에 손을 씻는 것과 식기를 세척하는 것에 초점을 맞추었다. 사람들이 전통을 만드는 이유는 무엇인가? 때로는 무엇인가가 오랜 시간이 지나다보니 자연스럽게 전통이 되는 경우가 없는 것은 아니다. 사회가 있으면 전통이 생기기 마련이기 때문이다. 그러나 의도적으로 전통을 만들어내는 노력에서는 이런 방식으로 안정과 질서를 꾀하려는 목적을 보게 된다. 사람들은 전통을 세워놓으면 안정과 질서가 확립된다고 믿는다. 전통에서 권위를 발견한다. 사람들이 전통을 세우는 까닭은 전통에 권위가 있다고 생각하기 때문이다. 일반적으로 사람들은 전통에 안주한다. 그런데 전통의 이런 의미를 파헤쳐 들어가 보면 인간이 전통으로 자기의 의를 형성하려는 의지를 가지고 있다는 사실을 발견하게 된다. 사람들은 자기 의에 대한 자부심을 세우기 위해서 전통을 만든다. 이것은 전통을 구원의 틀로 생각하는 것이다. 다시 말하자면 구원을 인간에게서 유래하는 방식으로 확립할 수 있다고 믿는 것이다. 이 때문에 인간에게는 전통을 만들려는 깊은 의지가 있다.

　예수님은 전통을 만들기 좋아하는 유대인들에게 다음과 같은 견해를 피력하셨다. "무엇이든지 밖에서 사람에게로 들어가는 것은 능히 사람을 더럽게 하지 못하되 사람 안에서 나오는 것이 사람을 더럽게 하는 것이니라"(15-16). 주님께서는 이 말씀에서 후반부에 큰 강조를 두신 것처럼 보인다. 그래서 이어서 두 번 더 비슷한 말씀을 하셨다. "사람에게서 나오는 그것이 사람을 더럽게 하느니라"(20). "이 모든 악한 것이 다 속에서 나와서 사람을 더럽게 하느니라"(23). 이것은 순환적인 논리이다. 사람에게서 악한 것이 나오고, 악한 것이 사람을 더럽게 만든다는 것이다. 주님의 말씀 가운데는 두 가지 생각이 들어있다.

첫째로 주님께서는 밖에서 들어가는 것이 사람을 더럽게 하는 것이 아니라고 말씀하신다. 주님께서 이렇게 말씀하신 까닭은 사람들에게서 자기의 허물을 숨기려는 심리를 보셨기 때문이다. 사람들은 자기가 더럽다는 사실을 감추고 다른 것이 더럽다고 주장하는 습관을 가지고 있다. 더러움의 원인을 자기에 두지 않고 다른 데 두려는 심리이다. 이것은 마치 자기 눈 안에 들어있는 들보 안 보고 남의 눈 속에 들어있는 티끌을 보는 것과 같은 경우이다.

전통의 문제와 관련하여 우리가 조금 더 심각하게 살펴보아야 할 것은 둘째 생각이다. 주님께서는 사람 안에서 나오는 것이 사람을 더럽게 한다고 말씀하신다. 이 말씀으로 예수님은 인간이 본래 악한 존재라는 사실을 드러내신 것이다. 인간은 악하기 때문에 인간에게서 나오는 것도 악하다. 주님께서는 인간의 악한 발상을 대표적으로 몇 가지 제시하셨다. "속에서 곧 사람의 마음에서 나오는 것은.."(21). 이런 의미에서 전통을 만들려는 인간의 발상도 악한 것이다. 전통에서 구원을 찾으려고 하기 때문이다. 그것은 인간의 내적 능력을 의지하는 자세이다. 대표적으로 이런 정신은 가톨릭에서 확인할 수 있다. 가톨릭의 문제는 성인과 성물 같은 수많은 전통을 만들어 낸다는 것이다.

오늘날 개신교의 많은 교회들도 주님의 뜻과 상관없는 전통을 창안하는 데 혈안이 되어 있다. 목사들 가운데 자신의 가운을 후임자에게 물려주는 것을 좋은 전통으로 생각하는 사람들이 있다. 어느 교회는 발을 씻기는 세족식을 연례행사로 진행하면서 전통으로 자랑한다. 주님이 제자들의 발을 씻기신 것은 사실이지만 세례나 성찬처럼 제도로 세운 것은 아니다. 교단마다 로고를 만들어 각 교회마다 부착하게 한다. 자신들의 정통성을 말하기 위한 전통을 형성하는 것이다. 그러나 이것은 자신들만 순수하다고 주장함으로써 교회의 분열을 조장하는 것과 다를 바가 없다. 교회의 순수성은 로고에 있는 것 아니다. 이 모든 것은 주님의 뜻과 상관없이 인간의 발상에서 나온 전통이다. 오늘날 이렇게 교회들이 인간적이며 세속적인 전통을 만들기에 분주하다. 이것은 우리의 정신을 빼앗는 감미로운 유혹이다. 하지만 우리가 알아야 할 것은 인간중심적이며 세속주의적인 전통이 없을수록 건강한 교회라는 사실이다.

## 2. 하나님 말씀을 대치하려는 것(6-9)

예수님이 유대 지도자들인 바리새인들과 서기관들을 향하여 직격탄을 날리신 것은 사람의 전통을 따르는 대신에 하나님의 말씀을 버렸다는 사실이다. 그래서 주님께서는 이사야선지자를 인용하여 이 사실을 날카롭게 지적하셨다(6-7; 사 29:13). 그리고는 이어서 비슷한 말씀을 여러 차례 반복하셨다. "너희가 하나님의 계명은 버리고 사람의 전통을 지키느니라"(8). "너희가 너희 전통을 지키려고 하나님의 계명을 잘 저버리는도다"(9). "너희가 전한 전통으로 하나님의 말씀을 폐하며 또 이같은 일을 많이 행하느니라"(13). 유대 지도자들은 장로들이 세워놓은 전통, 계명, 법규, 조직에 사람들이 온 힘을 기울이게 하였다. 이런 모든 것들이 부차적으로 필요한 것은 사실이다. 그러나 원칙적으로 필요한 것을 시행하지 않으면서 부차적인 것에 치중하는 것은 잘못이다. 주님께서는 유대 지도자들에게서 하나님의 말씀을 폐쇄하기 위한 노력들을 보셨다. 그것은 하나님의 것 대신에 사람의 것에 치중하게 만드는 것이다. 물론 유대 지도자들은 누구도 자신들이 하나님의 계명을 해치고 있다고는 생각하지 않았을 것이다. 하지만 전통에 충실하는 것은 결국 자신들도 모르는 사이에 하나님의 말씀을 질식시키는 행위라는 것을 그들은 인식하지 못했다.

유대 지도자들의 문제는 전통을 충실하게 지키고 있다는 사실에서 만족하였다는 것이다. 나는 식사를 하기 전에 손을 씻었다, 나는 깨끗하게 씻은 그릇으로 식사를 했다, 그러니 나는 훌륭하다... 이런 생각이다. 하지만 깨끗하게 씻은 손으로 음식을 먹는 것이 하나님의 말씀과 무슨 상관이 있는가? 하나님의 뜻은 신자들이 육체의 손을 깨끗하게 하는 것이 아니라 영적인 손을 깨끗하게 하는 것이지 않는가? 주님이 문제시 삼는 것은 때 묻은 손이 아니라 피 묻은 손이다. 육체가 더러워진 것이 아니라 양심이 더러워진 것이다. 유대 지도자들은 육체를 깨끗하게 하는 데는 열심을 냈지만 영혼을 깨끗하게 하는 데는 관심이 없었다.

오늘날 기독교는 인간의 것들을 준수하기에 바쁘다. 우리는 기독교의 전통을 지키기 위해서 노력한다. 예를 들면 절기를 지키는 데 무척 애를 쓴다. 이렇게 전통을 지키는 데 힘을 쏟다보니 기독교는 어느덧 일하는 기독교가 되어버린다. 손을 씻는 일과 그릇을 씻는 일에 초점을 두었던 유대인들처럼 우리도 무슨 일인가를 하는 데 초점을 두게 된다. 선교, 구제, 건축... 등등. 일하는 기독교의 허상을 보아야 한다. 주님을 위해서 일해야 한다는 말의 의미는 무엇인가? 일감(work)에 바쁘다 보니 말씀(word)에는 게을러진다. 마르다와 마리아의 예는 우리에게 언제나 큰 교훈이 된다. 오병이어의 기적 후에 사람들이 "우리가 어떻게 하여야 하나님의 일을 하오리이까"(요 6:28)고 물었을 때 주님께서는 아주 간명하게 대답하셨다. "하나님께서 보내신 이를 믿는 것이 하나님의 일이니라"(요 6:29). 주님이 우리에게 원하시는 것은 행위가 아니라 믿음이다. 왜냐하면 주님을 믿지 않고 일 많이 하는 것은 무의미하기 때문이다. 따라서 말씀에 기초한 봉사가 가치있다.

유대 지도자들은 인간의 전통을 중시하느라고 하나님의 말씀을 멸시하였다. 인간의 전통을 높이다 보니 하나님의 계명을 내려앉혔다. 인간은 중심에 들어서고 하나님은 외곽으로 밀려났다. 이런 현상은 역사적인 문제이다. 이런 현상은 이사야 선지자 시대에도 있었고, 예수 그리스도 시대에도 있었으며, 종교개혁 시대에도 있었고, 오늘날 우리 시대에도 있기 때문이다. 인간은 항상 이런 정신을 추구한다.

인간이 이처럼 하나님의 말씀보다 인간의 전통을 중시하는 것은 무엇인가? 이렇게 행하는 근본적인 이유는 외식 때문이다. 그래서 주님께서는 유대 지도자들을 향해서 외식하는 자들이라고 불렀다. 이사야 선지자가 "너희 외식하는 자에 대하여"(6) 예언했다는 것이다. 외식은 인간이 드러나고 싶은 의지에서 발동된다. 그러므로 예수님은 유대 지도자들이 결국은 하나님보다 자신들을 드러내고 싶은 마음을 가지고 있음을 보신 것이다. 유대 지도자들의 목적은 하나님의 영광이 아니라 자신들의 영광이었다. 그들은 자신들의 영광을 추구하는 마음을 위장하고 있었던 것이다. 우리는 껍질을 벗어야 한다. 우리는 하나님의 말씀으로 돌아가야 한다. 껍질을 벗을수록 순수한 교회이다.

# 3. 하나님을 팔아 하나님을 무시하는 것(10-13)

예수님은 유대 지도자들이 자신들을 위장하는 가장 딱딱한 껍질이 무엇인지 보셨다. 주님은 바리새인들과 서기관들의 가장 악한 모습을 드러내셨다. 외면적으로 보면 유대 지도자들처럼 하나님을 잘 공경하는 사람들도 없다. 그들은 하나님께 십일조를 비롯하여 많은 것을 하나님께 드렸다. 여기에서 주님은 하나님에 대한 유대 지도자들의 헌물과 관련하여 한 가지 중요한 사실을 제시하셨다. 그것은 고르반이다(11-12). 유대인들은 부모를 섬기는 것보다도 하나님을 섬기는 것을 우선하였다. 그래서 그들은 부모에게 드릴 것을 하나님께 드리는 모습을 보여주었다. 이것은 얼마나 놀라운 신앙인가? 너무나도 멋있는 모습이 아닌가? 그러나 바로 여기에 주님의 눈에 볼 때 가장 심각한 문제가 있었다.

예수님은 모세를 인용하셨다. 모세는 네 부모를 공경하라고 가르쳤다(10). 게다가 모세는 이스라엘 백성에게 아버지나 어머니를 모욕하는 자는 죽임을 당하리라는 경고를 덧붙였다. 주님께서는 모세의 계명을 들어 부모를 공경할 것으로 하나님께 헌물로 드리는 것은 옳지 않다는 견해를 보여주셨다. 부모를 공경하지 않으면서 하나님을 공경하는 것은 거짓이다. 부모에게 드릴 것을 하나님께 드리지 말라. 하나님은 부모를 위하여 양보하신다. 부모공경은 하나님경외의 표이다. 부모에게 마땅히 드려야 할 것을 하나님께 드린 것은 신앙이 아니라 패역이다. 그것은 하나님의 이름을 팔아 하나님의 명령을 거역하는 것이기 때문이다.

주님께서는 인간정신 가운데 가장 간교한 면을 뚫어보셨다. 그것은 하나님에 대한 신앙을 내세워 하나님의 계명을 깨뜨리는 시도이다. 이것은 정말로 아이러니한 일이다. 역사에 이런 일은 허다하게 많았다. 어떤 사람들은 자기의 이익을 챙기기 위해서 하나님의 이름을 판다. 사울의 군대장관이었던 아브넬은 마지막에 다윗에게 빌붙기 위하여 이스라엘 장로들을 설득하면서 여호와께서 다윗을 왕으로 삼았다고 강변했다(삼하 3:18). 자신의 살길을 모색하기 위해서 하나님의 이름을 팔았던 것이다.

어떤 이는 지나친 열심 때문에 하나님의 이름을 판다. 문제는 하나님보다 더 열심인 열심이며 하나님의 말씀을 넘어서는 열심이다. 과도한 열심은 언제나 문제이다(엘리야: "내가 만군의 하나님 여호와께 열심이 유별하오니", 왕상 19:10). 이것은 하나님보다 하나님을 더 사랑하는 것이며, 하나님보다 하나님께 더 영광을 드리려는 것이다. 이것은 하나님의 표준을 넘어 하나님께 영광을 드리려는 것이다. 그러나 이런 열심은 의미가 없다. "우리는 분수 이상의 자랑을 하지 않고 오직 하나님이 우리에게 나누어주신 그 범위의 한계를 따라 하노니…"(고후 12:13). 이런 시도의 목적은 하나님께 있는 것이 아니라 인간에게 있기 때문이다. 자신이 얼마나 열심인지를 보이려는 것에 지나지 않는다. 하나님을 이용해서 인간이 이득을 얻으려는 취지이다. 자기가 창안한 신앙방식으로 나타나는 광신적인 행위이다. 하나님의 요구 없이 인간이 스스로 만든 열심은 거짓이다. 그 깊은 뿌리는 거짓 선지자들에게 있다. 그들은 하나님이 말씀을 주시지 않았는데 자기가 만든 이야기를 전하기 때문이다. 자기가 이야기를 만들어내는 것은 헛된 열심이다.

유대인들은 하나님의 말씀을 자의적으로 억지로 해석했다. 이로 말미암아 결국 하나님은 사라지고 인간만 남았다. 우리는 자신의 이득을 위하여 하나님을 빙자하는 오류를 버려야 한다. 이것이 진정으로 신앙적인 교회의 회복이다.

## 결론

유대 지도자들은 부패한 인간정신을 보여주었다. 예수님은 유대 지도자들의 부패한 인간정신과 싸우셨다. 오늘날 우리는 부패한 인간정신과 싸워야 한다. 우리 속에서 계속 꿈틀대고 있는 인간정신. 우리의 사회를 지배하고 있는 인간정신. 우리의 미래를 장악할 인간정신과 싸워야 한다. 인간에게 구원의 보루를 만들려는 것, 하나님보다 인간을 신뢰하는 것, 자신의 이득을 위해 하나님을 파는 것, 이런 인간정신과 철저하게 싸워야 한다. 이것이 건강하고 순수하고 신앙적인 교회와 신자의 길이다.

# 개들도 부스러기를 먹나이다

Mark 7:24-30

인간은 깊은 속에 신이 되고 싶은 마음을 가지고 있다. 신이 되고 싶은 마음은 인간정신의 요약이다. 바빌론 왕으로 상징되는 아침의 아들 계명성은 마음에 이렇게 말했다. "내가 하늘에 올라가서 하나님의 뭇 별 위에 내 자리를 높이리라 내가 북극 집회의 산 위에 앉으리라 가장 높은 구름에 올라가 지극히 높은 이와 같아지리라"(사 14:13-14). 두로의 왕은 마음이 교만해져서 말했다. "나는 신이라 내가 하나님의 자리 곧 바다 가운데에 앉아 있다"(겔 28:2). 그러나 사람들은 이런 마음을 노골적으로 표현할수 없기 때문에 교묘하게 위장한다. 그 위장전술은 인간회복이라는 말이다. 르네상스 시대에 많은 사상가들이 인간의 최고 가치를 추구한다고 말하면서 하나님을 몰아내고 인간을 만물의 보좌에 올려놓았다. 현대의 인본주의도 이와 다르지 않은 길을 간다. 인간의 자아를 항상 중심에 놓기 때문이다. 여기에서부터 주관주의가 시작되는데, 그 목적은 궁극적으로 최고의 인간이 됨으로써 신의 자리에 앉으려는 것이다. 예수님은 이렇게 자신을 중심에 둠으로써 신이 되려는 의지를 가지고 있는 인간정신과 싸우셨다.

주님께서 두로 지방에 가셔서 잠시 몸을 숨기려고 하셨을 때 수로보니게 여자가 찾아왔다. 이 여자에 대한 주님의 태도는 인간정신과의 싸움을 잘 보여준다. 이 여자에게는 더러운 귀신 들린 어린 딸이 있었다(25).

그래서 여자는 주님을 찾아와 딸의 치병을 간청하였다(25-26). 이 내용을 분석해보면 여자는 매우 다급하고 간절한 상황에 처해 있었다는 것을 알 수 있다. 주님께서 두로 지방에 도착했을 때 여자는 곧 예수에 대한 소문을 들었다. 이것은 여자가 딸을 고치기 위한 구원의 손길을 사방으로 찾고 있었던 모습을 보여준다. 여자는 딸을 치료하기 위해서 신경을 곤두세우고 정보를 입수하였을 것이다. 그리고 여자는 주님에 대하여 소문을 듣고는 지체하지 않고 찾아왔다. 그만큼 여자는 딸을 더러운 귀신에게서 자유하게 하기 위하여 적극적인 태도를 보여주었다. 여자는 체면과 눈치를 아랑곳하지 않고 소신을 행동으로 옮겼던 것이다. 그리고 여자는 주님께 나아와 그 발아래 엎드렸다. 발아래 엎드리는 것은 항복이나 존경이나 애걸의 표시이다. 여자는 이런 행동으로 인격과 품위를 주님 앞에 내려놓았다. 그리고 여자는 주님께 자신의 사정을 숨김없이 진솔하게 털어놓으면서 딸을 고쳐달라고 간청했다. 이런 모습은 여자의 긴박함과 다급함과 애절함을 고스란히 보여준다.

주님은 이런 상황에 처한 여자에게서도 인간정신의 문제를 보셨고 그것을 청산시켜주셔야 했다. 인간은 좋은 환경에서뿐 아니라 가장 극악한 형편에 처해 있을 때도 이런 인간정신을 포기하지 않는다. 그러므로 여자가 해결해야 할 문제는 딸의 문제가 아니라 자신의 문제였다. 딸의 병이 아니라 자신의 인간정신이 문제이다. 그러므로 주님은 치열하게 이 문제에 접근하셨다.

## 1. 주님의 말씀

예수님은 이렇게 최대로 표현된 신뢰와 간청의 모습을 것을 보시면서 여자의 간청을 승낙하실 만 했다. 실제로 회당장 야이로가 이와 비슷한 간청을 했을 때 주님은 선뜻 받아들이셨던 적이 있다(5:22-23). 그러나 주님은 여자에게 받아들이기 아주 어려운 말씀을 하셨다. "자녀로 먼저 배불리 먹게 할지니 자녀의 떡을 취하여 개들에게 던짐이 마땅히 아니하니라"(27). 이것은 거의 모독에 가까운 발언이다. 사실 이 말씀에는 매우 깊은 상징적인 내용이 들어있다. 예수님은 이 말씀으로 이스라엘의 구원과 이방인의 구원이 어떤 관계에 있는지 보여주셨다. 그러나 우리의 관심은 이런 문제에 있지 않다. 우리가 관심하는 것은 주님께서 사람을 어떻게 이해하셨느냐 하는 점이다.

주님은 딸의 구원을 간청하는 여자에게 "자녀로 먼저 배불리 먹게 할 지니"(27a)라고 말씀하셨다. "먼저"의 의미는 떡이 있으면서도 배고파 죽겠는 사람에게 주지 않겠다는 뜻이다. 자녀가 중요하지 다른 사람들은 중요치 않다는 생각이다. 그러므로 다른 사람들이 굶어죽든 말든 어떻게 되든 알 바가 없다는 의미이다. 주님의 말씀은 듣는 사람에게 분노를 일으키고도 남을만한 말씀이었다. 주님은 자녀를 배부르게 만들기 위해서만 떡을 준비해두었다고 말씀하신다. 여자에게 줄 떡이 없다는 것이다. 여자의 몫이 없다는 말은 여자의 마음을 비참하게 만들었을 것임에 틀림없다. 혹시 떡이 없다면 모를까 떡을 충분히 가지고 있으면서도 내놓지를 않는다는 것은 사람을 서글프게 만든다. 여유분이 없어서 줄 수 없다면 할 수 없는 일이지만, 충분한 분량을 가지고 있으면서도 줄 수 없다고 할 때 깊은 비참함을 느끼게 된다. 옆집에 놀러갔는데 상 위에 떡이 있기에 "이거 하나 먹어도 되나요?" 물었더니 "이건 너 줄 떡이 아니다"라는 응답을 받을 때 무안함과 다를 바가 없다. 아마도 이런 상황이면 "에이 더러워서 못 하겠네" 하고는 돌아설 것이다. 여자는 주님이 많은 사람을 고쳐주었다는 소식을 들었을 것이다. 그런데 여자는 주님께서 유독이 자신에게만 "네 딸은 고쳐줄 수 없다"는 말을 들었을 때 깊은 수치감을 느꼈을 것이다.

그런데 그 다음에 주님께서 하신 말씀은 더욱 심각한 것이었다. "자녀의 떡을 취하여 개들에게 던짐이 마땅히 아니하니라"(27). 이것은 넓은 의미에서 보면, 주님께서 이스라엘은 자녀로 이방인은 개로 취급하신 것을 의미한다. 그러나 좁은 의미에서 보면, 주님은 바로 눈앞에서 딸의 치병을 간청하는 여자를 개로 여긴 것이다. 개라는 표현은 예나 지금이나 누군가를 경멸할 때 사용하는 표현어이다. 이 여자는 헬라인이요 수로보니게 족속이었다. 이것은 일차적으로 여자가 유대인이 아니라 이방인이라는 사실을 강조한다. 특히 태생이 수로보니게 라는 말에서여자가 영락없이 이방인이라는 사실이 드러난다. 그러나 동시에 이 여자는 헬라인이었다. 헬라인이라는 표현은 헬라화 된 사람의 문화적 위치를 함축하거나 헬라어를 하며 고등교육을 받은 상류층의 여성임을 보여준다. 이것은 이 여자가 어느 정도 좋은 신분을 가진 여자라는 의미이다. 그런데 주님은 이런 여자에게 위로는 못할망정 모독적인 발언을 하신 것이다. 여자는 주님에게서 일생에 다시없을 가장 치욕적인 말씀을 들었다. 이것은 사람을 바로 코앞에 놓고 깔아뭉개는 아주 심술궂은 말이며, 감당하기 어려운 경멸스러운 표현이다.

예수님은 여자를 최대한 낮추셨다. 사람이 그렇게 낮아짐에서 비로소 은혜가 시작되기 때문이다. 인간이 낮아질 때 비로소 주님의 은혜가 임한다. 인간이 높으면 주님의 은혜가 임하지 않는다. 낮은 곳일수록 물이 많이 고이는 것처럼, 낮은 인간일수록 은혜가 많이 임한다. 그래서 주님은 인간을 최대한 낮추신다. 역사에서 하나님은 항상 성도를 낮추는 작업을 하셨다. 하나님께서는 아브라함에게 모든 복을 포함에서 백세에 아들을 낳는 복까지 주셨지만 그 귀한 아들을 바치라고 하심으로써 아브라함을 철저하게 낮추셨다. 하나님은 사도 바울을 사용하기 위해서 완전히 낮추셨다. 사도 중에 지극히 작은 자, 성도 중에 가장 작은 자, 죄인 중에 괴수라는 생각을 가질 때까지 낮추셨다. 하나님은 이스라엘을 낮추시기 위하여 상한 갈대, 타다 남은 부지깽이, 꺼져가는 심지라고 부르셨다. 그리고 이스라엘을 향해서 버러지와 같은 존재라고 정의하셨다(사 41:14).

배추를 절여야 김치를 담글 수 있다. 배추의 순이 죽지 않으면 맛있는 김치가 되지 못한다. 낙타는 몸을 낮추어야 사람을 태울 수 있다. 낙타가 다리를 굽히지 않으면 사람이 탈 수가 없다. 하나님은 배추를 절이듯이, 낙타의 몸을 낮추듯이 성도들을 낮게 만드신다. 그래야 비로소 은혜를 주실 수가 있기 때문이다. 어느 선교부에서 선교지원자 10명을 인터뷰하기로 했다. 그런데 선교부원들이 바쁘다며 저녁 10시에 약속을 잡았다. 지원자들은 상식에 어긋난다고 생각을 했지만 약속장소로 나갔다. 하지만 선교부원은 아무도 오지 않았고 밤 12시에나 오겠다는 연락이 왔다. 몇 지원자가 이해할 수 없다며 돌아갔다. 그런데 선교부원들은 새벽 2시에 오겠다며 다시 약속을 어겼다. 또 몇 사람이 화를 내며 돌아갔다. 약속은 또 다시 지켜지지 않고 새벽 4시에나 보자는 전갈이 왔다. 또 몇 사람이 수치심을 느끼며 돌아갔다. 그러나 약속은 다시 연기되어 새벽 6시에 만나자는 말이 왔다. 또 몇 사람이 모독감을 느끼며 돌아갔다. 밤을 꼬박 지새우고 아침 8시가 되어서 비로소 선교부원들이 도착했다. 거기에는 오직 지원자 한 사람이 남아 있었다. 선교부원들은 지원자들의 자존심을 깨뜨리는 작업을 한 것이다. 자존심이 강하면 주님의 일을 할 수가 없기 때문이다. 선교사의 자격은 주님의 일을 하면서 얼마나 모독감을 참아낼 수 있는지, 거기에 있다.

사람은 낮아질수록 좋다. 심령이 가난한 사람은 복이 있다(마 5:3). 그러나 우리는 낮아지지 않으려고 발악을 하며, 우리를 낮추려는 주님께 대항하고 반발한다. 우리는 주님을 우리의 자존감을 파괴하는 이해할 수 없는 분으로 생각한다. 우리를 낮게 만드심을 받아들이려고 하지 않고 기분 나쁘고 못마땅하게 생각한다. 그것이 이스라엘 백성의 모습이었다. 선지자들이 이스라엘 백성을 향하여 자고하다, 너무 높다고 경고를 연발했을 때 그들은 자신을 낮추기를 거절했다. 세례자 요한과 예수님이 바리새인들을 향해서 "독사의 자식들아"라고 불렀을 때 그들은 낮은 자세를 취하기를 거절했다. 우리는 구약의 이스라엘 백성이나 신약의 바리새인들과 전혀 다를 바가 없다. 왜냐하면 우리는 지금도 우리를 낮추시는 주님의 뜻을 수용하지 못하고 계속해서 높게만 만들어달라고 졸라대고 있기 때문이다. 우리는 하나님께 능력을 달라고 졸라댄다. 우리는 능력을 가지는 것보다 낮아지는 것이 더 아름답다는 것을 알지 못한다. 그리고 낮아지지는 않으면서 높아지지 못한 것에 대하여 심하게 불평한다. 우리는 낮아지는 것이 높아지는 것보다 은혜가 된다는 것을 알지 못한다. 이 때문에 주님은 헬라 여자를 철저하게 낮추셨다. 줄 떡이 없다 말씀하심으로써 비참하게 만드시고, 개와 같은 존재라고 부르심으로써 수치스럽게 만드셨다.

## 2. 여자의 태도

관건은 비참하게 만들고 수치스럽게 만드시는 주님의 말씀을 받아들일 수 있는가 하는 점이다. 줄 떡이 없다는 주님의 선언과 개와 같은 존재라고 부르시는 주님의 평가를 수용할 수 있는가? 수치와 모독을 받아들일 수 있는가? 주님의 낮추심을 인정할 수 있는가? 놀랍게도 헬라 여자는 주님의 낮추심을 받아들였다. "주여 옳소이다마는 상 아래 개들도 아이들이 먹던 부스러기를 먹나이다"(28). 헬라 여자는 주님의 말씀을 전적으로 받아들였다.

여자는 스스로 자신을 가리켜 상 아래 있는 존재라고 불렀다. 상 아래서 먹는다는 것은 최소한 두 가지 의미를 가진다. 첫째로 그것은 패전한 왕들이 조롱당하는 모습을 보여준다. 그들은 승전한 왕 앞에서(예를 들면 아도니베섹 왕 앞에서) 상 아래 떨어진 먹을 것을 주어야 했다(삿 1:7). 그것은 수치의 모습이다. 둘째로 그것은 거지들의 모습을 나타낸다. 거지 나사로는 "부자의 상에서 떨어지는 것으로 배불리려"(눅 16:21) 했다. 이것은 비참한 모습이다. 상 아래 있다는 것은 패전자의 모습이며 거지의 모습이다. 헬라 여자는 자신이 상에 동참할만한 존재가 아님을 인정했다. 자신에게는 주님의 상에 둘러앉을 자격이 없다는 것이다. 여자는 스스로 보기에 상의 떡에 손을 댈 수 있는 사람이 아니었다. 여자는 자신이 그렇게 비천한 존재임을 고백하였다. 여자는 수치심과 비참함을 감당했다.

게다가 헬라 여자는 주님께서 자신을 개라는 부르는 표현에 동의했다. 여자는 자신이 개 같은 존재임을 인정한 것이다. 여자는 주님의 말씀을 수긍하며 자신의 존재를 확인했다. 자존감도 버리고 자신을 완전히 내려놓았다. 그리고는 떡의 부스러기라도 얻어야겠다는 심정을 토로했다. 여자는 주님에게서 부스러기라도 얻어야 살 수 있다는 신뢰를 보여주었다. 여자는 오직 은혜의 부스러기를 구했다.

주님은 때때로 우리를 상 아래 존재로 만드신다. 정상 이하로 만드신다. 또한 주님은 우리를 개 같은 존재로 만드신다. 인간 이하로 만드신다. 간신히 부스러기나 취해야 할 존재로 만드신다. 부스러기 존재로 만드신다. 그런데 우리를 그렇게 철저하게 낮추고 나서야 비로소 주님은 은혜를 풍성하게 베푸신다. 낮추심을 믿음으로 받아들이면 그때 주님의 은혜가 풍성하게 임한다. 이런 믿음으로 여자는 딸의 치병을 선물로 얻었다(29-30). 구원은 인간에게서 나오는 것이 아니다. 구원은 인간이 이루는 것이 아니다. 은혜는 인간이 가장 낮은 상태에 있을 때 임한다. 그래서 주님은 오늘도 우리를 낮추신다. 주님은 우리를 가장 낮게 만드신다. 주님의 뜻을 받아들이자. 주님께 순종하자. 그리고 단지 은혜의 부스러기를 구하자.

주님은 신이 되려는 인간정신을 깨뜨리신다. 그런 인간정신에는 하나님의 은혜가 깃들지 않기 때문이다. 주님은 사람을 인간이하의 존재로 떨어뜨린다. 바로 거기에서 은혜가 시작되기 때문이다.

# 어찌하여 표적을 구하느냐

Mark 8:11-13

마술은 치밀한 과학적인 계산으로 관중의 눈을 속이는 것임에도 불구하고 많은 사람들이 마술에 매력을 느낀다. 사람들이 마술을 좋아하는 이유는 단순하게 생각하면 흥미진진하기 때문이지만, 심층을 들여다보면 마술을 해보고 싶은 마음이 있기 때문이다. 사람에게는 뭔가 신기한 능력을 발휘하고 싶은 마음이 있다. 바로 이런 마음 때문에 판타지 소설이나 영화가 끊임없이 인기를 얻는다. 하지만 사람들은 환상적인 능력을 시행할 수 없는 까닭에 마술을 통해서 대리만족을 얻는다.

마술을 지향하는 마음이 종교와 결부되는 현상을 가리켜 신비주의라고 부른다. 신비주의는 마술의 종교화 또는 종교의 마술화이다. 마술에 종교적인 색채가 더해지거나 종교에 마술적인 요소가 가미된 것이다. 신비주의에서는 환상, 영적 체험, 은사 등이 강조되는데 신앙이 마술적으로 이해된다. 이에 대한 대표적인 인물이 150년경에 활동을 했던 몬타누스라는 사람이다. 신비주의에 사로잡힌 사람들은 이적을 구하는 데 열심을 낸다. 그들은 능력에 의지하면서 이적에 신앙의 근거를 둔다. 능력과 이적이 신앙의 표준이 된다고 생각하기 때문이다. 그들에게는 신기한 이적이 확신의 동인이 된다. 이렇게 하여 신비주의에 속한 사람들에게는 영적인 것이 물리적 현상에 매인다. 영적인 것을 물리적으로 확인하려는 것은 인간정신의 또 다른 면을 보여준다.

본문에 바로 이런 인간정신이 엿보인다. 본문을 보면 바리새인들이 예수님께 나와서 하늘로부터 오는 이적을 구했다. 예수님은 바리새인들이 이적을 구하는 모습에 깊이 탄식하시면서 이적이 주어지지 않으리라고 말씀하셨다. 우리는 이 본문에서 이적을 구하는 인간정신에 대하여 주님께서 어떤 입장을 가지셨는지 분명하게 배울 수 있다.

## 1. 이적을 추구하는 세대

### 1) 이 세대의 문제

바리새인들이 예수님께 하늘로부터 오는 이적을 구한 것은 힐난과 시험이라는 두 가지 심정 때문이다. 그들은 주님을 비난하면서 시험해보고자 했던 것이다. 물론 바리새인들은 예수님께 다른 이적을 요구할 수도 있었을 것이다. 예를 들면, 돌이 떡이 되게 하라든지, 성전 꼭대기에서 뛰어내리라든지 요구할 수도 있었을 것이다. 그러나 바리새인들은 예수님께 하늘로부터 오는 이적을 요구했다. "하늘로부터 오는 이적"이란 천사가 기드온에게 나타난 것이나 엘리야의 간구에 따라 불이 내린 것 같은 현상을 가리키는 것으로 볼 수 있다. 바리새인들은 가시적이며 이변적인 현상을 요구했던 것이다.

바리새인들이 이런 요구를 한 이유는 무엇일까? 일차적으로 볼 때 그들은 주님께 과연 하늘 이적도 보일 수 있겠느냐고 묻고 있는 것이다. 이것은 주님을 곤란하게 만들기 위한 악한 시도였다. 바리새인들은 하늘로부터 오는 이적이란 불가능한 일이기 때문에 이런 어려운 일로 예수님을 괴롭히며 골탕 먹이려고 했던 것이다.

그러나 바리새인들 속에는 또 한 가지 의도가 들어있었던 것으로 추정할 수 있다. 그것은 인간정신에 깊이 숨어 있는 마음으로서 능력을 보고자 하는 것이다. 바리새인들은 하늘 이적을 보고 싶어 했다. 그들에게는 이적을 구하는 마음이 있었다. 이것은 인간의 정신에 깊이 뿌리박힌 욕심이다. 다시 말해서 바리새인들은 예수님을 비판하면서도 예수님께 은근히 기대하는 바가 있었던 것이다(참조. 눅 23:8 헤롯의 기대감). 주님께서는 바리새인들의 마음을 간파하셨다. 그러므로 주님께서는 "어찌하여 이 세대가 표적을 구하느냐"(12)고 탄식하셨다. 주님은 바리새인들의 요구 앞에서 이적이 어렵다, 쉽다를 따지기보다 이적을 구한다는 사실 그 자체에 대하여 탄식하셨다.

사람들이 이적을 구하는 것은 대체로 볼 때 두 가지 이유에 근거한다. 첫째로 **자기만족**이다. 사람들은 신비한 체험을 통하여 절정적인 만족을 누리고자 한다. 이것은 자기도취를 통한 쾌감추구로서 환상가들에게서 늘 나타나는 현상이다. 환상가들은 하늘세계에 들어가 신비한 경험을 맛보고 싶어 한다. 이들에게는 자기만족이 종교체험의 목적이다. 이것은 인간이 목적이 되는 것을 의미한다. 둘째로 **자기과시**이다. 사람들은 자신이 소유하고 있는 능력을 보이고 싶어 한다. 그들은 자신의 실력을 뽐내려는 마음을 가지고 있다. 자신은 심지어 이런 신비한 체험도 한 사람이라는 것을 드러내려는 것이다. 이것은 인간이 영광을 받는 것을 의미한다. 이런 시도에서 인간중심주의가 가장 분명하게 표현된다.

이적추구에는 자기만족과 자기과시라는 인간정신이 도사리고 있다. 바리새인들이 예수님께 하늘로부터 오는 이적을 요구했다는 것은 그들도 이런 인간정신에서 벗어나지 못했다는 사실을 보여준다.

## 2) 기독교의 오해

오늘날도 세상은 기독교를 향하여 이적을 내보이라고 요구한다. 마치 인간의 죄를 대속하기 위하여 골고다에 못 박힌 예수님께 십자가에서 뛰어내리라고 요구했던 것처럼, 세상은 기독교에게 어떤 능력을 보이라고 요구한다. 이때 기독교는 세상의 요구에 부응하는 것이 승리의 길이라고 생각한다. 그래서 기독교는 이적을 추구한다. 신비한 현상을 보여주는 것이 기독교의 진리를 입증하는 길이라는 오해하기 때문이다. 기독교는 이런 요구에 부응하지 못하면 마치 실패한 것처럼 생각해서 이적을 내놓기 위해서 크게 부심한다. 이렇게 하여 기독교는 세상의 작전에 휘말려든다. 그리고 기독교는 이적을 보이면 세상을 이길 수 있을 것처럼 착각한다. 이것은 이적이야말로 기독교의 권위를 증명해줄 수 있는 길인 것처럼 생각하는 것이다. 그래서 기독교는 열심히 이적을 추구한다. 표적이야말로 기독교의 권위를 증명할 수 있는 길이라고 생각하기 때문이다.

최근에 교계에 방언에 대한 논쟁이 일고 있다. 한쪽에서는 방언이 기독교의 능력을 증명하는 중요한 도구라고 주장하고, 다른 한쪽에서는 방언이란 대체로 인위적인 행위에 지나지 않는다고 주장한다. 방언에 대하여 가부를 결정하는 것은 사도 바울에게 잠시 맡겨두자. "깨달은 마음으로 다섯 마디 말을 하는 것이 일만 마디 방언으로 말하는 것보다 나으니라"(고전 14:19). 그대신 방언을 추구하는 이유를 생각해볼 필요가 있다. 방언을 추구하는 까닭은 기독교의 권위를 어떤 능력에서 찾으려고 하기 때문이다. 기독교는 이적추구라는 수단으로 자기를 정당화한다. 기독교의 정당화는 이적시행이 세상을 이기기 위한 방법이라는 것이다.

그러나 여기에는 또 다른 의도가 숨어있다는 것을 간과해서는 안 된다. 이적추구의 이면에는 자기만족과 자기과시라는 간교한 인간정신이 숨어있다. 이런 모습은 이미 주님의 제자들에게서도 나타났다. 사마리아 사람들이 주님을 영접하지 않는 것을 보고 야고보와 요한이 주님께 "불을 명하여 하늘로부터 내려 저들을 멸하라 하기를 원하시나이까"(눅 9:54)고 물었다. 이것은 제자들에게도 하늘 이적을 행함으로써 자신들의 능력을 과시하고 싶은 유혹이 도사리고 있었다는 것을 보여준다. 또한 제자들은 그런 방법으로 자기만족을 얻으려고 했던 것이다. 주님은 이런 질문을 들으시고는 심하게 꾸짖으셨다. 주님께서는 자기만족과 자기과시를 추구하는 인간정신을 책망하신 것이다.

## 2. 이적을 거절하신 주님

### 1) 이 세대에 이적이 주어지지 않을 것

예수님은 하늘의 이적을 구하는 바리새인들에게 분명하게 말씀하셨다. "이 세대에 표적을 주지 아니하리라"(12). 이것은 한 마디로 말하자면 이 세대가 잘못된 것을 추구하고 있다는 의미이다. 이 세대는 주님의 뜻이 무엇인지를 이해하지 못한다. 그래서 바리새인들은 완전히 엉뚱한 것을 구했다. 하지만 그런 시도를 하는 것 자체가 잘못이다. 주님께서는 이 세대의 오류를 교정하시기 위하여 바리새인들의 생각을 꺾으셨다. 주님께서는 그런 식으로 기독교를 제시하지도 않으셨고 이해시키지 않으셨다. 이적을 가지고는 기독교의 본질이 제대로 설명되지 않는다.

중요한 것은 이적이 아니다. 사실상 바로 앞에서 주님은 떡 일곱 개와 작은 생선 두어 마리를 가지고 약 4천명을 먹이는 이적을 베푸셨다. 그런데 이제 바리새인들은 예수님께 와서 다시 하늘로부터 오는 이적을 구했다. 이적추구에는 만족이 없다. 이적추구는 끝없는 욕심을 불러일으킨다. 이적추구는 더 짜릿한 것을 맛보고 싶은 마음이 생기게 하는 마술적인 성격을 지니고 있을 뿐이다. 따라서 이적추구로는 신앙이 확립되지 않는다. 주님께서는 사람들의 이런 심정을 간파하셨다. 그러므로 주님께서는 이 세대에는 이적이 주어지지 않을 것이라고 말씀하신 것이다. 주님은 이렇게 함으로써 이적추구에 결별을 고하시며 이적추구의 욕구를 깨뜨리셨다. 주님의 말씀은 신자들이 정말로 추구해야 할 것이 무엇인지를 알려준다.

105

## 2) 기독교의 길을 보여주심

주님께서는 "이 세대에 표적을 주지 아니하리라"(12)고 말씀하심으로써 이 세대가 잘못된 것을 추구하고 있다는 것을 분명하게 알려주셨다. 이 세대가 잘못된 것을 추구하고 있다는 말씀은 반대로 말하자면 제자들이 바른 것을 추구해야 한다는 의미이다. 주님은 신자들이 다음과 같은 것을 추구하기를 바라신다.

첫째로 이적체험보다 예수님을 인격적으로 만나는 것이 중요하다. 이적을 체험하기보다 예수님을 신앙해야 한다는 것이다. 바리새인들은 하나님의 아들이신 예수님이 곁에 계심에도 불구하고 믿지 못했다. 그들은 예수님을 보고도 믿지 않았다. 그들은 예수님이 계신데도 다른 표적을 찾았다. 그들은 예수님의 권위를 받아들이지 않고 다른 권위를 추구하였다. 예수님은 제자들에게 바리새인들과 다른 길을 요구하신다. 주님의 임재를 신앙해야 한다. 이적을 체험하는 것보다 주님을 인격적으로 만나는 것이 중요하다. 하나님의 아들이며 구원의 길인 주님께서 함께 계시는데 다른 이적을 구하는 것이 무슨 의미가 있는가? 이적이 있건 없건 아무런 상관이 없다. 중요한 것은 예수님의 임재를 분명하게 신앙하느냐 하는 것이다.

둘째로 이적체험보다 하나님의 뜻을 분별하는 것이 중요하다. 많은 사람들이 주님의 이름으로 선지자 노릇하며 주님의 이름으로 귀신을 쫓아내며 주님의 이름으로 많은 권능을 행하였다고 말할 것이다. 그러나 주님은 이런 능력을 행하는 것보다 하늘에 계신 하나님의 뜻을 행하는 것이 더 중요하다고 알려주셨다(마 7:21-23). 하나님의 뜻은 성경에 명시되어 있다. 이 때문에 주님께서는 하나님의 말씀을 가르치는 일에 집중하셨던 것이다. 그러나 이적을 추구하는 사람들은 성경 외에 다른 권위를 찾는다. 그들은 하나님의 말씀으로 만족하지 못하기 때문에 성경 아닌 것에 권위를 두려고 한다. 주님께서는 신자들이 이적체험에 근거한 신앙보다 하나님의 말씀에 근거한 신앙을 가지기를 원하신다. 우리의 신앙은 성경에 근거해야 한다. 성경 외에 다른 모든 것은 부차적인 가치 밖에 없다. 그러므로 우리는 이적보다 성경을 추구해야 한다. 가변적인 이적을 추구하는 것에서 불변적인 성경으로 부지런히 돌아가야 한다.

셋째로 주님께서는 바리새인들의 이적추구를 보시면서 제자들에게는 보지 않고 믿는 것이 중요하다는 사실을 일깨워주셨다. 이것은 후에 주님께서 도마에게 하신 말씀에서 더욱 분명하게 확증된다. "예수께서 이르시되 너는 나를 본 고로 믿느냐 보지 못하고 믿는 자들은 복 되도다 하시니라"(요 20:29). 이것은 이적이 기독교의 진리를 증명하는 권위가 될 수 없다는 사실을 보여준다. 안 보고도 믿는 신앙이야말로 기독교의 진리를 세상에서 힘 있게 전하는 길을 열어준다. 따라서 이적은 부수적인 현상이 될 수는 있지만 예수님을 믿게 하는 표준이 되지는 않는다. 기독교는 이적으로 설명되는 것이 아니다. 오히려 기독교는 일상에서 명백하게 설명된다. 주님을 구주로 받아들인 신자들이 일상생활을 성실하게 영위해나갈 때 거기에서 기독교의 진리가 증명된다. 신자들은 변화된 모습을 보여줌으로써 기독교가 얼마나 능력있는 종교인지를 증명한다. 성경과 역사는 일상에서 신앙을 입증한 수많은 사람들을 제시한다.

바리새인들은 주님께서 떡 일곱 개와 작은 생선 두어 마리를 가지고 약 4천명을 먹이는 이적을 베푸신 것을 보고도 다시 하늘로부터 오는 이적을 구했다. 그 까닭은 예수님을 괴롭히려는 의도와 함께 하늘의 이적을 보고 싶은 간교한 인간정신 때문이었다. 오늘날 기독교도 이적을 보여달라고 하는 세상의 요구에 부응할 때 마치 승리의 길을 얻는 것처럼 오해하여 이적을 구하는 데 열중한다. 그러나 주님께서는 바리새인들의 이적 요청을 단호하게 거절하셨다. 그런 식으로는 진리가 설명되지 않기 때문이다. 주님은 바리새인들의 요구를 거절하심으로써 기독교가 어떤 길을 가야 할 지 보여주셨다. 기독교는 이적을 체험하기보다 주님을 믿어야 하며, 이적에 근거하기보다 하나님의 말씀에 근거해야 하며, 신비한 체험에 매이지 말고 일상생활에서 진리를 증명해야 한다.

# 나를 따라오려거든

그리스도인이 된다는 것은 여러 가지로 표현될 수 있다. 그는 예수님을 믿는 사람이기 때문에 신자라고 부를 수가 있고, 세상의 죄악을 떠나 하나님의 거룩하심에 참여하는 자가 되었기 때문에 성도라고 부를 수가 있다. 주님은 그리스도인을 가리켜 주님을 따르는 사람이라고 부른다. "누구든지 나를 따라오려거든 … 나를 따를 것이니라"(34). 정확하게 말하자면 주님은 "내 뒤에서 따라오려거든"이라고 말씀하셨다. 이것은 두 가지 의미를 보여준다. 첫째로 주님을 따르는 사람은 반드시 주님 뒤에 서야 한다는 것이다. 주님 뒤에 선다는 것은 주님께 우선권을 드린다는 것을 뜻한다. 사람이 자기가 우선권을 가지면서 주님을 따를 수는 없다는 말이다. 둘째로 주님을 따르는 사람은 반드시 주님을 모범으로 삼아야 한다. 예수님이 신자의 표준이다. 그러므로 주님을 닮지 않고 제멋대로 행하는 사람은 신자라고 부를 수가 없다. 이렇게 주님께 우선권을 드리며 주님을 모범으로 삼으면서 주님을 따르기 위해서는 다음과 같이 몇 가지 조건들이 필요하다.

## 1. 자기를 부인한다

어떤 사람이 예수님을 따르기 위해서는 자기를 부인해야 한다. 그래서 주님께서는 가장 먼저 이렇게 말씀하셨다. "누구든지 나를 따라오려거든 자기를 부인하고"(34). 자기를 부인하는 것이 어떤 의미를 가지고 있는지 주님은 바로 이어서 자세하게 설명해주셨다. 사람이 주님을 따른다는 것은 자기의 목숨을 버리는 것을 의미한다. 세상의 모든 사람들은 자기의 목숨을 구원하려고 애를 쓴다. 그러나 자기 목숨을 구원하고자 하면 잃을 것이다(35a). 사람은 시간이 흘러감과 함께 점점 죽음을 향해 나아간다. 아무리 그 길을 가지 않으려고 별별 방법을 모조리 동원하여 발버둥을 쳐도 소용이 없다. 예수 없는 삶은 영적으로나 육적으로나 결국 죽음으로 끝나고 만다.

이런 세상에서 주님께서는 사람이 자기를 부인한다는 것이 어떤 의미인지 알려주셨다. 그것은 자기의 목숨을 버리는 것이다. "누구든지 자기의 목숨을 잃으면 구원하리라"(35b). 목숨을 잃으면 목숨을 구원한다는 말씀은 아주 모순적인 말씀이다. 자기를 부인해야 한다는 이 말씀은 자칫 잘못하면 오해할 위험이 있다. 이것은 어느 종교에서처럼 수행이나 수련을 가리키는 것이 아니다. 자기의 욕심을 죽이기 위한 인격단련이나 자기의 마음을 비우기 위한 인격수양이 아니다. 주님께서 말씀하시는 자기부인의 의미는 이런 성격과 절대적으로 다르다. 거기에는 분명한 이유와 목적이 있기 때문이다. 그 이유와 목적은 예수님과 복음이다. 자기를 부인한다는 것은 예수님과 복음을 위하여 목숨을 잃는 것을 말한다. "나와 복음을 위하여"(35). 예수님이 말씀하시는 자기부인에는 분명한 이유와 목적이 있다.

예수님과 복음이 자기부인의 원인이다. 예수님과 복음이 우리에게 자기부인을 가르친다. 우리는 예수님과 복음이 너무 좋아서 우리를 버리는 것이다. 나를 가지고 있으면 예수님과 복음을 가질 수가 없다. 이것은 마치 두 손에 떡을 들고 있으면 다른 것을 취할 수 없는 것과 같다. 어떤 어린 아이가 양손에 장난감을 붙잡고는 우는 것을 본 적이 있다. 아이에게 우는 이유를 물어보니 이미 양손에 장난감을 들고 있어서 눈앞에 더 좋은 장난감을 보면서도 집을 수가 없기 때문에 운다는 것이었다. 눈앞에 있는 더 좋은 장난감을 집으려면 양손에 쥔 장난감을 버려야 하듯이, 마찬가지로 예수님과 복음을 얻으려면 자기를 버려야 한다. 예수님과 복음이 자기

부인의 원인이다. 사도 바울은 예수님을 아는 지식이 가장 고상하기 때문에 모든 것을 배설물과 손해꺼리로 여겼다(빌 3:7-9). 가장 좋은 주님을 알고 나니 모든 것이 무가치한 것으로 여겨졌다. 과거의 모든 것은 주장할수록 악취가 나는 배설물에 지나지 않았다. 더 나아가서 과거의 모든 것은 손해꺼리로 생각되었다. 마치 큰 광풍을 만난 배가 적재한 물건을 고집할수록 위험에 처하듯이(행 27:18-19) 과거의 모든 것은 붙잡고 있을수록 도리어 자기를 위험에 빠뜨리는 요인이 되기 때문이다. 사도 바울은 예수님이 너무나 좋아서 다른 모든 것을 버렸다.

또한 예수님과 복음은 자기부인의 목적이다. 우리가 자신을 부인하는 것은 예수님과 복음을 위해서이다. 우리 자신을 부인할 때 주님이 영광을 받고 복음이 전파된다. 자기를 부인하지 않으면 주님이 영광을 받지 못하고 복음이 전파되지 못한다. 오늘날 우리 현실을 보면 이런 현상을 어렵지 않게 파악할 수 있다. 기독교가 세상에서 욕을 먹는 까닭은 자기를 부인하지 않기 때문이다. 기독교는 자신이 영광을 취하려고 하며 자신이 유익을 얻으려고 한다. 그러나 이렇게 할 때 주님의 영광은 땅에 떨어지고 복음전도는 힘을 잃게 된다. 신자들은 예수님과 복음이 높아지는 목적을 위해서 자기를 부인해야 한다. 진정한 신자는 예수님을 높게 만들기 위해서 자기를 작게 만든다. 이것이 바로 세례자 요한의 심정이었다. "그는 흥하여야 하겠고 나는 쇠하여야 하리라"(요 3:30).

그런데 놀랍게도 자기의 목숨을 버리는 사람은 구원을 받는다. 사실 목숨을 버린다는 것은 큰일이다. 목숨은 매우 가치 있는 것이기 때문이다. 주님께서도 이 사실을 잘 알고 계셨다. 그래서 두 번이나 비슷한 말씀을 하심으로써 사람의 목숨이 절대적으로 귀중하다는 사실을 알려주셨다. 사람이 만일 온 천하를 얻고도 자기 목숨을 잃으면 유익이 없다(36). 사람은 자기 목숨을 어떤 것과도 바꿀 수가 없다(37). 그런데 이렇게 소중한 가치가 있는 목숨을 예수님과 복음이 이유가 되고 목적이 되어 버릴 때 놀라운 결과가 주어진다. "나와 복음을 위하여 자기 목숨을 잃으면 구원하리라"(35b). 바로 거기에 영혼의 구원이 있다. 이런 과정으로 우리는 하나님의 자녀가 되며 하나님의 백성이 된다. 예수님과 복음을 위하여 자기의 목숨을 버리는 사람은 천국을 보장받는다. 또한 바로 거기에 인생의 구원이 있다. 예수님과 복음을 위하여 자기의 목숨을 버리는 사람에게는 인생에 대한 새로운 가치관이 주어진다. 그래서 그는 세상을 보는 눈이 달라진다. 모든 악을 버리고 진정한 평강을 얻으면서 긍정적 사고를 가지게 되고 심지어 원수도 사랑할 정도로 품어주는 사람이 된다. 이것은 예수님과 복음이 이유가 되고 목적이 되어 자기를 부인하는 사람에게 주어지는 놀라운 결과이다.

## 2. 자기의 십자가를 진다

둘째로 예수님을 따른다는 것은 자기의 십자가를 진다는 것을 의미한다. "누구든지 나를 따라오려거든 … 자기의 십자가를 지고"(34). 우리는 자주 자기의 십자가를 진다는 표현을 잘못된 의미로 사용한다. 예를 들면 우리는 고통이나 가족을 자기의 십자가라고 부른다. 그러나 주님께서 말씀하시는 자기의 십자가는 육체를 괴롭히는 질병이나 부양해야 할 가족을 가리키는 것이 아니다. 왜냐하면 육체의 질병은 저주의 십자가가 아니라 주님만을 의지하게 하는 도구이며, 부양할 가족은 주님이 맡겨주신 선물이기 때문이다. 그래서 이런 것들을 자기의 십자가라고 부르는 것은 옳은 표현이 아니다. 그것들은 궁극적으로 볼 때 불행의 원인이 아니라 감사의 내용이다. 오늘날 기독교 안에 소위 치유 사역을 한다는 사람들이 신자들에게서 옛날의 불행을 회상시키면서 그것을 제거해야 한다고 주장하는 것은 잘못이다. 과거의 불행이 없었더라면 지금의 은혜도 없었을 것이기 때문이다. 따라서 과거의 불행은 치료해야 할 것이 아니라 감사해야 할 것이다.

제자들이 주님을 따를 때 져야 할 자기의 십자가는 자신의 죽음을 가리킨다. 십자가라는 표현은 주님 당시의 사람들에게는 매우 익숙한 것이었다. 왜냐하면 십자가 처형은 당시에 잘 알려진 사형제도였기 때문이다. 로마 시대에 몇 차례 노예반란이 발생하였다. 대표적으로 주전 73년부터 3년 동안 스파르타쿠스가 주도한 노예반란은 후세에도 자주 이야깃거리가 된 아주 유명한 사건이었다. 로마의 장군 크라수스가 이 노예반란을 진압하였는데 전장에서 포로가 된 6천명의 노예가 로마로 들어가는 아피

아 가도에서 십자가에 달려 사형되었다. 그래서 주님 당시의 사람들은 십자가를 진다는 것을 죽음의 길을 간다는 말로 이해하였다. 이것은 자기를 부인한다는 말과 일맥상통한다. 마치 예수님이 죽음을 향하여 골고다로 십자가를 매고 가시듯이 신자들은 자기의 십자가를 지고 죽음의 길을 가는 것이다. 예수님을 따르는 것은 죽음의 길을 가는 것이다. "내가 그리스도와 함께 십자가에 못 박혔나니"(갈 2:20). 따라서 예수님을 따르려면 자기를 완전히 죽여야 한다. 이런 의미에서 사도 바울은 자기 몸을 쳐 복종시킨다고 말한 것이며(고전 9:27), 나는 날마다 죽노라고 말한 것이다(고전 15:31).

더 나아가서 자기의 십자가를 진다는 것은 죽음의 표를 가진다는 것을 의미한다. 신자는 자기를 완전히 죽여야 할 뿐 아니라 그 죽음의 표를 보여야 한다. 십자가는 아름다움을 꾸미는 장식이 아니다. 십자가는 자신이 죽었다는 표지이다. 우리는 일상생활에서 우리의 옛 사람이 죽었다는 사실을 표현해야 한다. 이런 의미에서 사도 바울은 우리가 항상 예수님의 죽임 당함을 몸에 짊어진다고 말했던 것이다(고후 4:10). 이것은 옛 사람을 벗어버린 것이며, 옛 사람을 죽이는 것이며, 옛 사람을 장사지내는 것이다. 사도 바울은 이런 생각을 여러 곳에서 강하게 보여주었다(로마서, 에베소서, 골로새서). 신자는 옛 사람이 죽었다는 표를 분명하게 보여야 한다. "그리스도 예수의 사람들은 육체와 함께 그 정욕과 탐심을 십자가에 못 박았느니라"(갈 5:24). 죽음의 표 가운데 하나가 악덕을 따르지 않고 미덕을 따르는 것이다(골 3:5,8,12). 신자는 옛 사람이 죽었기 때문에 죄에 대하여 아무런 흥미를 갖지 않으며, 새 사람이 살았기 때문에 의에 대하여 왕성한 재미를 가진다. 그러므로 신자는 일상생활에서 죄에 대하여 죽었다는 것을 표현할 뿐 아니라 의에 대하여 살아있다는 것을 표현한다. 신자는 예수님을 따른다는 것을 숨기지 않고 자랑스럽게 표현한다.

### 3. 주님을 부끄러워하지 않는다

예수님을 따른다는 것은 주님을 적극적으로 표현하는 것을 의미한다. 이렇게 하려면 주님과 복음을 부끄러워해서는 안 된다. 그래서 예수님은 다음과 같이 말씀하셨다. "누구든지 이 음란하고 죄 많은 세대에서 나와 내 말을 부끄러워하면 인자도 아버지의 영광으로 거룩한 천사들과 함께 올 때에 그 사람을 부끄러워하리라"(38).

이 세상은 음란하고 죄가 많다. 그런데 이 세상은 바로 그 음란과 죄 악을 자랑한다. 온 세상에 음란이 버젓이 그 실체를 드러내놓고 있다. 음 란은 자신을 조금도 부끄러워하지 않고 공개한다. 서적에, 그림에, 영상 에 온갖 음란이 공개되어 있다. 죄악도 자신을 적극적으로 자랑한다. 그 래서 세상에 욕설이 난무하고, 사기가 횡행하며, 폭력이 활보한다. 음주 운전은 본인에게도 타인에게도 큰 화를 불러일으킨다는 사실을 알면서 도 많은 사람들이 대낮부터 술을 퍼마시고는 운전대를 잡는다. 사람들은 음란과 죄악을 부끄럽게 생각하지 않는다.

그런데 이상하게도 예수님을 믿는 사람들은 자신의 믿음을 표현하는 것을 부끄럽게 생각한다. 어떤 신자들은 식당에서 음식을 먹기 전에 감사 의 기도를 하는 것을 부끄러워한다. 어떤 신자들은 교회에 가기 위하여 성경책을 가지고 길거리에 나서는 것을 부끄러워한다. 어떤 신자들은 가 족에게나 친구에게 예수님을 믿는 것을 밝히는 것을 부끄러워한다. 우리 는 주님과 복음을 부끄러워하면 주님도 우리를 부끄러워할 것이라는 말 씀 앞에 두려워해야 한다. 우리가 정말로 예수님을 따르는 사람들이라면 예수님과 복음을 자랑해야 한다. 어느 교회의 안수집사는 개인회사 사장 인데 명함에 안수집사라는 사실을 큼지막하게 박아놓았다. 그는 교회에 서 받은 직함을 세상의 어떤 직함보다도 자랑스럽다고 고백했다. 이것이 바로 사도 바울이 가졌던 심정이다. "그러나 내게는 우리 주 예수의 십자 가 외에 결코 자랑할 것이 없으니 그리스도로 말미암아 세상이 나를 대하 여 십자가에 못 박히고 내가 또한 세상을 대하여 그러하니라"(갈 6:14). 우 리가 주님을 자랑하면, 주님도 우리를 자랑할 것이다. 우리가 세상 앞에 서 주님을 인정하면, 주님은 하나님 앞에서 우리를 인정할 것이다. "누구 든지 사람 앞에서 나를 시인하면 나도 하늘에 계신 내 아버지 앞에서 그 를 시인할 것이요"(마 10:32). 주님을 따르는 사람들은 이 세상에서 주님과 복음을 부끄러워하지 말고 자랑스럽게 말해야 한다.

우리는 예수님을 따르는 사람들이다. 우리는 주님께 우선권을 드리며 주님을 모범으로 삼아야 한다. 우리는 주님을 따르려면 가장 먼저 끊임없이 자기를 부인해야 한다. 주님과 복음이 자기부인의 이유이며 목적이다. 또한 우리는 주님을 따르려면 자기의 십자가를 져야 한다. 우리는 십자가를 짐으로써 죽음의 길을 갈 뿐 아니라 우리가 죽었다는 사실을 표현해야 한다. 마지막으로 우리는 주님을 따르려면 주님과 복음을 부끄러워하지 말고 세상에 널리 자랑해야 한다. 우리는 자기를 부인하며 자기의 십자가를 지고 주님과 복음을 자랑하면서 주님을 따르는 사람들이다.

# 높은 산에 올라가셨더니

Mark 9:2-8

예수님이 높은 산에 올라가신 것은 모세와 유사한 모습을 보여준다. 모세가 높은 산에 올라갔던 것처럼 주님도 높은 산에 올라가셨다. 이것은 주님이 새로운 모세라는 신학적인 연결성을 가진다. 주님께서는 높은 산에 올라가시면서 베드로와 야고보와 요한을 동반하셨다. 주님께서는 제자들에게 하나님의 깊은 세계를 보여주시고자 하신 것으로 볼 수 있다. 주님은 제자들이 한 자리에만 머물러 있으면 안 된다고 생각하셨다.

앞에서 주님은 제자들에게 제자도에 관해서 말씀하셨다(8:34-38). 제자도는 자기를 부인하는 것이며, 자기 십자가를 지는 것이며, 주님을 부끄러워하지 않는 것이다. 이것은 제자도에서 매우 중요한 요점이다. 제자들은 주님의 말씀을 들으면서 자신들이 그런 제자도를 가지고 있다고 생각했을 것이다. 이 순간에 주님은 제자들이 그 수준에서 만족해서는 안 된다고 여기신 것이다. 주님은 제자들이 이런 상태에만 안주하기를 원하지 않으셨다. 주님은 그들이 제자의 길에서 더욱 전진하기를 바라신다.

그래서 그들을 데리고 산으로 올라가셨다. 제자들이 더 깊은 영적인 세계로 들어가야 하기 때문이다. 주님이 제자들을 데리고 높은 산으로 올라가신 것은 주님께서 지상에서 보여주실 수 있는 가장 놀라운 모습을 보여주시기 위함이었다. 주님은 비로소 천국에서나 볼 수 있는 자신의 신비한 모습을 지상에서 제자들에게 보여주시고자 했다. 이렇게 하여 제자들

의 신앙을 최대한 상향조정하려고 하셨던 것이다. 주님은 제자들의 믿음
이 절정을 향해서 끊임없이 향상되어야 한다고 생각하셨던 것이다.

우리는 본문에서 주님과 제자들 사이에 신앙의 상향조정과 관련된 생
각에서 어떤 차이가 생겼는지 발견하게 된다.

## 1. 주님의 모습(2-4)

### 1) 변형

예수님은 높은 산에서 제자들 앞에서 변형되셨다(2). 마치 모세가 시내
산에서 율법을 받았을 때 변화된 것과 같다(출 34:29-35). 주님의 변형된 모
습이 얼마나 놀라운 것인지 단면적으로 묘사된다. 주님의 옷에서 광채가
났는데 세상에서 빨래하는 자가 그렇게 희게 할 수 없을 만큼 매우 희어
졌다는 것이다(3). 주님의 변형된 모습은 요한계시록 1장에서 보다 세밀
하게 묘사되어 있다. 주님께서 높은 산에서 변형되신 모습은 장차 제자들
도 변형될 것을 예시한다. 주님의 변형된 모습은 우리가 부활의 날에 체
험할 모습을 미리 보여준다. 우리는 부활의 날에 나팔소리가 날 때 완전
히 변화할 것이다(고전 15:51-54). 그러므로 제자들은 주님의 변형을 보면
서 미래에 있게 될 자신들의 변형을 사모해야 했다.

사도 바울은 이런 소망을 가지고 살았다. "그는 만물을 자기에게 복종
하게 하실 수 있는 자의 역사로 우리의 낮은 몸을 자기 영광의 몸의 형체
와 같이 변하게 하시리라"(빌 3:21). 그런데 사도 바울은 이런 미래적인 변
화는 이미 이 땅에서 시작되었다고 믿었다. "우리가 다 수건을 벗은 얼굴
로 거울을 보는 것 같이 주의 영광을 보매 그와 같은 형상으로 변화하여
영광에서 영광에 이르니 곧 주의 영으로 말미암음이니라"(고후 3:18).

주님과 함께 높은 산에 올라간 제자들도 주님의 변형을 보면서 미래
의 변형을 기대할 뿐 아니라 현실에서 변형을 보여주어야 한다. 주님의
변형을 본 자들이기에 변화된 삶을 사는 것이 제자들이 갈 길이다. 제자
들은 사고의 변화, 언어의 변화, 생활의 변화를 나타내야 한다. 그들은 예
수님의 영광의 모습을 지녀야 한다. 옛 사람과 완전히 다른 사람의 모습

을 가져야 한다. 이것을 다르게 말하자면 예수 그리스도로 옷을 입어야한다는 것이다. 우주인의 의복 가격이 6억을 호가한다는데, 그 옷을 입는 사람은 완전히 신분이 달라진다. 그래서 우주인은 모든 것에 변화된 상승을 보여준다. 웃는 표정도 달라지고, 말솜씨도 달라지고, 행동하는 모양도 달라진다. 우리는 하나님의 아들 예수 그리스도로 옷을 입고 있다. 그렇다면 우리는 상승된 변화를 보여주어야 한다. 모든 것에 변화를 체험하면서 신자로서의 영광스러운 모습을 나타내야 한다.

## 2) 엘리야와 모세와 대화

예수님이 높은 산에 올라가셨을 때 엘리야가 모세와 함께 나타났다(4). 보통 모세는 율법을 대표하는 인물로 간주되며, 엘리야는 선지자를 대표하는 인물로 간주된다. 본문에서는 엘리야가 모세보다 조금 더 강조된 듯이 보인다. 어쨌든 구약의 대표적인 두 인물이 등장해서 주님과 대화를 나누었다. 이 때 제자들은 글로만 알던 모세와 엘리야를 모습으로 본 것이다. 이 사건을 통해서 주님은 제자들에게 구약이 픽션이 아니라 역사임을 알려주셨다. 주님은 제자들에게 구약성경에 대한 신앙을 한층 높여주신 것이다. 제자들은 구약을 옛날이야기로 생각해서는 안 된다. 구약은 하나님의 백성을 위한 구속역사를 담고 있다. 구약성경을 통해서 하나님의 백성은 하나님의 뜻을 발견한다. 구약성경은 왕이신 하나님의 뜻이 무엇인지, 백성인 성도의 삶이 무엇인지를 깨닫게 한다. 그러므로 구약을 그냥 무시해도 되는 이야기로 읽어서는 안 된다. 그 속에서 하나님의 역사적인 뜻을 발견하고, 하나님 백성의 역사적인 삶을 추구해야 하기 때문이다.

모세와 엘리야는 주님과 대화를 나누었다(4). 주님은 모세와 엘리야가 대화를 나누어야 할 대상이었다. 누구와 대화를 나눈다는 것은 그에게 관심을 가진다는 의미이다. 모세와 엘리야는 전적으로 주님에게 관심을 두고 있다. 그들은 주님에게 초점을 두고 있다. 누가복음에 의하면 모세와 엘리야는 높은 산에서 주님의 죽음에 관해서 대화했다(눅 9:31). 구약성경은 주님의 구속사역에 관해서 예언한다. 그래서 주님은 성경대로 죽으심과 부활하심을 맞이하셨다. 주님의 사건은 모두 구약성경의 진술대로 진행되었다. 그래서 마가복음도 처음부터 꾸준히 구약성경을 인용한다. 구약은 주님을 대망하면서 주님에 관해서 서술한다.

구약성경이 주님에게 초점을 맞추듯이 제자들도 주님에게 초점을 맞추어야 한다. 이 목적을 위하여 주님께서 제자들을 높은 산으로 데리고 가셔서 모세와 엘리야의 현현을 체험하게 한 것이다. 모세와 엘리야가 전적으로 주님에게 관심하듯이, 제자들도 전적으로 주님에게 관심해야 한다. 오직 주님에게만 초점을 두어야 한다. 주님은 오직 주님에게만 초점을 두고 있는 모세와 엘리야의 모습을 보여주심으로써 제자들도 절정적인 믿음의 단계로 전진하기를 원하셨던 것이다.

## 2. 베드로의 모습(5-6)

예수님은 영적 성장을 위하여 제자들을 높은 산으로 데리고 가셨다. 높은 산에서 주님의 모습이 변형되고 모세와 엘리야가 등장하는 놀라운 사건이 벌어졌다. 그러나 제자들은 이런 사건 앞에서도 달라진 바가 없었다. 누가복음은 제자들이 깊이 졸았다고 말한다(눅 9:32). 그만큼 제자들은 무감각했던 것이다. 현장에서 놀라운 사건이 벌어지고 있는데 제자들은 한심할 정도로 잠에 취해 있었다. 우리들은 어떤지 살펴보아야 한다. 옆에서 하나님의 은혜가 한창 진행 중인데 우리는 잠을 자고 있지 않는가, 다른 데 힘을 쏟고 있지 않는가? 아니면 사업과 오락에 빠져있거나 영적 무감각이나 영적 게으름에 빠져있지 않는가? 다른 사람은 깨어서 벌써 저만큼 성장하는 자리로 발전했는데 영적으로 게으른 우리는 여전히 옛 자리에서 머뭇거리고 있는 것이 아닌가?

### 1) 베드로의 말(5)

높은 산에서 놀라운 사건이 벌어지고 있을 때 제자들 가운데 베드로가 말했다. "랍비여 우리가 여기 있는 것이 좋사오니 우리가 초막 셋을 짓되 하나는 주를 위하여, 하나는 모세를 위하여, 하나는 엘리야를 위하여 하사이다"(5). 이 말을 분석해보면 베드로의 의식 몇 가지가 발견된다. 베드로는 자신에게 초점을 두었다("우리가"). 사건을 체험한 자신들에게 시야가 고정되었다. 베드로에게는 자기가 목적이 되었다. 이렇게 하여 인간적인 목적이 드러났다. 게다가 베드로는 자기에게 감각적으로 좋은 것만을 생각했다("좋사오니"). 베드로에게는 인간의 마음에 흡족한 것이 중요했다. 이렇게 하여 주님의 변형 사건은 베드로의 자기만족을 위한 체험이 되어버리고 말았다. 마지막으로 베드로의 관심은 "여기"에 있었다. 그가 인간적으로 좋게 생각한 것은 "여기 있는 것"이었다. 베드로는 변화된 주님이나 주님에게 초점을 두고 있는 모세나 엘리야와 달리 바로 그 현장에 집착했다. 베드로는 사건 자체의 외면적인 위용만을 본 것이다. 그는 사건의 껍데기만을 보았고 주님의 구속사역은 이해하지 못했다. 예수님이 죽음의 길을 가시는 것을 알지 못했다. 그러므로 이런 의식으로부터 베드로는 초막 셋을 짓자는 매우 우스운 결론을 내렸다.

베드로는 주님께 산 위에 장막을 짓자고 말했다. 그는 놀라운 영적인 사건 앞에서 초라한 장막을 짓겠다는 것이다. 베드로는 마치 주님과 모세와 엘리야에게 장막이 없으면 안 되겠다는 듯이, 거처가 없으면 안 되겠다는 듯이, 주님을 물질적인 장막에 붙잡아둘 수 있다는 듯이 생각했다. 이것은 집을 장만하는 데 온 인생을 쏟는 현대인들과 비슷하다. 현대인들은 집에 승부를 건다. 그러다 보니 신앙도 건물 짓는 것으로 입증할 수 있는 것처럼 생각한다. 이런 의식에서 예배당을 구태여 성전이라고 부른다. 이것은 예배당을 다른 건물과 구별하려는 생각에서 나왔다는 점에서 볼 때 나쁠 것 없다. 그러나 이런 생각은 예배당을 구약의 성전과 혼동시키는 좋지 않은 오해를 야기할 수 있다는 점에서 나쁘다. 베드로는 주님과 모세와 엘리야를 물질적인 공간에 가두어놓으려는 생각을 가졌다. "하나는 주를 위하여, 하나는 모세를 위하여, 하나는 엘리야를 위하여 하사이다"(5). 베드로는 주님이 장막에 거하지 않는 분임을 깨닫지 못했다. 이미 구약시대에도 하나님은 사람이 손으로 지은 집에 거하지 않는다는 사실을 알려주셨다(사 66:1-2; 행 7:49-50). 변화를 기대하신 주님의 기대와 달리, 베드로는 전혀 변화되지 않았다. 베드로는 주님의 기대를 수포로 돌아가게 만들어버렸다.

## 2) 베드로의 무지(6)

그런데 베드로가 이렇게 말한 데는 이유가 있었다. "그가 무슨 말을 할지 알지 못함이더라"(6). 이것은 두 가지 의미 가운데 하나이다. 이것은 베드로가 놀라운 현상 앞에서 혼비백산하여 아무 말이나 한 것을 의미할 수 있다. 베드로는 자신이 무엇을 말하고 있는지 알지 못했다. 그의 말은 의식이 없는 말이며 정신없이 하는 말이었다. 이것은 베드로가 놀라운 현상을 보면서 무언가 말하고 싶은데 마음에 정리가 안 되었다는 것을 의미할 수 있다. 베드로는 자신이 무엇을 말해야 할지 알지 못했다. 그의 말은 정리가 안 된 말이며 할 말이 없는 말이었다. 그런데 이것을 어떤 의미에서 보든지 간에 한 가지 분명한 사실은 베드로에게 확실한 신앙고백이 마련되지 못했다는 것이다. 베드로는 심지어 높은 산에 올라오기 직전에 말했던 신앙고백("주는 그리스도시니이다", 8:29)마저 잊어버렸다. 베드로가 신앙고백을 하지 않으니 하늘에서 대신 그 고백을 말해주었다. "이는 내 사랑하는 아들이니 너희는 그의 말을 들으라"(7). 놀라운 현상 앞에서 이 신앙고백이 더욱 분명하게 살아났어야 하는데 그렇지 못했다.

베드로는 주님에 대한 분명한 인식을 가졌어야 한다. 바른 신앙고백과 함께 그 영적 수준이 향상되었어야 한다. 그러나 가장 귀중한 순간에 신앙고백을 잃어버리고 쓸데없는 소리를 했다. 가장 영적 성숙을 보여야 할 순간에 가장 초라한 미성숙을 보여주었다. 베드로는 주님을 찬양해야 할 순간에 주님을 깎아내리는 일을 했다. 이것은 평소에 베드로가 신앙고백으로 무장하지 않고 있었다는 것을 보여준다. 주님에 대한 고백(8:29)과 주님에 대한 만류(8:32) 사이에서 오락가락하던 베드로는 아직도 확정된 신앙을 가지지 못했다. 이렇게 하여 주님께서 제자들에게 걸었던 기대가 산산이 무너졌다. 우리는 어떤 상태에 있는지 살펴보자. 오늘날 우리도 쓸데없는 말을 하고 쓸데없는 일을 하느라고 주님의 기대를 무너뜨리고 있지 않은가?

## 3) 제자들의 두려움(6)

그러면 베드로는 왜 이렇게 어처구니없는 발언을 했을까? 그 이유는 매우 간단하다. "이는 그들이 몹시 무서워하므로"(6). 베드로를 비롯하여 제자들은 이 놀라운 사건 앞에서 무서워했다. 제자들은 기대감과 감격함 대신에 두려움과 무서움을 가졌다. 불행하게도 주님의 변형이나 모세와 엘리야의 현현은 제자들에게 두려움의 요인이 되었다. 이 현상이 감사와 감격과 은혜가 되지 못했다. 성장의 기회가 되지 못하고 도리어 후퇴의 위기가 되었다. 감격이 되지 못하고 도리어 공포가 되었다.

지금까지 제자들은 점진적으로 주님에게서 여러 가지 놀라운 이적을 보아왔다. 제자들은 주님께서 다양한 종류의 병자들을 고치신 것, 갈릴리 바다를 진정시킨 것, 죽은 자를 살리신 것, 두 번에 걸쳐 적은 떡으로 많은 무리를 먹이신 것을 보면서 점진적으로 신앙성장을 했어야 한다. 그리고 이렇게 결정적으로 주님의 변형을 경험하는 순간에는 신앙이 절정에 달하는 감격을 맛보았어야 한다. 그러나 제자들은 이런 여러 가지 사건들을 경험하면서도 신앙이 성장하지 못했다. 따라서 제자들은 주님의 변형 앞에서 두려워했다. 이번에는 어떤 놀라운 사건이 벌어질까 하는 기대감도 없었고 놀라운 사건을 보면서 감격도 없었다. 신앙에 한 걸음씩 전진하지 않았기 때문이다. 우리는 어떤가? 우리에게도 신앙이 여전히 두려움으로 여겨지지 않는가? 믿음의 세계에 한 걸음 더 안으로 들어가자. 안일한 생활 가운데 시간이 많이 흘러가고 만다. 믿음의 외곽에서 맴돌지 말고 한 발 더 깊이 들여놓자.

주님은 신앙성장을 위하여 제자들을 높은 산으로 데리고 가셨다. 주님께서는 제자들이 더 깊은 영적 세계를 체험하기를 원하셨다. 오늘 주님은 우리에게도 같은 기대를 가지고 있다. 그것은 영적 성장에 대한 기대이다. 우리는 주님의 기대에 부응하자.

# 누가 크냐

인간의 정신 맨 밑바닥에 놓여있는 것은 자기를 내세우는 마음이다. 사람은 누구나 큰 자가 되고 싶은 욕구를 가지고 있다. 첫째가 되고 싶은 마음이 사람을 지배한다. 그것은 갈등과 마찰과 불화의 원인이 된다. 이 욕구로 말미암아 가정에서, 직장에서, 경제구조 안에서, 국가 간에 다툼과 싸움과 전쟁이 쉬지 않고 일어난다. 이런 인간정신은 제자들에게서도 사라지지 않았다. 그들이 주님과 함께 있는 동안에도 이런 욕구는 그대로 나타났다. 본문에 세속적인 정신에 물든 제자들의 모습과 그것을 교정하시려는 주님의 의도가 대조적으로 묘사된다.

## 1. 논쟁하는 제자들(33-34)

주님께서는 가버나움에 도착하여 한 집에 머물면서 제자들에게 물으셨다. "너희가 길에서 서로 토론한 것이 무엇이냐"(33). 제자들은 주님의 질문 앞에서 침묵했다. 왜냐하면 자신들의 세속적인 인간정신이 주님께 발각되었기 때문이다.

## 1) 길에서

제자들이 "길에서" 논쟁한 것이 문제로 여겨졌다. 본문에 "길에서"라는 표현이 두 번 반복된다(33,34). 이것은 길에서 문제가 생겼다는 것을 강조한다. 길이 잘못 사용되었다는 것이다. 길이 토론의 장이 되어버렸다. 아직 제자들은 아직 목적지에 도착하지도 않았는데 노중에서 논쟁을 벌였다. 아직 결론에 도달하지 않고 과정 중에 있는 인생들의 토론은 사실상 큰 의미가 없을 때가 많이 있다. 길 위에서 토론하느라 여러 가지 문제들이 생긴다.

일반적으로 길에서 논쟁하면 길의 정취는 하나도 맛보지 못하는 일이 발생한다. 이로 말미암아 여유 없는 인생이 된다. 경쟁하다보니 아무것도 보지 못하는 재미없는 인생이 된다. 제자들도 비슷한 경우에 처했을 것이다. 실제로 길을 가지만 재미없게 가는 사람들이 많다. 어느 마라토너가 전에는 경쟁하느라고 달리는 것이 죽음과 같은 맛이었는데, 이제는 주변을 구경하면서 달리기 때문에 즐겁다고 고백한 적이 있다. 길을 즐기면서 가는 것이 좋다.

또한 길에서 논쟁하다 보면 무엇을 위해서 길을 가고 있는지 깨닫지 못하게 된다. 제자들이 이 길을 가는 것은 논쟁하기 위함이 아니다. 주님께서는 분명한 목적을 가지고 길을 가시지만, 제자들은 왜 이 길을 가고 있는지 인식하지 못하였다. 그들은 목적 없는 인생이 되었다. 많은 사람들이 길을 가고 있지만 목적이 없는 인생을 산다. 이것은 부지런한 삶이라 할지라도 무의미한 인생이다.

길에서 논쟁함으로써 제자들에게 나타난 가장 큰 문제점은 예수님과 상관없는 사람들이 되었다는 것이다. 그들은 예수님과 함께 길을 가고 있지만 예수님과 완전히 관계가 없는 길을 가고 있었다. 그들은 서로에게 집착해 있고, 자신 자신에게만 집착해 있다. 불행한 일이지만 오늘날도 많은 신자들이 예수님과 함께 길을 가면서 그리스도와 관계없이 간다. 오랜 시간 교회를 다녀도 예수님이 없는 사람들이 많다. 이런 사람들은 예수님과 상관없이 기독교에 속해 있는 사람들이다.

## 2) 서로 토론하는 제자들

제자들은 길에서 서로 다투었다. 이것도 역시 두 번 반복적으로 언급된다
(33,34).

제자들이 토론한 대상은 다름 아닌 바로 자신들이었다. "서로에 대하
여"(34). 이것은 존중관계로서의 서로가 아니다. 왜냐하면 제자들은 "누
가 크냐"라는 주제를 가지고 논쟁했기 때문이다. 그들의 서로는 경쟁관
계로서의 서로이다. 제자들은 서로 간에 다른 이들을 경쟁자로 생각하며,
싸워야 할 대상으로 간주했다. 제자들 사이에는 긴장관계가 형성되었다.
다른 이들을 보는 시선이 곱지 않고, 어투가 고르지 않고, 표정이 밝지 않
고, 몸짓이 친근하지 않다. 그들에게는 긴장감이 흐른다. 그러므로 제자
들은 서로를 상실하는 관계에, 서로를 상해하는 관계에 놓이게 되었다.
그들은 서로를 잃어버리며, 서로에게 상처를 입힌다.

오늘날 기독교의 위기 중에 하나는 신자들이 서로 간에, 교회들이 서
로 간에 경쟁적 관계를 형성하고 있다는 사실이다. 오늘날 신자들이 서로
경쟁적 관계에 있다. 그들은 교회 안에서 자기의 위치를 확보하려고 다툼
을 벌이며, 주도권을 장악하려고 애를 쓰고, 세력을 발동하려고 하며, 이
름을 내고 싶어 하며, 주인행세를 하려고 한다. 그래서 신자들은 서로 간
에 세워주지 못한다. 교회들도 마찬가지이다. 어떤 교회는 이웃교회가 큰
교회당을 건축했기 때문에 그보다 더 큰 교회건물을 건축한다고 말한다.
교회들 간에 교인을 모으는 것도 경쟁이 되고, 선교지를 후원하는 것도
경쟁이 된다. 교회들은 경쟁적인 관계에 놓여 반목하며 시기하고 질투한
다. 경쟁적인 입장 때문에 교회들은 연합하지 못하고 단결하지 못하며 산
산조각이 난다. 이런 식으로 기독교는 나쁜 개(個)교회주의로 빠져든다.
신자들과 교회들이 누가 크냐라는 경쟁에서 몰락하고 있다.

## 2. 예수님의 가르침(35-37)

주님께서 제자들의 토론과 논쟁을 보셨다. 주님은 그들이 진정한 목적을
상실한 채 서로 경쟁자가 되었다는 것을 아셨다. 주님은 이런 경쟁이 얼

마나 심각한 문제점을 가지고 있는지 아셨다. 그래서 주님께서는 진정으로 첫째가 되는 방법이 무엇인지 알려주셨다.

### 1) 끝이 되는 자세

주님께서는 제자들에게 첫째가 되는 데 완전히 다른 방법을 가르쳐 주셨다. "누구든지 첫째가 되고자 하면 뭇 사람의 끝이 되며"(35a). 이것은 조금 다른 방법이 아니라 전혀 다른 방법이다. 세상에서는 끝 사람이 되는 것을 죽음으로 생각한다. 그것은 무시당하고, 짓밟히고, 버림받은 자가 되는 것으로 생각된다. 그래서 모든 사람들이 끝자리에 놓이지 않기 위해서 발버둥을 친다. 그러나 그리스도 안에서는 끝자리에 놓이는 것이 첫째가 되는 지름길이다. 주님 자신도 같은 길을 가셨다(빌 2:5-11). 주님은 가장 낮은 자리에 처하심으로써 가장 높은 자리로 올라가셨다. 그러면 끝자리에 놓이는 것이 첫째가 되는 이유는 무엇인가?

무엇보다도 주님의 은혜는 끝자리에 있는 사람도 첫째 자리로 부르시기 때문이다. 주님의 비유 가운데 낮은 자리에 앉은 자를 불러 높은 자리에 앉게 하는 내용이 있다(눅 14:7-11). 이것은 나의 의지와 상관없이 임하는 주님의 은혜이다. 마지막 위치에 있을 때 나의 의지와 상관없이 오는 은혜를 맛본다. 주님은 마지막 사람을 불러 첫째 자리를 주신다. 고린도 교회 성도들 가운데는 문벌 좋은 자가 많지 않았지만 주님께서 불러 영광스런 신자가 되었다(고전 1:26-31).

또한 끝자리에 있으면 싸울 필요가 없기 때문이다. 첫째가 되려고 하면 치열하게 싸워야 한다. 자기의 능력을 의지해야 하며, 긴장해야 하며, 걱정해야 한다. 일등 하는 사람이 시험장에서 부정행위를 한 것을 본 적이 있다. 그는 일등 자리를 빼앗길까 두려움을 이기지 못했던 것이다. 그에게는 모든 사람이 적으로 간주된다. 그러나 마지막 째가 되는 것은 싸울 필요가 없다. 그래서 그는 모든 사람을 얻는 기회를 가진다. 그는 누구에게나 친구나 될 수 있다. 아무도 적으로 삼을 필요가 없다. 아무도 그에게 경계심을 갖지 않는다. 그러므로 낮은 자가 되는 것이 신자의 영광이다.

마지막으로 끝자리에 놓이는 것이 첫째가 되는 이유는 자기를 신뢰하지 않고 주님만을 신뢰하기 때문이다. 마지막 자리는 주님만을 의지하는 자리이며, 주님만을 신뢰하는 자리이다. 사도 바울은 미말에 놓인 것 같은 상황에 있을 때(고전 4:9), 사망선고를 받은 것 같은 환난에 처했을 때(고후 1:8-9) 자신을 의지하지 않고 오직 주님만을 의지했다. 그때 주님이 사도 바울을 영광스럽게 건지셨다.

### 2) 섬기는 자가 되는 자세

주님께서는 첫째가 되고자 하는 사람은 모든 사람을 섬기는 자가 되어야 할 것이라 말씀하신다. 주님이 보실 때 다스리는 자가 첫째가 아니라 섬기는 자가 첫째이기 때문이다.

세상에서는 다스리는 자가 첫째이다. "이방인의 집권자들이 그들을 임의로 주관하고 그 고관들이 그들에게 권세를 부리는 줄을 너희가 알거니와 너희 중에는 그렇지 않을지니 너희 중에 누구든지 크고자 하는 자는 너희를 섬기는 자가 되고 너희 중에 누구든지 으뜸이 되고자 하는 자는 모든 사람의 종이 되어야 하리라"(막 10:42-44). 그래서 다스리는 자가 되려는 것, 첫째/으뜸이 되려는 것은 어떤 의미에서 세속적 태도라고 볼 수 있다. 그리스도인의 참 모습은 섬기는 자가 되는 것이다. 주님도 섬김을 받기보다는 섬기러 오셨다(막 10:45). 섬김은 위대한 일이다. 섬김은 주님을 닮는 지름길이기 때문이다. 초대교회와 초대신자는 주님의 섬김을 닮았다(행 2:42이하, 도르가/다비다의 섬김). 따라서 우리도 섬김에 힘써야 한다. 말씀으로 섬기고, 물질로 섬기고, 재능으로 섬겨야 한다. 초대교회는 섬김의 교회였다.

그러면 섬기는 사람이 첫째가 되는 이유는 무엇인가? 섬기는 사람은 기쁨을 누린다. 그의 인생은 행복해진다. 또한 섬기는 사람은 사람들을 기쁘게 만든다. 그는 사람들의 친근함을 얻는다. 더 나아가서 섬기는 사람은 하나님께 영광을 돌린다. 섬기는 사람은 주님의 높이심을 얻는다. 그러므로 이런 이유들 때문에 모든 신자는 섬기는 일에 최선을 다해야 하는 것이다.

### 3) 어린아이를 영접하는 자세

주님은 섬김과 관련하여 제자들이 취해야 할 놀라운 자세를 말씀하셨다. 그것은 누가 크냐를 논쟁하는 대신에 제자들이 가져야 할 태도이다. 그것은 어린아이를 영접하는 태도이다. 주님께서 말씀하시는 어린아이는 주님께서 품에 안아주실 정도로 작은 어린아이이다. "어린아이를 하나 데려다가 그들 가운데 세우시고 안으시며"(36).

영접한다는 것은 환영하는 것이며, 극진히 대접하는 것이다. 아이들에게서는 별로 되돌려 받을 이득이 없다. 아이들에게는 투자해봐야 헛수고인 것처럼 보인다. 그래서 고대세계에서 어린아이들은 찬밥 취급을 당했다. 그런데 주님께서는 이런 어린아이들을 영접해야 한다고 말씀하신다. 어느 정도로 대접해야 하는가? 예수님의 이름으로 대접해야 한다. 이것은 어린아이를 마치 예수님을 대하듯이 하라는 것이다. 이것은 절대적인 대접을 의미한다.

신자는 가장 별 볼 일없는 것처럼 보이는 사람도 환영해야 한다. 신자는 보잘것없는 것처럼 보이는 사람도 대접한다. 주님을 대하듯이 해야 한다. 주님을 믿는 사람이라면 당연히 이런 삶이 표현되어야 한다. 행위는 믿음과 서로 분리되지 않는다(마 25장, 양과 염소 비유). 믿음과 삶은 서로 다른 것이 아니다. 양처럼 산다는 것은 믿음을 전제하는 것이며, 염소처럼 사는 것은 불신을 전제하는 것이다. 그러므로 주님은 행위를 말하는 것처럼 보이지만 실제로는 믿음을 말하는 것이다. 믿음에서 행위가 나오며, 행위로 믿음을 표현한다(약 2:22). 그래서 양처럼 행동하는 것은 이미 믿음이 있다는 것이며, 염소처럼 행동하는 것은 이미 믿음이 없다는 것이다.

어린아이를 대접하는 것이 신자의 길이다. 신자는 이렇게 산다. 그것이 첫째가 되는 길이다. 왜 그런가? 주님은 그 신비를 밝혀주셨다. 어린아이를 주님의 이름으로 대접하는 것은 주님을 대접하는 것 같이 영광스러운 일이다. 그것은 주님과 같은 위치에 놓이는 것이다. 게다가 주님을 대접하는 것은 주님을 보내신 하나님을 대접하는 것이다. 그것은 영광스러운 일이다. 하나님과 같은 위치에 놓이는 것이기 때문이다. 그러므로 어린아이를 대접하는 삶은 첫째의 삶을 사는 것과 다를 바가 없다.

우리는 대접하는 삶을 살아야 한다. 우리는 특히 연약한 자들을 잘 대접해야 한다. 큰 자가 되는 것은 논쟁으로 되는 것이 아니다. 으뜸이 되는 것은 경쟁으로 되는 것이 아니다. 첫째가 되는 것은 다툼으로 되는 것이 아니다. 그것은 남을 잘 대접할 때 된다.

제자들은 세속적인 인간정신을 대표했다. 그들은 큰 자가 되고 싶었다. 그들은 서로를 경쟁상대로 간주했다. 그들은 토론과 논쟁으로 다투었다. 그러므로 그들은 주님과 함께 길을 가는 목적을 상실했다. 제자들은 세상 사람들과 하나도 다를 바가 없었다. 우리는 자주 제자들처럼 산다. 그러나 주님은 하나님의 정신을 보여주셨다. 제자들이 마지막 사람이 되는 것, 섬기는 사람이 되는 것, 가장 보잘것없는 사람이라도 대접하는 사람이 되는 것, 그것이야말로 인생의 기쁨이며, 사회의 유익이며, 하나님께 영광이다.

# 인자가 온 것은

Mark 10:35-45

교회가 세상과 다른 점들은 일일이 열거할 수 없을 정도로 무척 많다. 영적인 차원에서 상이한 것들은 말할 것도 없고 순전히 사회적인 측면에서 볼 때도 교회는 세상과 아주 다르다. 예를 들면 교회는 세상에 비해 조직이 느슨하다. 교회는 마치 하나의 가정인 것처럼 구성원들을 가리켜 형제 또는 자매라고 부른다. 이렇게 교회의 성격이 가정과 같다보니 세상에서 발견하는 것처럼 강제성이란 것을 거의 찾아보기가 어렵다. 그러나 아무런 강제성이 없음에도 불구하고 교회는 주일예배만큼은 준수하는 데 목숨을 건다. 주일예배는 억지로 모이는 것이 아니라 하나님께 감사하는 진정한 마음에서 모이는 것이다. 그래서 어떤 세력이든지 교회로부터 주일예배를 빼앗으려고 하면 교회는 순교를 각오하고 지킬 마음을 가지고 있다.

## 1. 세상의 정신에 영향을 받은 제자들

이처럼 교회는 세상과 많은 차이점을 가지고 있지만 때때로 다시 세상과 비슷해지려는 유혹을 받는다. 주님께서는 세상 사람들의 정신을 한 마디로 정의하셨다. "이방인의 집권자들이 그들을 임의로 주관하고 그 고관들이 그들에게 권세를 부리는 줄을 너희가 알거니와"(42). 세상에서는 모든 것이 권력의 개념이다. 특히 정치는 권력추구의 집대성이다. 이것은 주님 당시의 로마세계를 보면 쉽게 알 수 있다. 로마는 황제를 정점으로 하는 피라미드식의 통치구조를 가지고 있었다. 이런 정치체계에서 권력을 가지고 있는 사람들은 그렇지 않은 사람들을 힘으로 다스린다. 하지만 권력이란 것은 정치에서뿐 아니라 경제활동에서도 분명하게 표현된다. 금권이라는 말이 보여주듯이 경제는 그 자체로 권력이다. 그래서 동서고 금을 막론하고 경제력을 가지고 있는 사람들은 그렇지 못한 사람들에게 무서운 폭력을 행사한다. 놀라운 것은 가장 순수하고 신사적이며 합리적인 것처럼 보이는 학문의 세계에도 권력개념이 횡행한다는 것이다. 학문의 폭력은 아집, 독선, 배타성 이런 방식으로 실천되며, 학문하는 사람들의 폭력은 노선이 다른 사람들이 학계에 진출하지 못하도록 방해하는 것으로 나타난다. 이것이 세상의 통치자들과 세력가들의 모습이다. 주님은 이런 모습을 주관하는 것과 권세를 부리는 것이라고 정의하셨다. 한 마디로 말하자면 이것은 어떤 방식으로든지 힘을 발휘하는 것을 의미한다.

그런데 불행하게도 주님의 제자들마저 세상의 정신에 깊은 영향을 받았다. 이런 현상은 야고보와 요한이 주께 나아와서 말한 내용을 살펴보면 어렵지 않게 간파할 수 있다. 그들은 이렇게 말했다. "무엇이든지 우리가 구하는 바를 우리에게 하여 주시기를 원하옵나이다"(35). 이 말에서 우선 문제가 되는 것은 "우리가 구하는 바"라는 표현이다. 야고보와 요한은 "우리"를 내세웠다. 이들은 아직도 "우리"가 강하게 살아있는 사람들이었다. 다시 말해서 이 두 사람은 자신들의 소원과 야심을 이루기 위해서 예수님을 추종한 것이다. 야고보와 요한에게는 "우리"가 목적이었다. 야고보와 요한의 머릿속에는 주님에게서 무엇인가를 받아낼 생각으로 가득 찼던 것 같다. 그들은 주님을 따라다니느라고 오랜 시간을 투자했는데 주님으로부터 큼지막한 것을 얻어내지 못한다면 얼마나 억울한 일인가 생각했을 것이다.

그래서 야고보와 요한은 주님의 우편과 좌편에 앉게 해달라고 주문했다. 그들은 마치 세상 사람들처럼 실력자의 최측근이 되고 싶은 마음을 표현한 것이다. 대통령 선거가 끝나면 누가 비서실장과 같은 최측근의 자리에 앉느냐를 가지고 크게 신경전을 벌인다. 또한 사람들은 식사자리에

앞을 때도 얼마나 대통령에게 가까이 앉느냐 하는 것에 깊은 관심을 쏟는다. 야고보와 요한도 주님의 최측근에 앉기를 희망했다. 주님께서 이 두 사람의 말을 들으면서 이방인의 집권자들과 고관들을 언급하신 것은 이 두 사람에게도 다른 사람들을 주관하며 다스리고 싶은 마음이 있다는 것을 아셨기 때문이다. 이것은 세상 사람들과 전혀 다를 바가 없는 생각이다. 야고보와 요한은 권력을 떨쳐보고 싶은 세상의 정신에 깊은 영향을 받았던 것이다.

그런데 상황은 여기에서 끝나지 않았다. 야고보와 요한의 청원은 나머지 제자들의 심기를 아주 불편하게 만들었다. "열 제자가 듣고 야고보와 요한에 대하여 화를 내거늘"(41). 사실 나머지 열 제자도 밖으로 표현은 안했지만 야고보와 요한과 다를 바가 없이 어떻게 하면 영광을 얻을 것인가 하는 생각에 사로잡혀 있었던 것이다. 그런데 이런 형편에서 야고보와 요한이 먼저 주님께 나아가서 오른쪽과 왼쪽의 자리를 차지하려는 것처럼 보이자 나머지 제자들은 발끈 화를 내었다. 나머지 열 제자의 마음속에도 세상 사람들과 조금도 다를 것이 없는 속셈이 들어있었던 것이다. 열 제자도 아직 세상적인 정신의 영향에서 완전히 벗어나지를 못하고 있었다.

제자들의 문제는 오늘날 우리들의 문제이다. 우리는 주님을 따른다고 하면서도 여전히 세상의 정신에 노출되어 영향을 받고 있기 때문이다. 우리는 여전히 다른 사람들을 주관하며 다스리고 싶은 마음에 사로잡혀 있다. 우리는 권력을 떨쳐보고자 하는 생각을 완전히 버리지 않는다. 우리는 심지어 교회에서도 다른 사람들을 통치하는 왕이 되고자 하는 야심을 가지고 있다. 그리고 이런 야심 때문에 우리는 서로 물고 먹는 어리석음을 저지른다. 결국 이런 현상으로 말미암아 교회는 세상과 다를 바가 없는 종교단체로 전락하며 세상에게 조롱을 받는 자리로 떨어진다.

## 2. 주님의 요구

주님은 세상의 정신에 크게 영향을 받은 제자들에게 완전히 다른 길을 가기를 요구하신다. 제자들에 대한 주님의 요구는 한 마디로 말하면 주님과 철저하게 일치하는 사람들이 되라는 것이다. 이것은 여러 가지 면으로 설명된다.

### 1) 주님의 잔과 세례를 받으라

먼저 주님께서는 제자들에게 모든 삶의 자리에서 주님과 일치하게 살 것을 요구하신다. 주님께서 말씀하셨다. "너희는 너희가 구하는 것을 알지 못하는도다 내가 마시는 잔을 너희가 마실 수 있으며 내가 받는 세례를 너희가 받을 수 있느냐"(38).

주님은 제자들이 주님과 동일하게 잔을 마시고 동일하게 세례를 받기를 원하신다. 잔을 마시고 세례를 받는 것은 무슨 의미인가? 보통 많은 신학자들이 잔을 마시고 세례를 받는다는 것을 고난으로 해석한다(참조. 막 14:36). 주님의 잔과 세례는 고난을 가리킨다는 것이다(참조. 막 15:23, 쓸개즙). 이것은 주님께서 인류를 구원하시기 위하여 고난의 길을 가는 것을 잔을 마시는 것과 세례를 받는 것으로 표현했다는 해석이다. 이렇게 해석하면 잔과 세례를 받을 수 있겠느냐고 물은 것은 주님의 고난에 참여할 수 있느냐를 물었다는 의미가 된다. 주님께서 야고보와 요한에게 주님의 고난에 동참할 수 있겠는지 물어보셨다는 것이다.

그러나 조금 달리 보면 잔을 마신다는 것과 세례를 받는다는 것은 삶의 일반적인 모습과 특수한 모습을 나누어 말한 것처럼 보인다. 잔을 마신다는 것은 일상생활의 일면이다. 사실 당시에 유대인들은 하루에도 여러 차례 잔을 마셨다. 그래서 잔을 마신다는 것은 평범한 삶을 가리키는 표현으로 이해할 수 있다. 여기에서 관건은 주님께서 제자들이 매일같이 반복되는 생활 가운데 주님의 삶에 일치하기를 원하신다는 사실이다. 주님은 제자들에게 자신의 일상을 닮을 수 있겠는가 물어보신 것이다. 반면에 세례를 받는다는 것은 특별한 예식을 의미한다. 이것은 지금까지 유대교에서는 찾아볼 수 없었던 새로운 예식으로서 주님께서 시작하신 것이다. 세례는 일생에 단 한번 주어지는 특별한 것이다. 따라서 세례를 받는다는 것은 특수한 삶을 나타내는 것으로 생각할 수 있다. 주님께서는 제자들에게 아주 특별한 일에도 동참할 수 있겠는지 물어보신 것이다.

주님께서는 제자들이 작은 일이든지 큰일이든지 주님에게 일치하는 사람들이 되기를 소원하셨다. 이것은 주님의 기쁨을 나의 기쁨으로 삼고, 주님의 아픔을 나의 아픔으로 삼는 것을 의미한다. 주님과 동고동락하는 삶이다. 이것은 사소한 일이건 거창한 일이건 주님에게 모든 것을 거는 삶을 의미한다. 주님은 제자들에게 주님과 일치하는 것, 주님과 하나가 되는 것, 주님의 뜻을 따르는 것, 주님에게 자신들의 뜻을 맞추는 것을 요구하셨다. 바로 이것이 세상과 다른 길이다. 세상은 권력과 영광을 원하고 제자들은 세상의 영향 아래 놓여있지만, 주님은 제자들이 평범한 삶에서도 특별한 삶에서도 오직 주님과 일치하기를 원하신다.

## 2) 섬기는 자가 되라

또한 주님은 제자들이 섬기는 삶으로 주님과 일치하기를 원하신다. 그래서 주님은 다음과 같이 말씀하신다. "너희 중에 누구든지 크고자 하는 자는 너희를 섬기는 자가 되고 너희 중에 누구든지 으뜸이 되고자 하는 자는 모든 사람의 종이 되어야 하리라"(43-44). 주님은 제자들이 섬기는 자와 종이 되기를 원하신다. 주님은 섬기는 자와 종이 되는 것이야말로 큰 자와 으뜸이 되는 것이라고 말씀하신다. 제자들은 바로 이런 섬김과 종됨을 통해서 주님과 일치하게 된다. 왜냐하면 주님도 섬기러 오셨기 때문이다. "인자가 온 것은 섬김을 받으려 함이 아니라 도리어 섬기려 하고 자기 목숨을 많은 사람의 대속물로 주려 함이니라"(45).

주님은 이 세상에 섬김을 받으러 오신 것이 아니다. 이것이 세상과 근본적으로 다른 점이다. 세상 사람들은 섬김을 받으려고 한다. 그들은 섬김을 받기 위해서 수많은 노력을 한다. 어떤 수를 써서라도 권력을 장악하고, 심지어 사람을 짓밟고 해친다. 세상 사람들을 섬김을 받는 것을 성공으로 생각한다. 반대로 그들은 섬기는 일을 죽음보다도 싫어한다. 섬기는 자세를 굴욕적인 것으로 생각하기 때문이다. 그래서 세상 사람들은 골목에서 자동차끼리 마주치게 되면 서로 양보하지 않고 버티는 이상한 모습을 나타낸다. 자기가 먼저 길을 비키면 손해를 본 것처럼, 패배 당한 것처럼 굴욕감을 느낀다.

그러나 주님은 섬김을 받으러 오지 않았다. 도리어 주님은 섬기러 오셨다. 이것이 세상과 근본적으로 다른 점이다. 주님은 섬기기 위해서 많은 방법을 사용하셨다. 하나님의 나라를 가르치시고, 연약하고 병든 자들을 고쳐주셨고, 심지어는 제자들의 발을 씻겨주셨고, 마지막에는 인류의 죄를 대속하기 위하여 십자가에 높이 달려 자신의 목숨까지 아낌없이 내주셨다. 주님께서는 십자가의 죽음을 통해서 한없이 낮아지셨다. 주님은 섬기기 위해서 모든 것을 버리셨다.

주님은 자신처럼 제자들에게도 섬기는 자가 되라고 말씀하신다. 섬기는 자가 되는 것이 주님과 철저하게 일치하는 지름길이다. 섬김은 주님이 원하시는 일치를 이루는 최선의 방법이다. 크고자 하는 것과 으뜸이 되고자 하는 것은 세상의 길이고, 섬기는 자가 되고 종이 되는 것은 주님의 길이다. 그러므로 우리는 주님처럼 섬기는 일을 실천해야 한다.

성경과 역사는 섬김을 위한 구체적인 예들을 우리에게 보여준다. 섬김은 무엇보다도 물질로 섬기는 것이다. 초대교회는 경제적으로 곤경에 처해 있는 사람들을 도와주었다. 초대교회의 성도들은 자신들이 소유하고 있던 것들을 기꺼이 내놓아 가난한 사람들이 사용할 수 있도록 허락하였다. 오늘날에도 세계의 도처에 여러 가지 문제로 고통을 당하는 사람들이 있다. 우리는 이런 사람들을 섬기기 위하여 물질을 내놓아야 한다.

또한 섬김은 복음을 전함으로 섬기는 것이다. 초대교회가 복음을 전함으로써 섬김을 실현했던 것처럼 우리도 복음의 섬김을 실천해야 한다. 먼저 복음 전할 대상을 선정해야 한다. 그리고는 기도로 하나님의 놀라운 도움을 구해야 한다. 다음으로 전도대상자에게 자주 평이한 방식으로 접근하여 교제를 나누면서 사귀어야 한다. 그리고 때가 되면 그에게 체계적으로 성경을 제시하며 신앙을 알려주어야 한다. 마지막으로 그에게 교회를 소개하여 인도해야 한다. 우리는 복음으로 섬기는 일에 최선을 다해야 한다.

더 나아가서 섬김은 연약한 성도들을 말씀으로 섬기는 것이다. 초대교회가 잘 했던 일 가운데 하나가 바로 이것이다. 우리는 연약한 성도들을 만나 함께 성경을 읽고 성경을 가르쳐야 한다. 그들을 기도로 섬겨야 한다. 그렇게 하기 위해서는 기도의 대상을 눈여겨보아야 한다.

마지막으로 섬김은 강한 신자들을 결합시키는 것으로 표현될 수 있다. 믿음이 강한 신자들은 서로 섬기기 위하여 더 깊은 성경연구모임을 만드는 것이 좋다. 때때로는 목적을 가지고 구제, 장학, 그 외의 지원을 위해서 힘을 합칠 수 있다. 어느 교회에서 다섯 명의 평범한 성도들이 신학생들에게 장학금을 지원하기 위해서 장학회를 만들었다는 이야기를 들은 적이 있다. 얼마나 강한 섬김인지 알 수 없다. 믿음이 강한 신자들은 심지어 사회의 부조리를 개혁하기 위해서 생각을 모으고 사업을 추진함으로써 섬김을 실천할 수 있다. 사회개혁을 위한 구상과 추진이야말로 아주 좋은 섬김의 예이다.

이와 같이 섬김을 통하여 주님과 일치하는 사람들이 된다. 주님은 제자들과 우리들에게 섬김을 가르치신다. 바로 그것이 세상과 다른 진정한 교회의 모습이기 때문이다. 교회는 섬김으로써 정말로 세상과 다른 모습을 보여줄 수 있다. 섬김은 교회를 교회답게 만드는 강력한 무기이다.

# 주의 이름으로 오시는 이

Mark 11:1-10

예수님은 갈릴리와 유다의 활동을 마치고 드디어 예루살렘으로 입성하신다. 이제 주님은 예루살렘 입성으로 자신이 하신 말씀을 성취하신다. "인자가 온 것은 섬김을 받으려 함이 아니라 도리어 섬기려 하고 자기 목숨을 많은 사람의 대속물로 주려 함이니라"(10:45). 주님은 자신의 목숨을 많은 사람의 대속물로 내주신다. 우리는 주님께서 인류의 구속을 위하여 예루살렘으로 입성하시는 사건에서 여러 가지 교훈을 얻는다.

## 1. 나귀새끼를 타신 주님

예루살렘에 입성하는 주님은 나귀새끼를 타셨다. 이런 주님의 모습을 놓고 몇 가지 생각을 모아볼 수 있다.

### 1) 나귀새끼에 초점을 맞춤

어떤 사람들은 주님의 예루살렘 입성을 보면서 나귀새끼에 초점을 맞춘다. 주님이 나귀새끼를 타신 것은 훈련되지 않은 것도 주님의 영광을 위해서 사용될 수 있다는 교훈을 준다. "아무도 타보지 않은 나귀새끼"(2)라는 표현은 아주 어린 나귀라는 의미이다. 이 나귀는 사람을 태우는 훈련을 받지 않았기 때문에 처음으로 주님을 태웠을 때 몸의 균형을 잡지 못하고 기우뚱거리며 걸었을 것이 당연하다. 이것은 주님께서 연습되지 않고 훈련을 받지 않은 것도 주님의 영광을 위해서 훌륭하게 사용하신다는 사실을 보여준다. 주님은 훈련된 경주마만을 사용하는 것이 아니다. 오히려 주님은 때때로 미숙한 것도 적당하게 사용하신다. 그래서 연습해서 훈련받은 후에 주님을 섬겨야겠다고 생각하는 것은 무의미하다. 지금 있는 그대로 주님께 사용 받는 것도 필요하다. 주님은 우리를 현상태로 쓰고자 하실 때가 있기 때문이다.

## 2) 나귀새끼의 주인에게 초점을 맞춤

이에 비해서 어떤 사람들은 주님의 예루살렘 입성에서 나귀새끼를 내준 주인에게 초점을 맞춘다. 주님은 제자들을 보내시면서 나귀새끼의 주인에게 "주가 쓰시겠다"(3) 말하게 했고, 제자들이 주님의 말을 나귀새끼의 주인에게 그대로 전하자, 주인은 주님께 나귀새끼를 기꺼이 내놓는 자세를 보여주었다. 아마도 주인이 나귀새끼를 선뜻 내놓은 까닭은 메시아를 기다리고 있었기 때문일 것이다. 그는 스가랴 9:9의 예언이 성취되기를 대망하는 사람이었던 것 같다. 당시의 사람들에게 이런 종말론적인 기대가 있었다는 것은 일반적이다. 조금 뒤에 주님을 맞이하는 사람들이 시편 118:26을 인용하여 "주의 이름으로 오시는 이"를 찬송한 것으로 미루어 보아 메시아 기대는 당시에 보편적이었음을 알 수 있다. 따라서 나귀새끼의 주인도 성경의 예언이 성취되어 다윗의 나라가 회복되기를 기다렸던 것임에 틀림없다. 그래서 이런 메시아 기대 가운데 주인은 자신의 나귀새끼를 기꺼이 주님께 드렸다. 이것은 주님께 내놓아야 역사가 일어난다는 것을 교훈한다. 내 것을 주님께 드리지 않고 움켜쥐고 있으면 놀라운 일이 벌어지지 않는다.

## 3) 주님께 초점을 맞춤

그러나 예루살렘 입성에서 가장 중요한 것은 주님의 모습이다. 주님은 아직 감람산 벳바게와 베다니에 계시면서 맞은 편 마을에 나귀새끼가 매어 있다는 것을 아시는 놀라운 능력을 가지고 있었다(2). 주님은 이런 능력을 가지고 있음에도 불구하고 예루살렘에 입성하시면서 아무런 신기한 마법도 발휘하지 않으셨다. 이것은 아무 때나 신기한 일을 추구하는 오늘날의 신자들과 사뭇 다른 모습이다. 주님은 오히려 나귀새끼를 타는 겸손함을 보여주셨다. 나귀를 타는 것은 예나 지금이나 흔한 일이다. 하지만 주님께서는 다 성장해서 훈련받은 나귀를 타신 것이 아니라 아직 한 번도 사람을 태워본 적이 없는 나귀새끼를 타셨다. 주님은 아주 낮은 모습을 보여주셨다. 사실 어른이 나귀새끼를 타는 것은 멋쩍고 우스꽝스러운 모습이다. 이런 행위는 자칫하면 많은 사람들로부터 손가락질 받기에 족한 일이다. 그러나 주님은 그런 우스꽝스런 일을 마다치 않고 행하셨다.

그러면 주님께서는 왜 이런 부자연스런 모습을 감행하셨을까? 한 마디로 말해서 그것은 메시아가 어린 나귀를 타고 오실 것이라는 성경의 예언(슥 9:9)을 이루기 위함이었다. 주님께서는 성경을 이루기 위해서 조소받을 일도 서슴지 않고 행하셨다. 주님은 성경적 그리스도이시다. 주님은 화려한 길이 아니라 진리의 길을 가신다. 주님은 비록 고난의 길이며 십자가의 길이라도 성경이 지시하신 것이면 마다치 않고 가신다. 성경을 따르는 것은 하나님의 뜻을 이루는 것이기 때문이다. 이렇게 주님은 하나님의 뜻을 이루는 것에 모든 것을 거셨다.

주님의 모습은 우리에게 큰 교훈을 준다. 우리는 주님처럼 조롱을 받더라도 진리의 길을 가야 한다. 우리는 자주 영광의 길을 걷기 위해서 진리의 길을 떠난다. 우리는 영광을 목적 삼지만 진리를 목적 삼지 않기 때문이다. 하지만 우리는 성경이 가르치는 길을 가야 한다. 비록 그것이 고난의 길이라도 성경이 가르치는 길이면 거기에 참된 기쁨이 있다. 우리는 주님처럼 성경적 신자가 되어야 한다. 성경이 가르치는 인생을 살기 위해서는 나귀새끼를 타는 것처럼 자기를 겸손하게 만들 필요가 있다. 높아지려고 하면 갈등이 벌어지고 인생이 복잡해진다. 그러나 겸손한 삶을 살면, 자기를 낮추는 삶을 살면 모든 것이 원만하다.

138

## 2. 주님을 환영하는 사람들

주님께서 예루살렘에 입성하실 때 두 종류의 사람들이 환영을 했다.

첫째로 제자들은 주님이 타실 나귀새끼 위에 자기들의 겉옷을 얹어놓음으로써 환영의 의사를 표현했다(7). 이것은 예수님이 나귀새끼를 타는 데 편하게 하려는 시도이다. 유대인 사회에서 겉옷은 대단히 소중한 가치를 가진다. 겉옷은 잠을 잘 때 이불로도 사용이 된다. 그래서 가난한 자의 겉옷은 전당물로 잡혔다가도 저녁이 되면 돌려주어야 하는 것이다. 그런데 이렇게 소중한 겉옷을 주님이 타시는 데 편하도록 나귀새끼 위에 덮었다는 것은 작지 않은 성의를 베푼 것으로 간주해야 한다. 제자들에게는 주님을 향한 열정이 있었다. 우리도 주님께 자신의 소중한 것을 드리는 마음을 가져야 한다. 우리의 문제는 소중한 것을 주님께 드리지 못하는 데 있다.

둘째로 주님께서 나귀를 타고 예루살렘으로 입성하실 때 많은 사람들이 자기들의 겉옷과 들에서 벤 나뭇가지를 길에 폈다(8). 나뭇가지는 종려나무 가지를 가리킨다. 이것은 사람들이 주님을 환영하는 멋진 예식을 펼친 것을 의미한다. 마치 오늘날 우리나라를 방문하는 외국의 국빈이 카 퍼레이드를 할 때 사람들이 환호하는 것과 같고, 음악회에서 아름다운 노래를 부르는 가수를 향해 박자에 맞추어 손을 흔드는 것과 같다. 이것은 주님을 향한 사람들의 뜨거운 환영을 보여준다. 우리도 주님에게 이런 열렬한 마음을 드려야 한다. 우리에게 주님을 향한 열렬한 환호가 없다는 것은 큰 문제이다. 우리는 너무나 미지근하다. 주님을 간절히 사모하는 마음이 없다. 이런 열정을 회복해야 한다.

제자들이 나귀새끼 위에 겉옷을 얹어놓고, 사람들이 주님 가시는 길 위에 겉옷과 종려나무 가지를 편 것은 상상만 해도 멋있는 예식임에 틀림없다. 이 모든 행위는 그 자체로 잘못된 일이 아니다. 주님을 기쁘게 하려는 것은 언제나 옳은 일이기 때문이다. 그러나 여기에서 우리가 주의해야 할 점이 있다. 때때로 주님의 영광을 외면하고 나귀새끼를 장식하는 데만 집중하고 만다는 것이다. 기독교의 역사를 보면 자주 이런 오류가 발생했다. 중세시대의 예배당은 대표적인 경우이다. 장식이 우상이 되어버렸다.

마치 예배당을 잘 꾸미는 것이 신앙의 절정인 것처럼 생각했다. 그래서 많은 시간과 재물을 드려 이런 일에 전념했다. 오늘날도 기독교는 비슷한 오류에서 벗어나지를 못한다. 우리도 과도하게 예배당을 꾸미는 데 익숙하다. 물론 미적인 조건을 갖춘다는 것은 백번 말해도 잘못된 것이 아니지만, 그런 일에 전념하느라고 주님의 가르침과 영광을 놓치고 만다면 그것은 너무나도 헛된 일이다. 장식된 나귀새끼만 남고, 주님은 실종된 현상이 벌어진 것이다.

이와 마찬가지로 사람들이 주님의 길에 겉옷을 깔고 종려나무 가지를 펴는 것도 문젯거리가 될 수 있다. 이렇게 예식에 치중하다보면 주님에 대해서는 무관심해지는 경우가 있다. 주님께서 가르쳐주신 진리는 도외시하고 인간적이며 세속적인 예식에 진력한다. 그러다보니 예식이 점점 더 복잡하게 발전한다. 가톨릭 교회의 모습이 바로 그렇다. 오늘날도 많은 사람들이 예식에서 감동을 먹는다. 악기가 어떻다느니, 예배분위기/환경이 어떻다느니, 순서가 어떻다느니 이런 것에 감동을 받는다. 하지만 사람들은 진리의 선포와 주님께 영광을 돌리는 데는 관심이 적다. 이렇게 하여 결국 주님께는 무관심해지고 화려하고 장엄한 예식만 남는다.

그런데 주님께서는 나귀새끼 위에 겉옷을 얹는 제자들과 길 위에 겉옷과 종려나무 가지를 까는 사람들에게 아무런 반응도 보이지 않으셨다. 제자들과 사람들의 열렬한 환호에 대한 주님의 무반응은 매우 시사적이다. 이것은 주님께서 열렬한 환호를 반드시 달갑게 여기신 것은 아니라는 의미가 될 수 있다. 만일에 주님을 위하여 편리한 장치를 마련하고, 주님을 위하여 화려한 예식을 펼친다 하더라도 주님께서 고난을 통해 이루시는 구원에 아무런 관심이 없다면 문제가 심각한 것이다. 정말로 중요한 것은 편리한 장치와 화려한 예식이 아니라 주님의 구원에 참여하는 것이다. 주님이 우리에게 요구하시는 것은 이런 것들이 아니라 우리가 주님의 구원으로 말미암아 진정으로 변화되는 것이다. 주님의 인격에 일치하며, 주님의 목적에 연합하며, 주님의 방식에 동의하는 것이다. 주님으로 말미암아 인격적인 변화가 일어나는 것이다. 오늘날 우리에게 나타나는 현상도 비슷하다. 우리는 편리한 장치를 마련하는 데 힘쓰고 화려한 예식을 창출하는 데 힘쓴다. 하지만 이런 일들에 힘쓰는 것과 달리 구원의 관심은 사라진다. 주님께서 고난을 통해 우리에게 주신 구원은 중요치 않다. 구원의 삶을 통한 주님에의 일치가 없다.

## 3. 주의 이름으로 오시는 이

주님께서 예루살렘으로 입성하실 때 사람들이 앞에서 가고 뒤에서 따르며 소리를 질렀다(9-10). 그들의 찬송은 무의미한 것이 아니었다. 그것은 분명한 신학이 있는 찬송이었다. 신학이 없는 찬송은 죽은 것이다. 지르는 소리 속에 잘못하면 주님이 실종될 수 있다. 실제로 오늘날 시끄러운 찬양소리 속에 주님이 없는 경우가 적지 않다. 주님의 예루살렘 입성을 보면서 많은 사람들이 호산나 찬송을 불렀다. 호산나는 구원을 간구하는 말이다. 호산나 찬송 가운데 두 가지 내용이 들어있다.

첫째로 사람들은 시편 118:26을 인용하여 주의 이름으로 오시는 이를 찬송했다. "호산나 찬송하리로다 주의 이름으로 오시는 이여"(9). 주의 이름으로 오시는 이는 메시아를 가리킨다. 유대인들의 이런 찬송은 두 가지 사실을 내포한다. (1) 메시아가 오신다는 것이다. 메시아는 오신다. 메시아는 오시는 분이다. 여기에 당시 유대인들의 종말론적인 기대가 엿보인다. 그들에게는 메시아의 오심에 대한 갈망이 있었다. (2) 메시아가 주의 이름으로 오신다는 것이다. 메시아가 주의 이름으로 오신다는 것은 그분이 주님의 권한을 가진다는 것을 의미하며, 주님의 일을 대행할 분이라는 것을 의미한다.

오늘날 유대인들의 메시아 기대가 우리에게 주는 교훈은 우리도 이런 갈망을 가져야 한다는 것이다. 우리에게도 이런 갈망이 필요하다. 사실 초대교회의 신자들에게는 이런 갈망이 있었다. 그래서 그들은 늘 "주여 오시옵소서"(마라나타)라고 간구했다. 하지만 오늘날의 신자들은 주님의 오심에 대한 갈망을 상실하였다. 우리는 종말론적인 오심을 갈망할 뿐 아니라 동시에 현실적인 오심을 갈망해야 한다. 우리는 내 인격에 주님께서 참여하시기를, 내 생활에 주님께서 관여하시기를, 내 인생에 주님께서 간섭하시기를 갈망해야 한다.

둘째로 사람들은 "찬송하리로다 오는 우리 조상 다윗의 나라여 가장 높은 곳에서 호산나"(10)라고 노래했다. 당시 유대인들은 다윗의 나라가 회복되기를 간절히 기다렸다. 로마의 식민과 헤롯의 통치에 반대하는 유대인들은 다윗의 나라를 고대했다. 그들은 민족적인 의미에서 다윗의 나라가 회복되기를 기대한 것이다. 그래서 그들은 예루살렘에 입성하시는 주님이 다윗의 나라를 회복하실 것으로 생각했다. 하지만 주님은 민족적인 의미에서 다윗의 나라를 회복하지 않는다. 주님이 다윗의 나라를 회복하는 것은 훨씬 더 넓은 의미에서이다(구속사적인 의미). 주님이 생각하시는 다윗의 나라는 유대인뿐 아니라 이방인도 포함한다. 그것은 우주적인 나라이다. 그것은 하나님의 나라이다.

우리는 하나님의 나라를 사모해야 한다. 하나님의 나라가 이 세상에서 실현되기를 사모해야 한다. 종말론적인 기대뿐 아니라 현실적인 기대를 가져야 한다. 하나님의 나라가 이 세상 곳곳에서, 이 세상의 모든 영역에서 왕성하게 다스리시기를 기대해야 한다. 우리는 죄악을 근절하고 공의를 설립하는 하나님의 나라의 전진에 동참해야 한다.

# 만민이 기도하는 집

예수님이 활동하시던 무대인 후기 유대교는 종교적 부패현상을 짙게 드러내고 있었다. 이런 현상은 모든 종교에 나이가 들면 나타날 수 있는 것이다. 어느덧 기독교도 나이 많은 종교가 되어 유대교가 보여주었던 것과 다를 바 없는 문제점을 보여주고 있다. 이런 의미에서 유대교의 오류는 기독교에 심각한 경고가 된다. 주님께서는 유대교의 부패현상을 강하게 비판하셨다. 하나님 종교가 타락하는 것을 차마 눈뜨고 볼 수가 없었기 때문이다. 오늘날 기독교는 유대교에 대하여 주님께서 외치신 강한 비판의 소리를 귀담아 들어야 한다. 유대교에 대한 주님의 교정은 기독교에 대한 중대한 경고가 된다는 것이다. 우리는 본문에서 먼저 유대교가 어떤 오류를 저질렀는지 살펴보고, 이어 주님께서 그것을 어떻게 교정하려고 하셨는지 살펴보고자 한다.

## 1. 유대교의 오류

본문은 예수 그리스도 당시에 유대교의 오류가 성전과 관련되어 있다고 말한다. 그 오류는 다음과 같이 여러 가지 방식으로 저질러졌다.

첫째로 유대인들은 성전을 매매의 장소로 만들어버렸다. 매매하는 자들이 성전 안에 들어섰고(15), 돈 바꾸는 자들이 상을 차렸고(15), 비둘기

파는 자들이 상습적으로 자리를 잡았다(15). 이것은 한 마디로 말해서 종교를 이용해서 돈을 버는 행위를 가리킨다. 이 사람들에게는 종교가 이익의 수단이 된 것이다. 그런데 놀라운 것은 이런 잘못이 아주 적극적으로 실행되었다는 사실이다. 본문은 그 적극성을 두 가지로 표현한다.

무엇보다도 성전 안에는 매매와 관련된 여러 종류의 사람들이 자리를 차지하고 있었다는 것이다. 그들은 대표적으로 장사꾼들과 환전상들이었다. 장사꾼들 가운데는 대표적으로 비둘기를 파는 자들이 언급된다. 하지만 실제로는 성전 안에 제물에 사용되는 소와 양이나 기름과 과자를 파는 사람들도 들어왔을 것이다. 장사꾼들이 모인 곳에 자연히 환전상들도 따라붙었다. 당시에는 유대 땅에 세 종류의 화폐가 공용되었다. 로마의 화폐(대표적으로 데나리온), 헬라의 화폐(대표적으로 드라크마), 유대의 화폐(두로에서 주조 동전)가 그것들이다. 이런 이유 때문에 장사꾼이 모이는 곳에 환전상도 모이는 것은 자연스러운 현상이었다. 그들은 환치기로 이익을 남기는 사람들이었다.

더 나아가서 장사꾼들과 환전상들은 적극적으로 자신들의 일을 추진하기 위해서 여러 종류의 도구들을 사용했다. 본문에는 환전상들의 상과 장사꾼들의 의자를 언급한다. 이들은 성전에서 매매하며 환전하는 데 부끄러움도 두려움도 주저함도 없다. 아예 상을 펴고 의자를 깔고 매매와 환전을 했다. 다시 말하자면 그들은 성전을 오용하기 위해서 다양한 도구들을 동원했던 것이다.

종교를 이익의 수단으로 삼는 사람들은 언제나 있다. 사도 바울이 에베소에서 복음을 전할 때 데메드리오라는 사람은 아데미 종교를 가지고 엄청난 장사를 했다. 그의 직업은 은으로 아데미 여신의 모형 신상을 만드는 것이었다. 그런데 사도 바울이 전한 복음으로 말미암아 에베소 사람들이 아데미 여신 숭배를 버리자 데메드리오의 벌이에 큰 차질이 생기게 되었다. 이 때문에 데메드리오는 기독교를 타도하는 데 앞장을 섰던 것이다. 데메드리오는 이 상황을 한 마디로 다음과 같이 묘사했다. "우리의 풍족한 생활이 이 생업에 있다"(행 19:25).

오늘날도 신앙을 이익의 재료로 삼는 사람들이 적지 않다. 이런 현상은 목회자에게나 신자에게나 다를 바 없이 나타나고 있다. 어떤 사람은 목회가 물질적으로 넉넉한 삶을 보장해 줄 것이라는 기대를 가지고 신학교에 들어와 목회자가 되려고 한다. 기성 목회자들 가운데는 목회가 충분한 생활의 조건이 되는 것으로 만족하는 사람들도 있다. 어떤 사람들은 돈벌이에 도움이 되기 때문에 기독교 신앙을 가진다. 어떤 법무사가 작은 교회에 출석하다가 이웃의 큰 교회로 옮겨갔는데, 그 이유는 큰 교회가 더 많은 고객을 얻기에 좋기 때문이라는 것이었다. 이것은 신앙을 돈 버는 수단으로 여기는 악한 행위이다.

둘째로 유대인들에게는 성전이 통과의 장소가 되었다. 주님께서는 성전에 들어가셔서 "아무나 물건을 가지고 성전 안으로 지나다님을 허락하지 아니하셨다"(16). 사람들이 물건을 가지고 성전 안으로 지나다녔다는 것은 제사장 외에는 들어갈 수 없는 곳에도 함부로 발을 들여놓았다는 것을 의미한다. 장사꾼들은 자기 자리로 가기 위해서 성전을 둘러가지 않고 감히 성전을 통과하거나 물건을 나르기 위해서 성전 안에서 마구 돌아다녔다. 사람들은 성전을 하나님께 예배하는 장소로 생각하지 않고 자신들의 편리를 도모하는 장소로 간주했던 것이다. 이 사람들은 분명히 성전과 관련되어 있지만 신앙은 없다. 이들에게는 성전이 통과의 장소일 뿐이다. 성전 문지방만을 밟는 자들이다.

교회 안에도 기독교를 통과의 과정으로 여기는 사람들이 많다. 기독교인이 운영하는 회사에 취직하기 위해서 교회에 다니는 사람들이 있는가 하면, 기독교인 정치가와 줄을 대기 위해서 그가 출석하는 교회에 나가는 사람들도 있고, 교회를 다니는 조건으로 결혼을 허락하겠다는 말에 교회를 다니는 사람들도 있다. 어떤 사람들에게는 기독교가 오랜 시간 동안 배회의 영역으로 남아있다. 상당히 많은 시간을 드려 교회에 다니고 있음에도 불구하고 신앙의 세계에는 깊이 들어가지 못하는 사람들이다. 이런 사람들은 기독교 안에서 이런저런 활동도 하지만 신앙을 확립하지 못하고 많은 시간을 헛되이 보낸다. 이것은 기독교 안에서 맴돌기만 하고 진정한 믿음의 길에 들어서지 못한 불행한 경우이다.

신자는 성전 안에서 물건을 가지고 지나다니는 유대인들처럼 되어서는 안 된다. 신자는 기독교 안에서 배회와 방랑을 종지부 찍고 차근차근 신앙을 배워야 한다. 체계적으로 신앙교육을 받음으로써 믿음의 깊은 세계에 들어서야 한다.

셋째로 유대인들은 성전을 강도의 소굴로 만들었다. 주님께서는 유대인들의 잘못을 다음과 같이 지적하셨다. "너희는 강도의 소굴을 만들었도다"(17). 당시에 강도들이 성행했다. 이 때문에 신약성경에는 강도와 도적에 대한 이야기가 많이 나온다. 그 대표적인 예가 사마리아인의 비유에 나오는 강도들이다(눅 10:30). 강도는 탈취하는 자들이라는 것이 기본적인 의미이다. 이것은 매매를 하다보면 거짓을 말하고 사기를 치게 된다는 것을 가리킨다. 악한 장사꾼들은 물건을 속여 팔고, 부당한 값을 부른다. 때로는 같은 직종을 가진 사람들끼리 조직을 만든다. 그들은 부당한 값을 정해 놓음으로써 구매자들에게 폭행을 가한다. 이에 대한 대표적인 예로 한동안 우리나라에 집값을 정해놓는 아파트 부녀회가 횡포를 부린 적이 있다. 또한 장사꾼들은 배타적인 조직을 만들어 다른 사람들이 끼어들지 못하도록 하는 권리를 행사한다. 이 모든 것이 강도의 짓이다.

기독교의 역사를 돌이켜보면·교회가 강도의 소굴이 되어 버린 경우가 적지 않다. 중세 가톨릭의 배후를 들쳐보면 교회가 여러 가지 사회적인 범죄들과 결탁되어 있는 것을 발견하게 된다(마약, 매춘, 토지점유). 오늘날도 기독교가 강도의 소굴처럼 되어버렸다. 이런 현상 가운데 가장 두려운 것은 큰 교회들이 작은 교회들을 잡아먹는 것이다. 또한 교회들이 세력을 규합하여 권력형 비리를 행하기도 한다. 교회 안에 있는 조직들은 기득권을 주장하면서 다른 사람들이 들어올 자리를 허용하지 않는다. 교회가 강도의 소굴로 변해버린 예들은 우리의 주위에서 수없이 많이 발견된다.

## 2. 예수님의 비판

예수님은 당시의 유대교가 얼마나 심각한 문제에 빠져있는지 정확하게 아셨다. 주님은 유대교가 특히 성전과 관련하여 심각한 문제에 직면해 있다는 것을 아셨다. 그래서 주님께서는 유대인들에게 성전의 기능을 바로 잡아주셨다. 유대교의 오류에 대한 교정은 오늘날 기독교가 가야 할 정신을 보여준다.

첫째로 주님은 성전이 기도하는 집이라는 사실을 알려주셨다. "내 집은 만민이 기도하는 집이라 칭함을 받으리라"(17). 주님은 성전의 의미를 간명하게 지적하셨다.

무엇보다도 성전은 기도하는 집이다. 성전은 사람들의 관계를 형성하는 장소가 아니다. 성전은 하나님과의 관계를 형성하는 장소이다. 하나님과의 관계는 특히 기도로 형성된다. 기도는 하나님과의 교제이다. 이런 의미에서 유대교는 하나님과의 교제로 유지되었어야 한다. 유대교가 성전을 가지고 있다는 것이 중요한 것이 아니라 하나님과 영적 교제를 나누는 것이 중요했다는 말이다. 기도하지 않는 유대교는 성전을 가지고 있다는 것이 아무런 의미가 없는 것이 되고 만다.

이것은 기독교에도 마찬가지이다. 기독교는 건물이나 제도와 같은 형식으로 이루어지지 않고 하나님과의 교제로 이루어진다. 기독교는 기도의 종교이다. 기도란 하나님의 뜻에 자신을 맡기는 것을 의미한다. 기도는 자신의 고집대로 살지 않고 하나님의 뜻대로 살겠다는 표현이다. 그래서 기도는 하나님께 자신의 인생을 맞추는 것을 의미한다. 신자는 기도함으로써 하나님께 물어 인생을 사는 것이다. 이렇게 하려면 하나님께 집중해야 한다. 이런 의미에서 기도는 시간이 아니라 인생이다. 신자는 믿음을 자신의 이득이나 목적이나 권리를 위한 재료로 사용하지 말고 하나님과 교제를 나누는 데 사용해야 함을 알아야 한다.

그런데 유대교는 성전을 기도하는 집이 되게 할 때 모든 이방인들에게 진정한 종교를 보여줄 수가 있었다. 유대교는 성전이 기도하는 집이라는 사실을 만민에게 보여주었어야 한다. 기도 신앙에 바탕을 두는 성전은 유대인만을 위한 것이 아니다. 그것은 만민을 대상으로 삼는 것이다. 성전을 유대인만을 위한 것으로 생각한 것이 유대교의 오류이다. 그래서 유대인들이 하나님과의 관계를 독점하고 만민을 하나님의 관계에서 배척했다.

기독교는 세상의 모든 사람에게 자신을 어떤 모습으로 보여주어야 할 것인가? 기독교는 세상의 모든 사람에게 기도하는 모습을 보여주어야 한다. 세상은 교회를 보면서 하나님께 기도하는 신앙을 보아야 한다. 기도는 하나님과의 교제이다. 기독교의 가장 바람직한 모습은 하나님과의 관계 정립에 있다. 그리고 기독교는 하나님과의 관계를 만민에게 제시해야 한다. 이렇게 함으로써 세상이 기독교를 하나님께 집중하는 종교, 하나님께 자신을 맡기는 종교, 하나님께 자신을 맞추는 종교로 인정하게 해야 한다. 바로 이런 방식으로 기독교는 세상에게 존경을 받을 것이다.

현금에 많은 신자들이 기독교가 세상에서 존경을 받는 길은 물질, 은사, 세력 같은 것들로 능력을 발휘하는 데 있다고 생각한다. 이것은 큰 오해이다. 세상은 기독교가 아무리 물질을 많이 가지고 있어도, 아무리 놀라운 능력을 발휘해도, 아무리 큰 세력을 규합해도 기독교를 존경하지 않는다. 오히려 세상은 이런 기독교에 대하여 힘으로 대항하려고 할 뿐이다. 이것은 이미 우리가 현실적으로 직면하고 있는 현상들이다. 기독교는 오직 하나님과의 관계를 분명히 할 때 세상으로부터 존경을 받을 수 있다. 이것이 아브라함의 길이며, 요셉의 길이며, 다니엘의 길이며, 초대교회의 길이었다. 따라서 기독교는 전적으로 하나님과 관계하는 모습을 만민에게 보여주어야 한다.

둘째로 주님은 성전이 성경에 지원을 받는 것임으로 보여주셨다. 주님은 성전이 기도하는 집이 되어야 한다는 사실을 성경으로부터 제시하신다. "기록된 바"(17). 이것은 이사야 56:7을 인용한 것이다. 주님은 유대교가 성경의 지원을 받는 종교가 되어야 한다고 생각하셨다. 성경이 성전의 의미를 밝혀준다.

유대교는 성전종교이다. 그래서 유대인들은 성전을 세계의 중심으로 생각하며, 성전은 절대로 무너지지 않을 것이라고 확신하였다. 그러나 주님은 성전보다 더 중요한 것은 성경임을 가르치신다. 성경이 성전의 의미를 밝혀주기 때문이다. 그러므로 유대교는 성경에 근거할 때 가장 바르다. 성경이 말하는 바에 귀를 기울여야 한다.

기독교는 유대교와 달리 더 이상 물질적인 성전을 가지지 않는다. 기독교에는 건물로서의 성전이라는 개념이 없다. 그러므로 기독교는 유대교보다도 더욱 성경에 근거를 둔다. 성경이 말하는 바에 철저하게 귀를 기울여야 한다. 기독교는 성경종교가 되어야 한다. 성경을 인용하고, 성경을 제시하라. 기독교는 성경진리로 돌아가야 한다. 기독교는 성경진리에 착실해야 한다. 성경에 힘쓰지 않는 기독교는 이미 기독교가 아니다.

예수님의 말씀을 듣는 사람들은 모두 그의 교훈을 놀랍게 여기며 그를 두려워했다(18). 이것은 사람들이 언제 기독교에 대하여 놀라며 두려워하는지 알려준다. 기독교가 주님이 하셨던 것처럼 하나님의 말씀으로 돌아가서 하나님의 말씀을 가르칠 때 사람들은 놀라며 두려워할 것이다. 성경을 가르치지 않는 교회는 세상에 아무런 놀라움도 되지 않고 아무런 두려움도 되지 않는다. 그러므로 기독교의 갈 길은 주님의 길을 따르는 것이다.

유대교는 종교적 부패현상을 짙게 풍겨내고 있었다. 주님은 그것을 강하게 비판하시면서 교정하는 메스를 들이댔다. 오늘날 기독교는 유대교의 오류에서 벗어나야 한다. 신앙을 이익의 재료로 삼는 것, 종교를 배회의 영역으로 삼는 것, 교회를 강도의 소굴로 만드는 것, 이것은 오늘날도 우리가 피해야 할 대표적인 오류들이다. 우리는 주님의 가르침을 따라 기도로써 하나님과의 관계에 깊이 참여해야 한다. 그리고 우리는 하나님의 말씀인 성경으로 부단히 돌아감으로써 진정한 능력을 갖추어야 한다. 이런 의미에서 우리는 성전과 관련하여 치명적인 오류를 저지른 유대교에 대한 주님의 비판과 교정에 귀를 기울여야 한다.

# 누구의 것이냐

일상생활과 신앙생활은 둘이 아니라 하나이다. 일상은 신앙으로 형성되며, 신앙은 일상에서 전개된다. 일상은 신앙의 행위이다. 예를 들면, 신자에게는 음식을 먹는 것이 믿음의 행위이다. 역으로 신앙은 일상의 표현이다. 주님을 믿는 것을 일상의 실천으로 생각한다. 예를 들어, 기도는 모든 일에 관련된다. 그래서 일상생활과 신앙생활은 분리되지 않는다. 하지만 일상생활과 신앙생활은 결부되어 있는 것임에도 불구하고 이상하게 항상 미묘한 긴장관계를 가진다. 일상생활에 힘쓰다 보면 신앙생활에 소홀하게 되고, 신앙생활에 주력하다 보면 일상생활에 손실이 온다. 이것이 우리의 딜레마이다. 우리의 딜레마는 일상과 신앙 사이에서 발생한다. 이것은 세속질서와 신앙질서 사이에서 빚어지는 딜레마이다. 세속질서를 따라가면 신앙질서의 질타를 받고, 신앙질서를 따라가면 세속질서의 질타를 받는다.

　　바리새인들과 헤롯당원들이 예수님을 올무에 빠뜨리기 위하여 교묘하게 사용한 수단이 바로 이런 딜레마였다. 그들은 주님께 로마황제에게 세금을 바치는 것이 옳은지 옳지 않은지 질문을 했다(14). 이 질문은 주님을 딜레마에 빠지게 하는 함정이다. 만일에 주님께서 이 질문에 대하여 로마황제에게 세를 바치라고 말하면, 주님은 당시의 신앙질서로부터 심각한 질타를 받게 된다. 왜냐하면 당시에 유대종교는 대부분 로마에 대항하는 정신을 가지고 있었기 때문이다. 특별히 스스로를 보수적인 세력으로 자칭하는 젤롯당(열심당)은 로마에 항전하면서 유대인들이 로마에게 세금을 바치는 것은 하나님에 대한 신앙을 버리는 것으로 간주하였다. 하지만 반대로 주님께서 로마황제에게 세를 바치지 말라고 말하면, 즉각 세속질서로부터 엄청난 공격을 당하게 된다. 당시에 로마제국은 모든 식민지의 주민들로부터 세금을 징수했는데 이것을 거역하는 자는 로마의 통치를 거스르는 것으로 생각했다. 바리새인들과 헤롯당원들은 가이사에게 세금을 바치는 것이 옳은지 옳지 않은지 질문함으로써 주님께 세속질서인 로마제국과 신앙질서인 유대종교를 선택하도록 강요하고 있는 것이다. 하지만 이것은 주님께서 어느 것을 선택해도 공격을 받게 만들려는 요량이었다. 주님은 어느 것을 선택해도 공격을 받는다.

때때로 우리에게도 비슷한 시험이 온다. 그것은 세속질서와 신앙질서 사이의 딜레마이다. 세속질서에 충실한 것은 옳은 일인가 옳지 않은 일인가? 이에 대하여 옳다고 말하면 신앙질서에 위배되는 것 같은 생각이 들고, 옳지 않다고 말하면 세속질서에 위배되는 것 같은 생각이 든다. 주님에 대한 시험은 우리에 대한 시험의 전형이다.

이때 주님은 사람들이 매우 놀랍게 여길만한 대답을 주셨다(17). 주님께서는 사람들에게 데나리온 하나를 가져오게 하시고는 "이 형상과 이 글이 누구의 것이냐"(16) 물으신 후에 가이사의 것이라고 대답하는 사람들에게 "가이사의 것은 가이사에게, 하나님의 것은 하나님께 바치라"(17)고 말씀하셨다. 주님의 대답으로부터 우리는 몇 가지 중요한 교훈을 얻는다.

## 1. 표면적 교훈

무엇보다도 주님은 두 질서를 공히 인정하시는 것처럼 보인다. 주님의 말씀에 의하면 가이사의 것도 있고 하나님의 것도 있다. 우리는 가이사의 것이 있다는 사실도 인정해야 하고 하나님의 것이 있다는 사실도 인정해야 한다. 가이사의 것과 하나님의 것은 어느 정도 구분이 된다. 가이사에게 줄 것을 하나님께 드리지 말고, 하나님께 드릴 것을 가이사에게 주지 말라. 이것은 주님께서 유대인들의 고르반 행위를 비판하신 것과 비슷하다. 부모에게 드릴 것을 하나님께 드리는 것이 정당화될 수 없는 것처럼, 가이사에게 줄 것을 하나님께 드리는 것도 정당화 될 수 없다. 따라서 세속질서를 잃고 신앙질서만을 위하는 것도 잘못이며, 신앙질서를 버리고 세속질서만을 위하는 것도 잘못이다. 우리는 세상도 긍정하고 신앙도 긍정해야 한다.

주님의 말씀을 따르자면 분명히 가이사에게 고유한 것이 있다. 이런 점에서 볼 때 주님은 가이사에게 세금을 내는 것을 반대하지 않으신 것 같다. 사실 이런 생각은 사도 바울에게도 발견된다(롬 13:6-7). 기독교인은 세상질서를 외면하는 것이 아니다. 왜냐하면 모든 권세는 하나님께로부터 나왔다는 것을 믿기 때문이다. "권세는 하나님으로부터 나지 않음이 없나니 모든 권세는 다 하나님이 정하신 바라"(롬 13:1). 따라서 신자는 세상질서에 대하여도 충실하게 살아야 한다. 신자는 가정에도 충실하고, 직업에도 충실하며, 사회에도 충실하다. 기독교인에게 세상에서 도피적인 삶은 허용되지 않는다. 기독교는 폐쇄된 수도원이 아니다. 오히려 신자는 땅의 소금과 세상의 빛으로서 세속질서를 긍정한다. 그러므로 신자는 세상에서 가장 성실한 시민으로 산다.

그런데 다른 한편으로 주님의 말씀을 따르자면 하나님께 고유한 것이 있다.

이렇게 한편에는 세속질서에 고유한 것이 있고, 다른 한편에는 신앙질서에 고유한 것이 있다. 따라서 세속질서와 신앙질서를 마구 혼합하는 것은 옳지 않다. 이 두 질서 사이에는 구분이 필요하다.

이런 의미에서 세속질서를 신앙질서에 함부로 활용하는 것은 좋지 않다. 예를 들면 가요를 가져다가 찬송가로 쓰는 것과 같은 경우이다. 현재 찬송가에도 국가(國歌), 민요, 교향곡 등에 찬송가사를 붙여 부르는 이런 경우가 적지 않다. 기독교가 목회를 활성화하기 위해서 기업들의 경영방식을 도입하는 것도 큰 문제이다. 또한 신자들의 신앙생활을 돕기 위하여 일반종교의 형태를 기독교에 도입하는 것은 심각한 잘못이다. 예를 들면, 염불하듯 주기도문을 암송하는 것이다. 이런 것은 모두 신앙질서에 무비판적으로 세속질서를 끼어넣는 행위로서 기독교의 세속화라고 볼 수 있다. 물론 이것은 세속질서를 응용하는 것이 무조건 전혀 불가능하다는 말이 아니라 조심해야 한다는 의미이다.

이와 반대로 신앙질서를 세속질서에 강요하는 것도 조심해야 한다. 처음부터 분명한 목적을 가지고 신앙질서를 설립하려는 경우가 있다. 예를 들면, 기독교 정신을 천명하면서 출발하는 미션스쿨 같은 경우이다. 하지만 이런 입장을 보이지 않다가 세속질서에 기독교 정신을 강요하는 것은 옳지 않다. 사원을 기독교인으로만 뽑는다거나, 사원들에게 기도회에 참여하게 하거나 성경을 읽게 함으로써 기독교 신앙을 강요하는 것과 같은 행위이다. 이렇게 하면 다른 종교를 가진 사주도 기독교인 사원에게 자신의 종교를 강요하는 일이 발생할 것이다. 이렇게 되면 결국 사회에는 종교전쟁이 일어난다. 이것은 바람직하지 않다. 오히려 신자가 기독교 정신을 가지고 사회생활을 하는 것은 옳다. 사실상 신자는 모든 세속질서에서 기독교 정신을 가지고 임해야 한다. 세속질서가 신자의 바른 모습, 건전한 삶, 난관을 극복하는 신앙의 힘과 지혜를 보고 기독교인의 정신에 감동되어 따라오게 해야 한다.

## 2. 근본적 교훈

그러나 여기까지는 주님의 의도를 표면적으로 이해한 것이다. 주님은 가이사의 것은 가이사에게 주고 하나님의 것은 하나님께 드리라는 말씀으로 단순히 세속질서와 신앙질서는 구분된다는 사실만을 가르치신 것이 아니다. 이 말씀으로 주님은 근본적으로 만물을 누가 소유하는가를 확인시켜 주려 하신다. 한 마디로 말해서 만물을 소유하시는 분은 오직 하나님 한 분이시다. 이런 교훈을 주시기 위하여 주님은 사람들에게 데나리온 하나를 가져다가 보이라고 말씀하신 후에 "이 형상과 이 글이 누구의 것이냐"(16)고 물으셨다. 사람들은 데나리온의 그림과 글자를 보고는 가이사의 것이라고 대답했다.

사람들의 대답은 데나리온에 대한 일차적인 관찰에서 나온 것이다. 데나리온의 표면을 보면 분명히 가이사의 형상이 새겨있고 가이사의 글자가 적혀있다. 사람들의 눈은 여기에 머물고 말았다. 로마시대의 모든 주화에는 로마황제들의 형상과 글자가 들어있다. 로마황제들은 통치를 시작하면 새로운 화폐를 주조했다. 이것은 로마황제들이 자신들의 통치를 백성들에게 가장 빨리 가장 분명하게 각인시킬 수 있는 방법이었기 때문이다. 사람들은 돈을 볼 때마다 황제의 얼굴과 이름을 보면서 지금 어떤 황제가 통치를 하고 있는지 인식하게 되었다. 그래서 모든 황제들은 통치를 시작하면 주화에 자신들의 형상과 이름을 넣게 했다.

여기에서 물어볼 것이 있다. 주화에 가이사의 형상과 이름을 넣으면 그것이 가이사의 소유인가? 언뜻 보면 그럴 수 있다. 하지만 반드시 그런 것은 아니다. 예를 들어 로마사람들이 다른 나라 사람들과 교역을 하는 중에 물건을 받으면서 데나리온을 건네주었다고 하자. 그 데나리온은 다른 나라 사람의 손에 들어간다. 그러면 그 데나리온의 소유주는 누구인가? 데나리온에 들어있는 형상과 글자가 가이사의 것이기 때문에 여전히 가이사가 주인인가? 그렇지 않다. 그 데나리온의 주인은 그것을 손에 쥐고 있는 다른 나라 사람이다. 따라서 주님께서 가이사의 것은 가이사에게 주라고 말씀하신 것은 아주 미묘한 의미를 가진다. 그것은 데나리온에 가이사의 형상과 글자가 들어있다 할지라도 실제로는 그 데나리온이 가이사의 것이 아닐 수 있다는 사실을 알려주신 것이다. 엄격히 말해서 가이사의 것은 그다지 많지 않다. 반대로 주님은 하나님의 것은 하나님께 드리라고 말씀하신다. 이것은 아무것에도 하나님의 형상과 이름이 들어있지 않을지라도 모든 것이 하나님의 소유일 수 있다는 사실을 알려주시는 것이다.

여기에서 문제가 되는 것은 믿음과 생각이다. 데나리온에 가이사의 형상과 글자가 들어있기 때문에 어떤 사람들은 그것을 가이사의 것이라고 믿을 수 있다. 우리도 자주 그런 생각에 빠진다. 우리는 재물, 신분, 사업 등등에 우리의 이름을 달고 있기에 우리의 것이라고 믿는다. 그래서 우리는 모든 것에 자기의 이름을 써넣기 위해서 힘을 기울인다. 그러나 우리는 우리의 이름이 들어있는 것들조차도 우리의 것이 아닐 수 있다는 사실을 인식하지 못한다. 데나리온에 들어있는 형상과 글자가 가이사의 것이기 때문에 데나리온이 가이사의 것이라고 믿는 사람은 가이사에게 세금을 내는 것으로 만족할 것이다. 마찬가지로 재물, 신분, 사업 등등에 자신의 이름이 들어있기 때문에 자신의 것이라고 믿는 사람은 자신을 위하여 사는 것으로 만족할 것이다. 하지만 주님께서는 하나님의 것은 하나님께 드리라고 말씀하심으로써 모든 것이 하나님의 소유라고 믿는 사람은 하나님께 드려야 할 것을 가르치셨다. 사람들은 근본적으로 가이사의 형상과 가이사의 문자가 어디에서 왔는지 알아야 했다. 그러나 그들은 가이사의 형상과 가이사의 문자가 어디에서 왔는지 이해하지 못했다. 그러므로 형상과 문자가 가이사의 것이라고 믿는 사람은 가이사에게 내는 것으로 그친다. 이런 사람들에게 주님은 "가이사의 것은 가이사에게, 하나님의 것은 하나님께 바치라"(17)고 말씀하셨다. 가이사의 것이라고 믿는 사람은 가이사에게 바치고, 하나님의 것이라고 믿는 사람은 하나님께 바치라는 말이다. 여기에서 주님은 가이사의 문제에서 하나님의 문제로 나아가셨다는 것이 중요하다. 주님은 궁극적으로 하나님의 문제를 가르치려고 하신다.

주님은 이 말씀으로서 믿음의 문제를 거론하고 있다. 믿음의 눈을 가지고 사물의 근원을 알아야 한다는 것이다. 만일에 누가 데나리온에 들어있는 형상과 글자를 보면서 단순히 가이사에게서 온 것이라고 믿는다면 가이사에게 돌려줄 것이다. 하지만 데나리온의 형상과 글자도 근본적으로는 하나님에게서 온 것이라고 믿는다면 하나님께 돌려드릴 것이다. 그러므로 믿음이 문제이다. 만물의 근원이 하나님이심을 믿는 사람은 하나님께 드릴 것이다. 가이사의 것은 없다. 일차적으로 가이사의 것으로 보일지라도 근본적으로는 하나님의 것이다.

바리새인들과 헤롯당원들은 가이사에게 세금을 바치는 문제를 가지고 와서 주님을 딜레마라는 함정에 빠뜨리려는 흉계를 썼다. 그러나 주님께서는 이들의 속셈을 뚫어보셨다. 주님은 그들이 시험을 베풀고 있다는 것을 아셨다. 그래서 주님은 바리새인들과 헤롯당원들의 계략에 넘어가지 않았다. 대신에 주님은 더 근본적인 가르침을 주셨다. 그것은 세금을 내는 문제를 넘어서 만물소유의 문제를 따지신 것이다. 주님은 가이사에게 세금을 바치는 문제를 넘어서 하나님께서 만물을 소유하고 있다는 사실을 가르치셨다. 만물소유자가 누구인지 가르치신 것이다. 중요한 것은 가이사에게 세금을 내느냐 마느냐가 아니라 하나님이 만물 소유자이심을 믿느냐 아니냐 하는 것이다. 우리는 만물의 소유주이신 하나님께 우리의 삶을 드리는 생활에 힘써야 한다. 세속주권 앞에서 고민하는 차원에 머물지 말고 하나님의 주권을 받아들여라.

# 산 자의 하나님

Mark 12:18-27

죽은 자의 부활을 믿는다는 것은 절대로 쉬운 일이 아니다. 가장 지혜로운 사람도 부활을 믿기 어렵고 가장 학식이 많은 사람도 부활을 이해하기 어렵다. 부활신앙은 하나님의 은혜이다. 하나님의 은혜가 아니고서는 부활을 믿을 수가 없다. 부활은 종교적인 사람이라고 해도 믿지 못한다. 심지어 가장 종교적인 사람도 부활신앙에서 거리가 먼 경우가 있다. 그 대표적인 사례가 예수님 당시의 사두개인들이다.

## 1. 사두개인들의 오해

사두개인이라는 명칭은 스스로를 의롭다 여기기 때문에 붙여진 이름일 가능성이 있다. 그 어근에 "의롭다"(자디크)는 의미의 단어가 들어있기 때문이다. 그러나 사두개인이라는 명칭을 파악하는 데 더 가능성이 높은 것은 다윗 시대의 제사장이었던 사독에서 나왔을 것이라는 사실이다. 이들은 사독 제사장 계열에서 나온 제사장 가문 사람들이다. 그러다보니 사두개인들은 자기의 지위를 지키려는 보수적인 성향을 지니고 있었다. 이 때문에 사두개인들은 로마제국의 통치 아래 놓였을 때에 그 지위를 박탈당하지 않기 위해서 로마와 야합하는 태도를 취하였다. 보수성은 바로 사두개인들을 현실주의자로 만들어버렸다. 이와 같은 현실주의 때문에 사두개인들은 부활을 부인하는 결과를 맞이했다. 그들이 부활을 부인하게 된데는 이와 같은 배경이 있다. 제사장 가문의 사두개인들은 가장 종교적인 인물들이었음에도 불구하고 부활을 받아들이지 않는 모순적인 모습을 보여주었다. 그래서 그들은 예수 그리스도에 대하여 비판적인 자세를 취하면서 부활논쟁을 유도했던 것이다.

사두개인들이 주님과 부활논쟁을 벌이기 위하여 가지고 나온 자료는 시형제결혼제도(levirate marriage)였다. 이것은 본래 신명기 25:5에 근거한 율법이다. 사두개인들은 부활신앙을 반대하기 위하여 시형제결혼제도에 토대를 두고는 한 여자와 결혼한 일곱 형제 이야기를 예로 제시했다. 그들이 결론적으로 주님께 질문한 것은 "일곱 사람이 다 그를 아내로 취하였으니 부활 때 곧 그들이 살아날 때에 그 중의 누구의 아내가 되리이까"(23)라는 것이었다. 이것은 사두개인들의 두 가지 문제점을 드러낸다.

첫째로 사두개인들은 성경을 단순히 인간의 사회적인 차원으로 이해했다. 그래서 사두개인들은 "모세가 우리에게 써 주기를"(19)이라고 말했다. 하나님께서 모세를 통해 이스라엘 백성에게 율법을 주신 것은 사회적인 목적을 위해서만 아니다. 하나님은 오히려 영적인 목적을 위해서 율법을 주신 것이다. 그러나 사두개인들은 모세를 통한 하나님의 말씀을 순전히 사회적인 차원에서 이해했다. 오늘날도 많은 사람들이 하나님의 말씀인 성경을 단순히 인간적인 차원 또는 사회적인 차원에서 이해하려고 한다. 성경을 과학적, 역사기술적, 문학적, 문화적, 이런 차원으로 읽는 것으로 그치는 사람들이다. 이런 사람들은 성경을 단지 인간적인 또는 사회적인 측면에서만 읽으면서 이해가 안 된다고 불평한다.

둘째로 사두개인들은 부활을 단순히 사람들의 사회적 관계의 회복으로 생각했다. 그러므로 사두개인들은 일곱 형제와 결혼한 여자가 부활 때에 "누구의 아내가 되리이까"(23)라고 물었다. 오늘날도 많은 사람들이 부활을 이런 식으로 생각하는 오류를 저지른다. 그런 사람들은 부활 때에 남편을 만나고 아내를 만나는 것을 최대의 목적으로 삼는 잘못을 행한다. 이런 사람들은 부활 때에 남편과 아내를 만나는 것이 그 이상의 관계로 만나는 것임을 알지 못한다.

이와 같이 사두개인들의 문제는 두 가지였다. 그들은 첫째로 성경을 곡해했으며, 둘째로 부활을 믿지 않았다. 사두개인들은 성경과 부활을 단지 사회적이며 인간적으로 파악하려고 했다.

## 2. 예수님의 답변

바로 이런 사두개인들을 향하여 예수님이 책망의 어조로 답변하셨다. "너희가 성경도 하나님의 능력도 알지 못하므로 오해함이 아니냐"(24). 주님의 말씀에 의하면 사두개인들의 질문은 성경에 대한 무지와 하나님의 능력에 대한 무지에서 나온 소치이다. 따라서 주님은 사두개인들의 두 가지 문제를 하나씩 격파하신다. 아마도 주님은 모세를 곡해하는 것을 성경에 대한 무지라고 생각하며, 부활을 믿지 않는 것을 하나님의 능력에 대한 무지라고 생각하신 것 같다. 따라서 주님은 사두개인들에게 성경과 부활에 관하여 정확한 진리를 말씀해주셨다.

성경에 대한 사두개인들의 무지는 시형제결혼제도를 부활 때의 율법으로 오해한 것이다. 시형제결혼제도에 대한 모세의 글은 현생에서 행할 규례를 가르치는 것이지 부활 때에 행할 법도를 말하는 것이 아니다. 따라서 사두개인들이 부활신앙을 비판하기 위해서 시형제결혼제도를 제시한 것은 성경을 잘못 적용한 것이다. 게다가 하나님께서 모세를 통하여 시형제결혼제도를 주신 것은 단순히 이스라엘의 사회적인 차원을 위한 것이 아니라 사실은 영적인 차원을 위한 것이었다. 하나님은 이런 제도를 통해서 이 땅에 하나님의 뜻을 실현할 하나님의 백성을 보존하려고 하셨다.

주님은 부활에 대한 사두개인들의 무지를 교정하기 위하여 두 가지를 말씀해주셨다.

첫째로 주님은 "사람이 죽은 자 가운데서 살아날 때에는 장가도 아니 가고 시집도 아니 가고 하늘에 있는 천사들과 같으니라"(25)고 말씀하셨다. 이것은 무엇보다도 부활이 인간의 사회적 관계를 회복하는 것이 아니라는 사실을 알려준다. 사두개인들이 일곱 형제와 결혼한 여자가 부활 때에 "누구의 아내가 되리이까"(23)고 물었지만, 주님의 견해를 따르자면 부활 시에는 누구의 아내가 된다는 것이 무의미하다. 이것을 설명하기 위해서 주님은 장가도 아니 가고 시집도 아니 간다는 말씀을 하셨다. 이것은 부활 때에는 결혼하는 행동이 없다는 의미일 뿐 아니라 부부라는 관계도 없다는 의미이다. 다시 말하자면 부활에서는 세속적 의미의 가족관계란 없다. 장가가고 시집가는 일이 벌어지지 않고, 누구의 남편이며 누구의 아내이냐 하는 것도 없다. 주님께서는 이에 대하여 한 가지 중요한 예를 제시하셨다. 부활 때에는 죽은 자 가운데서 살아난 사람들이 천사들과 같다는 것이다. 천사들은 서로 간에 수평적인 사회적인 관계로 존재하는 것이 아니다. 왜냐하면 천사들에게는 결혼도 하지 않고 가족도 없기 때문이다. 천사들에게 중요한 것은 오직 자신들이 섬기는 하나님과의 관계이다. 그러므로 사두개인들처럼 일곱 형제와 결혼한 한 여자를 예로 들면서 부활 때에 누구의 아내가 될 것이냐고 묻는 것은 그 자체가 오류인 셈이다.

그러나 사두개인들의 무지는 이렇게 단순히 부활 개념에 대한 오해에서 비롯된 것이 아니다. 그들은 하나님의 능력에 대한 무지라는 더 치명적인 문제에 의하여 지배를 받고 있었다. 그래서 주님은 하나님이 죽은 자들에 대하여 어떤 능력을 가지고 있는지 알려주신다. 하나님은 죽은 자들에 대하여 놀라운 능력으로 관계하신다. 부활은 하나님과의 영원한 관계를 획득하는 것이다. 이것이 부활에서 가장 중요하며 핵심적인 내용이다. 이 사실을 설명하기 위해서 주님은 "죽은 자가 살아난다는 것을 말할진대"(26)라고 서두를 시작하면서 성경의 증거를 제시하셨다. 주님께서는 성경을 증거로 삼아 사두개인들의 무지를 파쇄하셨다. 사두개인들이 모세를 언급했기 때문에(19, "모세가 우리에게 써 주기를"), 주님도 모세를 언급한다. "너희가 모세의 책 중 가시나무 떨기에 관한 글에 하나님께서 모세에게 이르시되 나는 아브라함의 하나님이요 이삭의 하나님이요 야곱의 하나님이로라 하신 말씀을 읽어보지 못하였느냐"(26). 이것은 출애굽기 3:6을 염두에 두신 말씀이다.

출애굽기 3:6에서 하나님은 모세에게 오래 전에 죽은 아브라함과 이삭과 야곱을 언급하셨다. 역사적으로 보면 아브라함과 이삭과 야곱은 분명히 죽은 자들이다(26, "죽은 자들에 관하여"). 그러나 하나님은 모세와 말씀하시면서 여전히 그들의 하나님이라고 말씀하신다. "나는 아브라함의 하나님, 이삭의 하나님, 야곱의 하나님이로라"(26). 하나님은 역사적으로 죽은 자들의 하나님이시다. 그 이유는 무엇인가? 왜냐하면 그들은 모두 마침내 부활할 것이기 때문이다. "그들이 살아날 것이므로"(26). 하나님은 아브라함과 이삭과 야곱의 부활을 내다보셨다. 하나님은 아직 그들이 죽은 자들이지만 반드시 다시 살아날 것을 아셨다. 따라서 하나님은 그들이 부활할 것을 내다보시면서 스스로 그들의 하나님이라고 말씀하셨다. 부활을 전제하기에 하나님은 그들과 변함없이 관계하신다. 부활이 있기 때문에 하나님은 역사적으로 죽은 아브라함, 이삭, 야곱을 여전히 산 자로 간주하신다.

계속해서 주님은 이 사실을 더욱 명료하게 정리해주셨다. "하나님은 죽은 자의 하나님이 아니요 산 자의 하나님이시라 너희가 크게 오해하였도다"(27). 이것은 부활을 전제로 하기 때문에 하나님이 역사적으로 죽은 족장들의 하나님이 되신다는 사실을 더욱 간명하게 설명해준다. 아브라함과 이삭과 야곱은 사람들이 보기에 육체로는 죽었으나 하나님이 보시기에 영적으로는 살아있다. 그들은 역사적으로는 죽었으나 신앙적으로는 살아있다. 하나님은 부활의 하나님이시기 때문에 죽은 자도 산 자처럼 취급하신다. "하나님은 죽은 자를 살리시며 없는 것을 있는 것으로 부르시는 이시니라"(롬 4:17). 따라서 하나님은 모든 죽은 자도 산 자로 여기신다. 하나님은 영이시기 때문에 육체의 삶과 죽음에 구애를 받지 않는다. 영이신 하나님은 육체의 삶과 죽음을 넘어 모든 인간을 산 자들로 관계하신다. 부활이란 하나님과의 영원한 관계에 들어가는 것이다. 하나님은 부활을 내다보시면서 죽은 신자들까지도 산 자로 여기신다. 그리고 하나님은 부활을 내다보시기에 산 자로 여김을 받는 죽은 신자들과 영원한 관계를 유지하신다. 이런 의미에서 하나님은 죽은 자의 하나님이 아니라 산 자의 하나님이시다.

주님께서 성경과 부활에 관하여 정확하게 제시하신 진리는 우리에게 몇 가지 중요한 교훈을 준다.

첫째로 우리는 하나님과 일대일 관계를 견실하게 유지해야 한다. 하나님은 아브라함과 이삭과 야곱을 각각으로 상대하신다. 하나님은 그들을 그냥 묶어서 보시는 것이 아니다. 하나님은 그들을 단체로 보시기 전에 개인으로 보신다. 하나님과의 개인적 관계가 성립되고 나서야 개인들 간에 사회적 관계가 형성되기 때문이다. 그러므로 하나님은 아브라함의 하나님이며, 이삭의 하나님이며, 야곱의 하나님이시다. 여기에 하나님이 아브라함과 이삭과 야곱에게 각각 관계하신다는 표현에 주의해야 한다. 하나님은 족장들에게 그리하셨던 것처럼 오늘날도 우리에게 그렇게 하신다. 하나님은 말세에 부활 때뿐 아니라 현재에도 부활을 내다보시면서 각 신자와 완벽한 개인적 관계를 유지하신다. 하나님은 부활 때에 각 신자들과 완벽한 개인적인 관계를 성취하실 것이기에, 역사상에서도 이미 각 신자들과 완벽한 개인적인 관계를 유지하신다. 따라서 부활을 믿는 신자들도 하나님과 일대일 관계를 충실하게 이행해야 한다. 부활을 믿는 사람에게는 하나님과의 관계가 중요하다. 특히 모든 신자는 단독으로 하나님과 충실한 개인적인 관계를 유지해야 한다. 우리는 단체로 하나님을 만나기 전에 먼저 개인으로 하나님을 만나야 한다. 개인으로 하나님을 만나지 못한다면 단체를 형성해도 아무런 의미가 없다. 하나님을 만나지 못한 개인들로 단체를 이루는 것은 그 자체가 오류이다. 그러므로 모든 신자는 하나님과의 개인적인 관계를 중시한다.

둘째로 우리는 하나님과 생명적인 관계를 활기차게 지속해야 한다. 하나님은 역사적으로 죽은 아브라함과 이삭과 야곱을 산 자로 간주하셨다. 하나님은 그들을 죽은 자로 여기지 않으셨다. 왜냐하면 하나님은 그들의 부활을 내다보셨기 때문이다. 따라서 주님은 하나님을 가리켜 죽은 자의 하나님이 아니라 산 자의 하나님이라고 소개하셨던 것이다. 하나님은 족장들에게 하셨던 것처럼 오늘날도 산 자의 하나님으로 우리를 상대하신다. 하나님은 지금도 우리 모두에게 산 자의 하나님으로 관계하신다. 그러므로 우리도 언제나 산 자로서 하나님과 교제해야 한다. 하나님이 지금 우리를 산 자로 간주하신다면, 그리고 심지어 죽은 후에도 산 자로 간주하실 것이라면, 우리는 살아있는 동안 철저하게 생동력 있게 주님을 위해서 살아야 한다. 우리는 죽은 자처럼 존재해서는 안 되며, 활동하고 약진해야 한다. 우리는 산 자의 하나님으로부터 생명과 활력을 얻어야 한다. 우리의 생명과 활력은 오직 하나님에게서 나온다. 그러므로 우리는 변함없이 주님에게 의지해야 한다. 이렇게 하여 우리는 하나님 앞에 활기차게 나타나야 한다. 하나님을 위해서 활력있게 살아야 한다.

# 하나님 나라에서
# 멀지 않도다

Mark 12:28-34

예수님의 가르침을 한 마디로 요약하라고 한다면 하나님의 나라라고 말할 수 있다. 마가복음에 의하면 주님은 역사의 무대에 등장하셔서 첫 말씀으로 하나님의 나라를 전파하셨다. "때가 찼고 하나님의 나라가 가까웠으니 회개하고 복음을 믿으라"(막 1:15). 제자들과 마지막 만찬을 나누면서도 하나님 나라에 관해서 말씀하셨다(막 14:25). 다시 말하자면 주님의 머릿속은 하나님의 나라에 관한 가르침으로 가득 차 있었던 것이다.

이런 이유 때문에 주님께서는 한 서기관과 대화를 마치면서 "네가 하나님의 나라에서 멀지 않도다"(34)고 말씀하셨다. 그러면 주님은 왜 서기관에게 하나님 나라에서 멀지 않다고 말씀하셨을까? 그 까닭은 서기관이 주님께 지혜 있게 대답했기 때문이다. 서기관의 지혜로운 대답은 "마음을 다하고 지혜를 다하고 힘을 다하여 하나님을 사랑하는 것과 또 이웃을 제 몸과 같이 사랑하는 것이 전체로 드리는 모든 번제물과 기타 제물보다 나으니이다"(33)라는 것이었다. 서기관의 대답은 요약하면 하나님을 사랑하는 것과 이웃을 사랑하는 것이다. 사실 바로 그것은 서기관의 질문에 대한 주님의 답변이었다.

서기관이 주님께 "모든 계명 중에 첫째가 무엇이니이까"(28)라고 물었을 때, 주님께서는 이에 대한 답변으로 두 가지를 말씀해주셨다. 하나님을 사랑하는 것과 이웃을 사랑하는 것이다. 모든 계명 중에 첫째는 하나님 사랑과 이웃 사랑이다. 하나님 사랑과 이웃 사랑이 바로 하나님 나라의 핵심이다. 여기에서 중요한 공통점은 사랑하라는 것이다. 주님은 하나님 나라와 관련하여 사랑을 강조하셨다. 하나님의 나라에서는 첫째도 사랑이며 둘째도 사랑이다. 따라서 하나님의 나라는 사랑의 나라이다.

하나님 사랑과 이웃 사랑을 가지고 있으면 하나님의 나라를 가지고 있는 것이다. 사랑은 하나님 나라의 국민임을 증명하는 신분증과 같다. 신분증을 보여주면 국민인 것을 증명할 수 있듯이, 사랑을 보여주면 하나님 나라의 백성인 것을 증명할 수 있다. 그래서 사랑을 잃어버리면 신분증을 상실한 것과 마찬가지이다. 신용카드, 명함, 회원카드 이런 것은 내놔도 소용없다. 그것들은 크기와 모양이 비슷해도 신분증이 아니기 때문이다. 하나님 나라의 백성인 것을 증명하기 위해서는 사랑을 보여야 한다. 사랑 아닌 비슷한 것을 내놔서는 하나님의 백성이라는 사실을 증명할 수 없다.

그러면 주님께서 생각하신 사랑은 무엇인가? 그것은 아무것이나 사랑하는 것이 아니며, 아무렇게나 사랑하는 것이 아니다. 주님께서는 사랑을 말씀하시면서 그 대상이 하나님과 이웃이라고 하신다. 사랑은 하나님과 이웃을 사랑하는 것이다. 또한 주님께서는 사랑의 방식이 하나님을 총체적으로 사랑하는 것이며, 이웃을 자신처럼 사랑하는 것이라고 말씀하신다.

## 1. 하나님을 사랑하는 것

첫째로 예수님은 하나님을 사랑하는 것을 가르치셨다. 하나님의 나라에서 가장 중요한 것은 하나님을 사랑하는 것이다. 하나님을 사랑하는 것에서 하나님의 나라가 시작된다. 이것은 마치 왕을 사랑하는 것에서 왕국이 시작되는 것과 같다. 왕을 사랑하지 않으면 왕국은 성립되지 못한다. 왕을 사랑하지 않으면 반역을 꾀하고 모반을 도모한다. 그러면 나라는 무너지고 만다. 이런 현상은 동서고금의 역사에서 수없이 많은 사례를 찾아볼 수가 있다. 이것은 특히 이스라엘의 역사에서 자주 발생한 현상이다.

이와 마찬가지로 하나님의 나라도 하나님에 대한 사랑에 기초한다. 하나님 사랑이 하나님 나라를 형성한다. 하나님의 나라는 하나님을 사랑

165

하는 것으로 유지된다. 그래서 하나님 사랑은 하나님 나라의 동력이다. 하나님 사랑은 하나님 나라를 활력 있게 만들며, 뜨겁고 열렬하게 만든다. 그래서 하나님에 대한 사랑이 곧 하나님의 나라라고 부를 수도 있다. 언제 어디에서든지 하나님을 사랑하면 그때 그곳에는 하나님의 나라가 존재하는 것이다. 사람들은 하나님 사랑으로 하나님 나라를 체험하게 된다. 하나님을 사랑할 때 진정으로 하나님의 백성으로 산다.

그러면 예수님은 하나님을 어떻게 사랑해야 한다고 생각하셨는가? 주님은 그 대답을 신명기에서 찾으셨다(신 6:4-5). "네 마음을 다하고 목숨을 다하고 뜻을 다하고 힘을 다하여 주 너의 하나님을 사랑하라"(30). 한 마디로 말하면 모든 것을 드려 하나님을 사랑하는 의미이다. 하나님 사랑은 총체적인 사랑이다. 주님께서는 총체적인 하나님 사랑을 설명하는데 여러 가지 표현을 사용하셨다. 마음을 다하고 목숨을 다하고 뜻을 다하고 힘을 다하라는 것이다. 하나님을 사랑함에 있어서 어떤 면에서든지 부분적이 되어서는 안 된다는 의미이다.

하나님을 총체적으로 사랑해야 하는 까닭은 하나님이 한 분이시기 때문이다. 하나님의 유일성이 총체적 사랑의 이유이다. 하나님이 한 분이시라는 사실에 하나님을 전체로 사랑해야 할 이유가 있다. 만일에 하나님이 여럿이면 하나님을 사랑하는 마음도 여럿으로 나누어질 것이다. 그러나 하나님은 한 분이시다. 서기관이 지혜롭게 고백했듯이 "하나님은 한 분이시요 그 외에 다른 신이 없다"(32). 우리가 사랑해야 할 다른 신은 없다. 우리가 사랑해야 할 하나님은 오직 한 분이시다. 그러므로 우리는 하나님을 총체적으로 사랑해야 한다. 이렇게 하나님을 총체적으로 사랑할 때 하나님의 나라가 견고하며 확실하게 된다. 하나님 나라는 총체적인 하나님 사랑에 기초한다.

## 2. 이웃을 사랑하는 것

둘째로 예수님은 이웃을 사랑하는 것을 가르치셨다. 주님은 하나님의 나라가 이웃을 사랑하는 것과 관계가 있다고 생각하신 것이다. 이웃을 사랑하는 것에서 하나님 나라는 확립된다. 이것은 세상나라에서도 비슷한 경우이다. 한 나라에서 백성들이 왕을 사랑하는 것처럼 이웃사람을 사랑하고 이웃나라와 우호관계를 가지면 그 나라는 안정된다. 그러나 한 나라에서 백성들이 왕을 사랑하지만 이웃끼리 사랑하지 못하면 그 나라는 불안해지고, 또한 이웃나라와 적대관계에 빠지면 전쟁에 휘말리게 된다.

이와 마찬가지로 신자들이 왕이신 하나님을 사랑하는 것과 더불어 형제자매를 사랑하며 불신이웃을 사랑할 때 하나님 나라는 영광을 뿜어낸다. 만일 그렇게 하지 않고 신자들이 서로 사랑하지 않거나 불신이웃을 사랑하지 않으면 문제가 발생한다. 이 때문에 주님은 이웃을 사랑하라고 말씀하신다. 이웃 사랑은 하나님 나라의 성숙한 모습이다. 이웃 사랑에서 하나님 나라는 고급한 품위를 드러낸다. 이웃 사랑은 하나님 나라의 부함, 넉넉함, 여유로움의 표이다. 이웃 사랑은 하나님 나라가 얼마나 품위 있는 것인지 보여준다.

이웃은 누구인가? 우리의 이웃은 여러 종류가 있다. 경제적인 차원에서 보면 가난한 이웃과 부요한 이웃이 있다. 정치적으로는 색깔이 다른 이웃이 있으며, 종교적으로는 타종교에 속한 이웃이 있고, 학력에 있어서는 무식한 이웃이 있고 유식한 이웃이 있다. 그러나 이런 모든 이웃이 우리의 사랑의 대상이다. 어떤 종류에서든지 우리에게는 사랑하지 못할 이웃이 없다. 단지 우리는 사탄과 죄악을 사랑하지 않는다. 마귀와 죄악은 이웃 사랑을 방해하기 때문이다. 그것들은 이웃 사랑의 치명적인 장애물이다. 그것들은 이웃이 되지 못하게 만드는 악한 방해물이다. 그러나 이런 것들을 걷어내면 모든 사람이 우리의 이웃이다. 모든 사람이 우리가 사랑해야 할 이웃이다.

그러면 이웃에 대한 사랑은 어떻게 표현해야 하는가? 주님께서는 이에 대하여 간명한 대답을 주셨다. "네 이웃을 네 자신과 같이 사랑하라"(31). 이것은 매우 강력한 요청이다. 주님은 강력한 요청을 하셨다. 이웃을 사랑하는 것은 자기 자신처럼 사랑하는 것이다. 이웃 사랑은 나 자신과 분리되어 있는 것이 아니다. 이웃을 사랑하는 것은 나 자신을 사랑하는 것과 수위가 같다. 이웃은 우리의 관심의 일부가 아니다. 이웃은 나 자신과 같기 때문이다. 이웃 없이는 나도 없다. 이런 의미에서 이웃은 나 자신이다.

이렇게 이웃을 자기 자신처럼 사랑할 때 하나님의 나라가 견고하며 확실하게 된다. 하나님 나라는 주체적인 이웃 사랑에 기초한다. 하나님의 나라는 종교적일 뿐 아니라 지극히 사회적이다. 하나님 나라는 사회의 문제에 적극적으로 참여한다. 이것이 하나님 나라의 사회성이다. 사회의 문제는 우리와 동떨어진 것이 아니다. 우리는 사회 안에서 살고 있기 때문에 사회는 우리의 지대한 관심사이다. 우리는 사회의 문제에 깊은 관심을 가지며 깊숙이 관여한다. 사회를 위해서 무엇을 할 것인가 연구하며 투자한다.

### 3. 하나님 사랑과 이웃 사랑

예수님은 "모든 계명 중에 첫째가 무엇이니까"(28)라고 묻는 서기관에게 두 가지를 알려주셨다. 모든 계명 중에 첫째가 되는 것은 하나님을 사랑하는 것과 이웃을 사랑하는 것이다. 하나님 사랑은 수직적이며 종교적이다. 이웃 사랑은 수평적이며 사회적이다. 그런데 주님은 이 두 가지가 신비롭게 조화를 이루어야 한다고 생각하신다. 하나님을 전심으로 사랑하기 때문에 이웃을 사랑할 여유가 없다고 생각하면 안 된다. 주님은 전심으로 하나님을 사랑하라고 말씀하면서 동시에 이웃을 자기 자신처럼 사랑하라고 말씀하시기 때문이다. 이것은 언뜻 보면 매우 모순적이다. 전심으로 하나님 사랑을 하기에 더 이상 아무런 여유가 없을 것처럼 보이는데 주님은 이웃을 사랑하는 데도 전적이어야 한다고 말씀하신다.

이렇게 주님에게는 하나님 사랑과 이웃 사랑이 뗄 수 없이 교묘하게 엮여져 있다. 그 둘은 모두 총체적이다. 하나님 사랑도 총체적이며 이웃 사랑도 총체적이다. 하나님을 사랑하는 것과 이웃을 사랑하는 것은 철저하게 결합되어 있다. 이것은 결국 하나님 사랑과 이웃 사랑이 서로 다른 것이 아님을 증명한다. 하나님 사랑은 이웃 사랑으로 표현되며 입증된다. 이웃 사랑은 하나님 사랑으로 시작되며 종결된다. 하나님을 사랑하는 것과 이웃을 사랑하는 것은 이분되거나 상반되는 것이 아니다. 하나님을 사랑하는 사람은 이웃을 사랑하며, 이웃을 사랑한다는 것은 하나님을 사랑하는 것을 의미하기 때문이다. 그래서 하나님을 사랑하는 사람이 이웃을 사랑하지 않을 수 없다. 하나님을 사랑하지 않는 사람은 이웃을 진정으로 사랑하기 어렵다. 우리는 이것을 하나님의 아들 예수님의 희생에서 쉽게 찾아볼 수 있다. 이와 마찬가지로 이웃을 진정으로 사랑하는 사람은 하나님을 사랑하는 길을 가게 된다. 이웃을 사랑하지 않으면서 하나님을 사랑한다고 말하기 어렵다.

하나님 사랑과 이웃 사랑은 화폐의 양면과 같다. 예로부터 화폐는 한 면만 가지고는 가치가 없다. 그래서 한 면 화폐를 고의적으로 사용하면 위조화폐를 사용하는 것이 된다. 그것은 잘못일 정도가 아니라 범죄이다. 마찬가지로 하나님을 사랑한다 하면서 이웃을 사랑하지 않거나, 이웃을 사랑한다고 하면서 하나님을 사랑하지 않으면, 그것은 잘못일 정도가 아니라 범죄이다. 이 때문에 하나님을 사랑하는 사람은 이웃 사랑에 적극적으로 참여한다. 하나님을 신앙하는 사람은 이웃에게 관심을 갖는다. 그들에게 하나님의 사랑을 전할 생각을 가진다.

이렇게 하나님 사랑과 이웃 사랑이 놀라운 조화를 이룰 때 하나님의 나라는 가장 활발하게 역사한다. 하나님 사랑과 이웃 사랑의 조화에서 하나님 나라는 가장 능력이 있게 표현된다. 하나님을 사랑하며 이웃을 사랑하는 사람들에 의하여 하나님의 나라는 가장 분명하게 실현된다.

하나님의 나라는 사랑의 나라이다. 하나님의 나라는 하나님을 사랑함과 이웃을 사랑함이다. 그래서 서기관이 하나님을 사랑하는 것과 이웃을 사랑하는 것이 어떤 제물보다도 낫다고 대답했을 때 주님께서는 그가 지혜 있게 대답하심을 보시고 "네가 하나님의 나라에서 멀지 않도다"(34)라고 말씀하셨던 것이다. 서기관은 하나님의 나라에서 멀지 않은 사람이었다. 그러면 하나님 나라에 들어갈 사람은 누구인가? 하나님 사랑과 이웃 사랑을 성취하신 분은 오직 십자가에서 대속의 죽음을 맞이하신 예수 그리스도 밖에는 없다. 그러므로 대속주이신 예수님께 의존해야만 하나님 사랑과 이웃 사랑을 실천하는 것을 진정으로 시작할 수 있다. 이런 의미에서 하나님 사랑과 이웃 사랑은 대속적인 은혜를 입어 하나님 나라에 들어간 사람들에게만 가능하다. 하나님 사랑과 이웃 사랑은 사람이 자력으로 행할 수 있는 것이 아니라 은혜를 체험한 사람만이 행할 수 있는 것이다. 우리는 우리의 힘이 아니라 오직 예수님을 통해서만 하나님을 사랑할 수 있고 이웃을 사랑할 수 있다. 우리는 하나님의 나라에서 멀지 않은 사람들이 아니라 이미 하나님의 나라에 속한 사람들이기 때문이다.

# 많이 넣었도다

Mark 12:41-44

하나님의 마음을 물질로 사로잡지 못한다는 것은 두말할 나위가 없다. 하나님은 천지의 모든 것을 소유하시는 분인데 우리가 어떤 물질을 드려서 하나님의 마음을 움직일 수 없기 때문이다. 이런 점을 시편이 잘 설명했다. "주께서 내 귀를 통하여 내게 들려주시기를 제사와 예물을 기뻐하지 아니하시며 번제와 속죄제를 요구하지 아니하신다 하신지라"(시 40:6). 히브리서도 이 시편을 인용하면서 동일한 생각을 보여주었다(히 10:5-7). 시편과 히브리서는 하나님과의 인격적인 관계가 어떤 제사보다도 귀중하다는 것을 강조한다. 다시 말해서 하나님께 물질을 드리는 것보다 자신의 인격 곧 자기 자신을 드리는 것이 낫다는 것이다.

　이스라엘 백성이 종내 저질렀던 문제점 가운데 하나가 바로 이것이다. 그들은 물질로 하나님의 마음을 감동시킬 수 있다고 생각을 했던 것이다. 이에 대한 대표적인 예는 사울 왕이다. 사울 왕은 하나님께서 아말렉을 심판하시면서 심지어는 가축까지 진멸하라고 명령하신 것을 어겼다. 아말렉의 가축 가운데 가장 좋은 것을 소유하고 싶었기 때문이다. 사울 왕은 하나님의 명령을 거스르면서 대신에 우양 가운데 가장 좋은 것들을 골라 하나님께 제사를 드리려고 했다. 이것은 하나님의 명령을 거역하면서 하나님의 마음을 진정시키려는 수작이었다. 사울 왕은 하나님의 명령을 준수하지 않으면서도 번제로 하나님의 마음을 누그러뜨릴 수 있다고 생각한 것이다. 이때 사무엘 선지자는 유명한 말을 남겼다. "순종이 제사보다 낫고 듣는 것이 숫양의 기름보다 나으니이다"(삼상 15:22). 사울 왕의 문제는 하나님과의 인격적인 관계를 뒷전으로 하고 형식적인 제사로 하나님을 대하려고 했다는 것이다.

이것은 이스라엘 역사에서 반복되는 문제였다. 예를 들면, 웃시야 왕 시대로부터 히스기야 왕까지 이어지는 유다 왕국의 전성기에 사람들은 셀 수 없이 많은 제물을 하나님께 드렸다. 그러나 이런 제물에 대하여 하나님께서 보여주신 반응은 매우 냉담했다. 이사야 선지자는 하나님의 심정을 적나라하게 표현한다. "여호와께서 말씀하시되 너희의 무수한 제물이 내게 무엇이 유익하뇨 나는 숫양의 번제와 살진 짐승의 기름에 배불렀고 나는 수송아지나 어린 양이나 숫염소의 피를 기뻐하지 아니하노라"(사 1:11). 하나님께서 유다 사람들의 제사를 즐거워하지 않은 이유는 제사에는 열을 올리면서도 일상생활 가운데 하나님의 율법을 전적으로 무시했기 때문이다. 이것은 하나님과의 인격적인 관계가 깨진 제사는 하나님께 역겨운 것에 지나지 않는다는 사실을 교훈한다.

이렇게 볼 때 헌물과 관련하여 가장 중요한 것은 하나님과의 인격적인 관계이다. 얼마나 많이 드리느냐보다 어떤 마음으로 드리느냐가 중요하다. 헌물의 가치는 분량이 아니라 마음에 의하여 결정된다. 이것은 예수님이 성전에 올라가서 헌금함을 마주보고 앉으셨던 사건에서도 잘 입증된다. 주님은 성전의 헌금함을 바라보고 앉으셔서 "무리가 어떻게 헌금함에 돈을 넣는가"(41) 보셨다. 본문에 분명하게 언급되어 있지 않지만, 성전에 헌금함을 비치한 목적은 유대인들이 성전을 생명처럼 귀중하게 여기기 때문에 성전 헌금함을 보고 그냥 지나쳐가지 않도록 하기 위함이라고 추측할 수 있다.

## 1. 부자들의 헌금

예수님이 헌금함을 바라보고 계실 때 무리가 나와서 헌금을 했는데 그 중에 많은 부자들이 많은 돈을 넣었다. 본문은 주님의 눈에 비친 대로 부자들이 헌금하는 모습을 적고 있다. 그래서 일차적으로 이 말씀에는 부자들에 대한 어떤 비판적인 생각이 나타나지 않는다. 부자들의 헌금이 그냥 사실대로 묘사된다. 이런 의미에서 볼 때 부자들의 역할은 순수한 차원에서 이해해 볼 수 있다. 부자들에게는 부자들이 해야 할 역할이 있다. 그들은 많은 재물을 헌금함으로써 성전이 정상적으로 가동되는 데 이바지했다. 만일에 부자들이 많은 헌금을 내놓지 않는다면 성전의 기능에 무리가 올지도 모른다. 이런 점에서 부자들의 역할을 무조건 비판하는 것은 옳은 일이라고 생각할 수 없다.

부자들은 진실하게 사업을 하여 많은 재물을 하나님께 드려야 한다. 이것은 부자들의 사명이다. 단지 여기에서 주의해야 할 사항은 부의 획득과 축적에 있어서 원인과 방식과 목적이 건전해야 한다는 것이다. 부자들은 건전한 자본을 사용해야 하며, 투명하고 진실한 자세로 사업에 임해야 하며, 사회를 밝게 만들고 궁극적으로는 하나님께 영광을 돌리는 목적을 가져야 한다. 이렇게 재물을 획득하고 소유하는 부자들에게는 그 나름대로 충분한 역할이 있다. 부자들은 특히 헌금으로 하나님의 사업을 크게 도울 수 있다. 충실한 헌금은 하나님 나라의 복음을 이 세상에 펼치는 데 실제적으로 유용한 재료가 된다. 따라서 건전한 부자들이 헌금하는 것은 결코 잘못된 일이 아니다.

## 2. 가난한 과부의 헌금

주님은 많은 부자들이 헌금함에 많이 넣는 것을 보고 계셨다.

바로 이때 새로운 상황이 벌어졌다. 한 가난한 과부가 와서 두 렙돈을 헌금함에 넣었다. 이 여성은 부자들과 대조적인 모습을 가지고 있다. 이 여성에게는 두 가지 타이틀이 붙어있다. 하나는 가난하다는 것이며, 다른 하나는 과부라는 것이다. 가난하다는 것은 경제적인 표현이며, 과부라는 것은 사회적인 표현이다. 이 여성은 가난하여 경제적으로 보잘것없는 사람이었고, 과부로서 사회적으로 소외당하는 사람이었다. 이 여성은 가난하다는 것도 문제인데 게다가 과부였고, 과부라는 것도 문제인데 게다가 가난했다. 가난해도 과부가 아니라면 사회적인 위로가 있을 터이고, 과부라도 가난하지 않으면 경제적인 위로가 있을 터이다. 하지만 이 여성에게는 가난하다는 것과 과부라는 것이 합해져서 악한 효과가 증폭되었다. 이 여성은 경제적 문제와 사회적 문제가 결부되어 더욱 악한 상태에 처해 있었던 것이다. 따라서 가난한 과부라는 표현은 이 여성이 최악의 상황을 가지고 있었다는 것을 보여준다.

성전의 헌금함에 돈을 넣는 사람들은 대부분 부자들이었던 것으로 추정된다. 여기에서 우리가 주목해 할 사항은 "많은" 부자와 "한" 가난한 과부라는 대조이다. 부자와 가난한 자의 대조도 중요하지만, 다수와 일개라는 대조도 중요하다. 그러니까 한 가난한 여성이 많은 부자들 사이를 가르며 와서 헌금함에 헌금을 했다는 것이다. 본문은 가난한 과부가 왔다는 점을 부각시킨다. "와서"(42). 많은 부자들이 헌금하기 위해서 줄서있는 곳에 가난한 과부가 들어서는 것은 쉬운 일이 아니다. 바로 여기에서 우리는 가난한 과부의 떳떳함을 발견한다. 그녀는 부자들 사이에서 자신의 의사를 표명한 것이다. 가난한 과부는 비록 자신이 부자는 아니었지만 하나님께 자신의 물질을 드림에 있어서 부자들 틈에 끼는 것에 조금도 머뭇거림이 없었다.

게다가 가난한 과부가 헌금함에 넣은 돈은 겨우 두 렙돈에 지나지 않았다. 두 렙돈은 다시 말하면 한 고드란트이다. 한 고드란트는 4분의 1 아스(앗사리온)이고, 한 아스는 16분의 1 데나리온이다. 그러니까 한 고드란트는 64분의 1 데나리온인 셈이다. 당시에 한 데나리온은 품꾼이 하루당 받는 삯이다. 한 데나리온을 우리나라 돈으로 환산하면 고작해야 풀빵 몇 개를 살 수 있는 금액에 지나지 않는다. 하루 점심도 해결할 수 없는 작은 금액이다. 가난한 과부는 많은 것을 드리는 부자들 틈바구니에서 자신의 두 렙돈을 헌금함에 넣었다. 이것은 풀빵의 헌신이다. 이것은 거창한 예물이 아니기 때문에 매우 초라해 보일 수 있다. 그러나 가난한 과부는 이런 초라한 모습과 이런 초라한 예물로도 하나님께 당당하게 나아갔다. 가난한 과부는 비록 경제적으로나 사회적으로 뛰어난 사람이 아닐지라도 하나님께 자신을 표현하는 데 아주 떳떳한 자세를 취했다. 이것은 가난한 자의 떳떳함이며, 작은 예물의 당당함이다. 이런 자세가 우리에게도 필요하다. 모든 사람은 경제와 사회에서 동일할 수 없다. 그러나 하나님께 나아감에는 당당해야 한다.

그러면 가난한 과부는 어떻게 이런 당당함을 가질 수가 있었을까? 가난한 과부에게는 하나님을 향한 열심과 마음이 있었다. 두 렙돈을 드리는 것은 비록 작고 보잘것없는 것이지만 하나님께 드리려는 마음에서 우러나왔을 때 당당함을 가질 수가 있었던 것이다. 과부에게는 자신은 굶고 하나님께 드리려는 믿음이 있었다.

## 3. 주님의 해석

주님께서는 부자의 헌금과 과부의 헌금을 보시면서 제자들에게 이 두 상황을 해석해주셨다. "이 가난한 과부는 헌금함에 넣는 모든 사람보다 많이 넣었도다"(43). 물질이란 것은 많기 때문에 많은 것이 아니다. 물질의 가치는 분량에 있는 것이 아니라 마음에 있기 때문이다. 사람들은 물질의 가치를 양에 둔다. 하지만 주님은 물질의 가치를 양에 두지 않고 마음과 연관시켜 생각하신다. 물질은 분량에 의해서 평가할 것이 아니라 심정에 의해서 평가할 것이다. 주님께서 가난한 과부가 부자들보다 더 많이 넣었다고 말씀하신 까닭은 분량 때문이 아니라 믿음 때문이다. 분량은 작지만 믿음은 크다. 물질은 그 자체에 의해서 힘을 발휘하는 것이 아니라 마음과 연관될 때, 믿음으로 표현될 때 놀라운 힘을 발휘한다. 마게도냐 교회들이 기근으로 고통 당하는 예루살렘 교회를 위하여 연보를 했을 때 비록 그것이 가난한 형편에서 나온 연보였을지라도 놀라운 효력을 보여주었던 것도 이 때문이다. "형제들아 하나님께서 마게도냐 교회들에게 주신 은혜를 우리가 너희에게 알리노니 환난의 많은 시련 가운데서 그들의 넘치는 기쁨과 극심한 가난이 그들의 풍성한 연보를 넘치도록 하게 하였느니라"(고후 8:1-3). 그러므로 하나님이 받으시는 것은 물질이 아니라 마음과 믿음이다.

그러면 가난한 과부의 마음과 믿음은 무엇인가? 그것은 자신의 모든 소유 곧 생활비 전부를 넣은 것이다. 주님께서는 과부의 헌금을 보면서 이렇게 말씀하셨다. "그들은 다 그 풍족한 중에서 넣었거니와 이 과부는 그 가난한 중에서 자기의 모든 소유 곧 생활비 전부를 넣었느니라"(44). 과부는 자신의 삶을 드린 것이다. 부자들은 풍족한 중에서 일부를 내놓은 것이고, 과부는 부족한 중에서 전부를 내놓은 것이다. 부자와 과부를 상호간에 비교하면 부자는 엄청나게 많은 헌금을 한 것이고 과부는 엄청나게 적은 헌금을 한 것이다. 그러나 각자를 스스로 평가하면 부자는 자신의 상황에서 적당한 것을 드린 것이고, 과부는 자신의 상황에서 최대의 것을 드린 것이다.

헌금은 자신의 문제이다. 헌금은 남과의 관계에서 시행되는 것이 아니다. 그것은 남과의 비교에서 많고 적음이 아니라, 자신의 상황 안에서 많고 적음이다. 이것이 헌금의 원리 가운데 하나이다. 가난한 과부의 헌금은 부자들과 비교할 때 턱없이 적은 것이지만 자신의 상황 안에서는 최대로 많은 것이다. 헌금이 자신의 문제라는 것을 이해하지 못하면 큰 불행을 자초하게 된다. 바로 이것이 아나니아와 삽비라의 경우이다(행 5:1-11). 이 부부는 바나바가 자신의 밭을 팔아 사도들의 발 앞에 두는 것을 보면서 비슷한 일을 하게 되었다. 그러나 헌금이란 자신의 문제이지 남과의 비교에서 시행되는 것이 아니라는 것을 깨닫지 못함으로 말미암아 큰 불행에 빠지고 말았다. 남과의 비교에서 한 헌금은 하나님께 영광이 되지 않을 뿐 아니라 자신에게도 영광스럽지 않다.

헌금은 자신 안에서의 문제이다. 그것은 자신과 하나님과의 관계에서 시행되는 것이다. 하나님을 목적한다면 그 하나님께 드리는 것이다. 과부가 부자들보다 많이 드렸다는 말은 자신의 모든 것을 드렸다는 말이며, 자신의 모든 것을 드렸다는 말은 전적으로 하나님과 관계했다는 말이다. 이때 과부는 자신의 삶에 고통이 오는 것도 감수하면서 헌금에 임했다. 과부는 하나님과 인격적인 관계를 가지고 있었기 때문에 헌금으로 말미암아 자신의 생활이 고통을 당하는 것도 마다하지 않았다. 그러므로 과부의 헌금은 부자들과의 비교에서 평가해서는 안 되고 오직 하나님과의 관계에서 평가해야 하는 것이다.

주님은 헌금함에 많은 물질을 넣는 부자들을 비난하려는 것이 아니다. 부자들이 비난받을 것은 없다. 주님은 단지 가난한 과부를 칭찬하려는 것이다. 이 여자에게는 칭찬받을만한 것이 있다. 가난한 과부가 자신이 소유한 모든 것 곧 생활비 전부를 헌금함에 넣은 것은 하나님과 전적으로 인격적인 관계를 맺고 있었기 때문이다. 이런 점에서 과부에 대한 칭찬은 자연스럽게 부자들에게 반성을 요청하는 것이 된다. 그들은 분명히 헌금함에 많은 것을 넣는 훌륭한 모습을 보여주었지만 아직 하나님과 전적으로 인격적인 관계를 맺고 있는 것으로는 보이지 않았기 때문이다.

# 많은 사람을 미혹하리라

Mark 13:3-8

우리는 미혹의 시대를 살고 있다. 자유정신과 상대주의가 범람하면서 통제받지 않는 악한 것들이 곳곳에서 모습을 드러낸다. 그것들은 선동이나 폭력 같은 악랄한 수법을 사용하여 자신들의 목적을 달성하려고 노력한다. 문제는 이런 악한 것들이 기독교 안에서도 활개를 치고 있다는 사실이다. 오늘날에는 특히 교회와 성도를 미혹하는 이단들이 통제를 받지 않고 봇물 터진 듯이 쏟아져 나와 기독교를 뿌리 채 흔들어놓는 온갖 무서운 현상이 벌어지고 있다. 정통교회가 이단을 비판하면 이단은 도리어 법적 대응이라며 고소고발을 일삼는다.

이단은 끈질기고 악착같다. 역사적으로 보면 시대를 따라 조금씩 그 모습을 달리하기는 했지만 이단은 정통만큼이나 뿌리가 깊다. 때때로 이단은 성경관 문제에서 그 정체를 드러냈고, 때때로 이단은 신론이나 기독론 논쟁에서 그 실체를 보여주었다. 역사의 장마다 이단은 모양을 바꾸어가면서 등장했다. 우리가 지니고 있는 교리의 일곱 가지 요점(계시, 하나님, 인간, 예수 그리스도, 구원, 교회, 종말)은 모두 이단논쟁에서 심각하게 제기되었던 주제들이다.

이단의 뿌리가 깊다는 것은 예수님의 말씀을 들어보면 어렵지 않게 파악할 수 있다. 제자 가운데 한 사람이 성전의 아름다움 앞에 감탄을 금치 못하면서 주님께 성전의 재료인 돌들과 성전의 규모를 자랑했다. "선생님이여, 보소서 이 돌들이 어떠하며 이 건물들이 어떠하니이까"(1). 그러나 주님은 성전이 파괴될 것임을 예언하셨다. "네가 이 큰 건물들을 보느냐 돌 하나도 돌 위에 남지 않고 다 무너뜨려지리라"(2). 베드로를 비롯한 몇 명의 제자들은 이 말씀에 궁금증을 품고 주님께서 감람산에서 성전을 마주 대하여 앉으셨을 때 언제 이런 일이 벌어지며 어떤 징조가 있을지 여쭈었다(3-4). 이때 주님께서는 성전파괴의 징조 가운데 첫째는 이단의 등장이라고 말씀하셨다. "너희가 사람의 미혹을 받지 않도록 주의하라"(5).

이단은 그만큼 역사적인 뿌리가 깊다. 물론 구약성경을 살펴보면 이미 이단은 거기에도 자리 잡고 있었던 것을 발견하게 된다. 그러나 유대인에게 국한된 종교가 아닌 모든 민족에게 개방된 기독교에는 이단의 범위도 훨씬 넓어졌다. 게다가 성전파괴의 징조로 시작된 이단의 등장은 모든 기독교 역사에서 계속적으로 반복되었다. 그래서 주님께서 말씀하신 처음 이단의 성격을 살펴보면 자연히 그 이후의 이단들이 어떤 성격을 가지게 될지 알 수 있다. 우리는 주님의 말씀으로부터 이단이 왜 끊임없이 극성을 부리는지, 이단이 어떤 성격을 가지고 있는지 배우게 된다.

## 1. 이단의 원인(5)

주님께서는 먼저 "너희는 누가 너희를 미혹하지 않을까 조심하라"(5)고 말씀하셨다. 이것은 미혹자가 반드시 온다는 사실을 보여준다. 그런데 반드시 오는 이단을 조심해야 할 사람은 다름 아닌 바로 우리 자신이다. 우리는 이단이 온다는 사실에 대하여 경각심을 가져야 한다. 이단은 반드시 오는데, 우리가 경각심을 가지고 있지 않으면 그들의 침투시도는 쉽게 성사될 것이다. 그러나 반대로 우리가 경각심을 가지고 있으면, 그들의 침투시도는 허사가 될 것이다. 그러므로 이단과 관련하여 가장 먼저 생각해야 할 것은 우리 자신의 태도이다. 우리는 이단들이 왜 이렇게 많은가 한탄하기 전에 우리 자신이 이단들의 등장 앞에서 안전한 신앙을 가지고 있는지 검토해야 한다. 이단의 침투가 성공하는 이유는 그들의 공격이 강력하기 때문보다도 우리의 방비가 허술하기 때문이다. 만일에 우리가 경각심을 가지고 있다면 이단이 발생하기도 어렵고 혹시 발생한다 할지라도 침투하기 어려울 것이다. 역으로 말하자면 이단이 발생하며 침투하는 이유는 우리가 경각심을 가지고 있지 않기 때문이다.

성도들을 살펴보면 때때로 이단에게 미혹을 당해보고 싶은 은근한 심정이 있는 것처럼 보인다. 왜냐하면 쓸데없는 말에 귀를 활짝 열어놓은 성도들이 적지 않기 때문이다. 성도들은 귀가 가렵고 허탄한 이야기를 듣기를 좋아한다. "때가 이르리니 사람이 바른 교훈을 받지 아니하며 귀가 가려워서 자기의 사욕을 따를 스승을 많이 두고 또 그 귀를 진리에서 돌이켜 허탄한 이야기를 따르리라"(딤후 4:3-4). 성도들이 귀가 가렵고 새롭고 신기한 이야기를 듣기 위해서 문을 열어두었다는 것이 이단들이 발생하는 원인이다. 이단들이 생기는 것은 신자들에게 미혹의 심정이 있기 때문이다. 만일 신자들이 이단에 기회를 주지 않는다면 이단발생은 현저하게 줄어들 것이다.

게다가 이단이 극성을 부리는 이유는 신자들이 미혹을 염두에 두지 않는 무관심 때문이다. 안타깝게도 신자들은 이단의 정체와 사업에 대하여 별 관심이 없다. 신자들은 신앙을 위협하는 이단들이 어떤 존재인지, 이단들이 신앙을 파괴하기 위해서 어떤 일을 하는지 전혀 알아볼 마음을 가지지 않는다. 이런 무관심 속에서 이단은 뿌리를 내리고 싹트고 자라며 열매를 맺는다. 신자들의 무관심은 이단의 토양이며, 신자들의 무지는 이단들의 비료이다. 그리고 무관심과 무지로 일관된 신자들은 이단들이 제일 좋아하는 밥이다. 이단에 대하여 아무런 개념 없는 신자들은 이단들의 첫 번째 타깃이다. 그래서 성도들에게는 이단을 분별하는 인식이 매우 중요하다. 이것을 잘 보여주는 것이 가라지 비유이다(마 13:24-30). 가라지의 정체와 사업을 인식할 때 혼동하지 않고 제거할 수 있기 때문이다.

마지막으로 이단들이 활개를 치는 까닭은 신자들에게 이단들을 적극적으로 대처하려는 전투적인 자세가 결여되어 있기 때문이다. 이단은 언제나 있기 때문에 이단에 대하여 경각심을 가지며 이단의 정체와 사업에 대한 인식과 정보를 가져야 함은 물론이고, 평소에 현행하는 이단들의 문제점을 파악하여 격퇴하는 방법을 배워야 한다. 이단들이 우리에게 접근하든지, 우리가 이단들에게 접근하든지, 그들의 오류를 명확하게 지적하고 우리의 진리를 강력하게 제시해야 한다.

　주님께서는 이단의 등장을 예고하시면서 조심하라, 주의하라고 말씀하셨다. 왜냐하면 이단이 발생하는 중요한 원인은 우리가 조심하며 주의하지 않기 때문이다. 이단이 들끓는 것은 우리의 책임이다. 그것은 이단의 능력 이전에 우리의 잘못이다. 따라서 이단의 발생이나 활동과 관련하여 가장 중요한 것은 우리의 자세라는 사실을 알아야 한다.

## 2. 이단의 수법(6a)

이제 주님께서는 이단이 어떤 수법을 가지고 오는지 말씀하신다. "많은 사람들이 내 이름으로 와서 이르되 내가 그라 하리라"(6a). 우선 주님의 말씀으로부터 이단들이 얼마나 많이 등장할지 배우게 된다. 이단들은 조금 오는 것이 아니다. 이단들의 수는 엄청나게 많다. 이 때문에 주님께서는 조금 뒤에 다시 이 사실을 확인해주셨다. "그 때에 어떤 사람이 너희에게 말하되 보라 그리스도가 여기 있다 보라 저기 있다 하여도 믿지 말라"(막 13:21). 이것은 이단들이 사방에 깔린다는 것을 알려준다. 사실 이단들의 수효를 다 헤아리기 어렵다. 역사적으로도 그렇고, 현실적으로도 그렇다. 역사를 보면 수없이 많은 이단들이 있었다. 이단들은 역사의 모든 국면에 줄기차게 등장했다. 오늘날에도 수없이 많은 이단들이 있다. 어떻게 보면 이단 아닌 자보다는 이단인 자가 더 많은 것처럼 보인다. 지상에서는 진리의 표현에서 순정품을 찾기가 어렵다. 이것을 바꾸어 말하자면 모든 신자가 이단이 될 가능성이 있다는 것이다. 그러므로 말씀을 가르치는 자와 말씀을 배우는 자는 모두 두려운 마음을 가져야 한다. 말씀을 가르치는 자는 언제나 진리만을 가르치기 위해서 조심해야 한다. 그는 자기의 목적에 맞게 성경을 가르쳐서는 안 된다. 또한 말씀을 배우는 자는 언제나 이단적으로 말씀을 받지 않도록 조심해야 한다. 그는 자기의 입맛에 맞게 성경을 받아들여서는 안 된다. 우리는 교사가 이단이 될 위험도 크지만 청중이 이단이 될 위험도 크다는 사실을 알아야 한다.

　주님께서는 이렇게 이단들이 무더기로 온다는 것을 말씀하시면서 그들이 어떤 방식으로 오는지 알려주셨다. 이단들은 가장 강렬한 방식으로 온다. 그들은 시시한 방법으로 오지 않는다. 이단들은 언제나 가장 이단적인 방법을 쓴다. 그들은 예수님의 이름으로 온다. 이단들은 목사의 이름이나 장로의 이름으로 오지 않는다. 그들은 예수님의 이름을 사칭한다. 이렇게 하여 이단들은 가장 정통인 것처럼 보이려고 한다. 대충 비슷해서는 미혹할 수 없기 때문에 가장 진정한 모습을 취하려고 한다. 그래서 이단은 진짜에 가장 가까운 가짜의 모습으로 온다. 미혹자들은 자신들을 가리켜 예수라고 말한다. 그들은 예수님처럼 말하고, 예수님처럼 행동한다. 미혹자들은 눈에 보이는 분명한 예수님을 자처하면서, 눈에 보이지 않는 불분명한 예수님을 버리게 한다. 이렇게 이단들은 언제나 명확하고 구체적인 주장을 한다. 그러나 때로는 보인다는 것이 이단이며, 명확하다는 것이 이단이다. 역사의 모든 이단들은 자신들의 정당성을 증명하기 위하여 항상 가시성과 명확성을 위하여 내세웠다. 바로 여기에 우리가 알아야 할 사실이 있다. 정통은 모든 것을 다 아는 것이 아니라고 말하고, 이단은 모든 것을 다 안다고 말한다. 그래서 정통일수록 불명확함과 불완전함을 고백하는 겸손을 가지며, 이단일수록 명확함과 완전함을 주장하는 교만을 보인다.

미혹자들은 예수님의 이름으로 와서 예수라고 주장한다. 이 때문에 우리는 사람들이 예수님의 이름을 말하는 것을 무비판적으로 다 받아들이면 안 된다. 그것은 사도 바울이 말했던 것처럼 우리가 믿는 분과 다른 예수이기 때문이다(고후 11:4). 그래서 사도 요한은 영을 다 믿지 말라고 경고했던 것이다(요일 4:1).

이단들이 대적하고자 하는 것은 궁극적으로 예수 그리스도이다. 그들은 예수님을 대적하기 위해서 가짜 예수님이 된다. 이단들의 일차 목적은 성도들과 교회들을 넘어뜨리는 것이지만, 진정한 목적은 예수님을 대적하는 것이다. 이단들은 성도들과 교회들을 망가뜨리는 것으로 만족하지 않는다. 그들은 예수님의 주권을 폐기시키는 데 온 힘을 기울인다. 이렇게 해서 이단들은 예수님의 교회를 송두리째 근절시키려고 한다. 우리가 이단들과 싸우는 이유는 우리와 교회를 위함이기도 하지만 궁극적으로는 예수님의 영광과 주권을 수호하기 위함이다. 이 때문에 우리는 모든 이단들을 격퇴시켜야 한다.

# 3. 이단의 결과(6b)

마지막으로 주님께서는 이단들이 등장하면 어떤 결과가 나타나는지 알려주셨다. "많은 사람을 미혹하리라"(6b). 많은 사람들이 이단의 미혹에 넘어간다. 많은 사람들이 이단들에게 미혹을 당하는 것은 이단들이 여러 가지 방식으로 미혹하기 때문이다. 사도 바울은 미혹의 방법을 다음과 같이 설명했다. "영으로나 또는 말로나 또는 우리에게서 받았다 하는 편지로나"(살후 2:2). 말과 글과 영적 현상으로 다가오는 이단들 앞에서 많은 사람들이 미혹을 당한다.

183

무엇보다도 이단들은 미혹의 말을 사용한다. "그 때에 어떤 사람이 너희에게 말하되 보라 그리스도가 여기 있다 보라 저기 있다 하리라"(막 13:21). 이단들은 온갖 미혹의 말을 동원해서 자신들의 주장을 소개하고 초대한다. 한번만 들어봐라, 한번만 와봐라, 이것이 이단들이 써먹는 가장 보편적인 방식이다. 이단들은 사람들을 적극적으로 찾아다니며 전도를 하면서 이론적으로는 맞지 않지만 사람들의 귀가 솔깃하게 하는 신기한 말을 늘어놓는다.

또한 이단들은 글로 미혹을 한다. 고래로 이단들은 자신들의 신앙을 알리는 문서를 발행하는 데 힘을 기울였다. 그들은 교주의 주장이나 연설을 담은 문서를 펴내고, 자신들이 믿는 교리서를 발행하고, 자신들의 경전을 만들어 냈다. 오늘날에는 이단들이 신문을 만들어 병원 같은 곳에 대거로 뿌리며 인터넷에 접근이 용이한 사이트를 만든다. 그들의 사이트는 다양하고 화려하다. 아주 치밀하고 교활하게 만들어져 한번 접속하면 계속 빨려 들어가게 하는 구조를 가지고 있다. 이단들은 자신들의 글을 유포하기 위해서 엄청나게 투자를 한다.

그러나 이단들의 가장 강력한 무기는 늘 그렇듯이 영적 현상이다. 그들은 언제나 영적 체험을 강조한다. 이단들은 들었다, 보았다, 체험했다에 역점을 둔다. "거짓 그리스도들과 거짓 선지자들은 일어나서 이적과 기적을 행하여 할 수만 있으면 택하신 자들을 미혹하려 하리라"(막 13:22). 그들은 환청, 환상, 신비한 체험을 그들의 무기 중에 가장 효과적인 것을 생각한다. 그래서 그들은 직접 들었다는 것을 말하고, 직접 보았다는 것에 의지하며, 직접 몸으로 체험했다는 것을 늘어놓는다. 이단들은 체험으로 성경을 평가하며 해석한다. 체험을 성경보다 우위에 두기 때문이다. 그러나 영적 체험은 신자의 표준이 아니다. 우리의 표준은 오직 성경뿐이다. 성경을 평가할 수 있는 체험은 없다. 이단들은 이런 체험을 무기로 삼아 성도들과 교회들에게 접근한다. 하지만 우리가 분명히 알아야 할 것은 이런 것들이 대부분 속임수이거나 자기최면이거나 마귀의 짓이라는 사실이다.

오늘날 이단들은 이 외에도 사회사업을 통해서 자신들의 정체를 정당화하려고 한다. 그들은 다양한 분야의 사업에 손을 대서 사회의 각계각층에 깊이 침투해 들어간다. 이단들은 이런 방식으로 접근하여 많은 사람들을 미혹한다. 이단들의 미혹에 말려드는 사람들이 많다. 역사와 현실은 이 사실을 분명하게 보여준다. 역사적으로 현실적으로 많은 사람들이 이단에 미혹을 받았다. 그 수효는 적지 않다. 다수가 이단에 빠진다는 사실에 우리는 경각심을 북돋우어야 한다. 우리 자신을 비롯해서 우리 주위에 가까이 있는 사람들이 이단에 빠질 위험은 언제나 있기 때문이다. "많은 사람"이라는 표현에서 안전하게 벗어날 수 있는 사람은 없다. 거기에는 누구든지 포함될 수 있다. 이 때문에 우리는 잠시라도 경계의 마음을 늦추면 안 된다.

# 깨어 있으라

Mark 13:28-37

예수님의 재림을 믿지 못하는 사람들이 많다. 불신자들은 말할 것도 없고 그리스도인들 가운데도 주님의 재림을 믿지 않는 사람들이 적지 않은 것처럼 보인다. 특히 자유로운 사상을 받아들인 신학자들은 주님의 재림에 관한 성경의 진술을 고대근동의 여러 신화와 비교하면서 허구적인 내용으로 간주하면서 신화로 치부하는 현상이 짙다. 주님의 재림에 대한 신앙이 없을 때 기독교가 처하게 되는 어려움은 곧바로 역사성을 잃어버리게 된다는 데 있다. 주님의 재림이 없다면 기독교는 역사성을 상실하고 만다. 그 이유는 간단하다. 주님의 재림을 믿지 않는 것은 부활을 믿지 않는 것이고, 주님의 부활을 믿지 않는 것은 수난을 믿지 않는 것이고, 주님의 수난을 믿지 않는 것은 생애를 믿지 않는 것이고, 주님의 생애를 믿지 않는 것은 탄생을 믿지 않는 것이다. 따라서 재림을 믿지 않는 것은 예수님의 모든 역사성을 부인하는 것이 된다.

이런 역사성의 문제를 아셨다는 듯이 주님은 재림을 필연적 사건으로 설명하셨다. "인자가 가까이 곧 문 앞에 이른 줄 알라"(29). 이어서 주님께서는 두 가지 사항으로 재림의 필연성을 더욱 강력하게 확인시켜 주셨다. 그 중에 한 가지는 말세의 사건들이 반드시 성취된다는 것이다. "내가 진실로 너희에게 말하노니 이 세대가 지나가기 전에 이 일이 다 일어나리라"(30). 여기에서 "이 세대"는 역사 전체를 가리킨다. 역사가 진행되는 동안 주님이 앞에서 말씀하신 말세의 현상들이 다 이루어진다. 말세의 현상이 성취되는 것을 보면서 우리는 주님께서 재림하신다는 사실을 확인할 수 있다.재림의 필연성을 확인시켜주는 또 한 가지는 주님의 말씀들이 반드시 성취된다는 것이다. "천지는 없어지겠으나 내 말은 없어지지 아니하리라"(31). 말세의 사건들이 성취되는 것만 가지고는 주님의 재림을 절대적으로 확신할 수 없다. 더욱 중요한 것은 재림에 관한 주님의 말씀이다. 주님의 말씀은 재림을 확신시키는 최고의 권위이다. 주님께서 말씀하셨으니 주님의 재림은 반드시 성취된다는 것이다. 주님의 재림은 말세의 사건들이 성취된다는 점에서도 주님의 말씀들이 성취된다는 점에서도 필연적으로 일어날 사건이다. 따라서 성도들은 주님의 재림을 확신해야 한다.

주님께서는 재림을 믿는 성도들이 가져야 할 태도가 무엇인지 알려주셨다. 그것은 한 마디로 말하자면 깨어 있으라는 것이다(33,34,35,37). 주님의 재림을 확신하는 성도들은 깨어 있어야 한다. 주님께서는 재림과 관련하여 왜 성도들이 깨어 있어야 하는지 그리고 깨어서 무엇을 해야 하는지 말씀하신다.

## 1. 깨어야 있어야 할 이유

성도들이 깨어 있어야 할 이유는 주님의 재림이 언제인지 아무도 알지 못하기 때문이다. 주님께서는 이 사실을 세 번 연거푸 일러주셨다. "그러나 그 날과 그 때는 아무도 모르나니"(32). "(너희는) 그 때가 언제인지 알지 못함이라"(33). "너희가 알지 못함이니라"(35). 재림의 날짜(헤메라)와 시간(호라)은 천사도 모르고 심지어 주님(아들)도 모른다. 그만큼 재림의 일시는 철저하게 숨겨진 비밀이다. 재림의 일시는 오직 성부 하나님만이 아신다. 이것은 성부의 고유한 지식이다. 그렇다면 성도들이 주님의 재림시간(카이로스)에 관해서 알지 못하는 것은 너무나도 당연한 일이다.

역사를 보면 이단들은 재림의 일시를 알아내기 위해서 무척 노력을 했다. 그것으로 끝나지 않고 이단들은 재림의 일시를 알아냈다며 세상을 향해 큰 소리로 선전을 했다. 그러나 그런 노력은 원천적으로 무의미했고, 그런 선전은 근본적으로 거짓이었다. 주님의 재림과 관련된 이단들의 가장 큰 문제점은 감히 하나님의 고유한 영역을 침범하려는 데 있다. 이것은 마치 시내산 위에 강림하시는 하나님의 영역을 침범하는 것과 같은 죄악이다. 하나님의 비밀을 억지로 알아내려는 처사는 죄악 중에서도 죄악이다.

주님의 재림은 그 자체가 비밀이다. 따라서 우리는 주님의 재림의 일시를 알지 못하기 때문에 깨어 있어야 한다. 사실 따지고 보면, 주님의 재림 일시를 알지 못하는 것이 은혜이다. 그것을 알지 못한다는 사실이 우리를 경성하게 만들기 때문이다. 재림 일시를 알지 못하는 것은 우리를 깨어있게 만들기 때문에 도리어 은혜이다. 만일에 재림 일시를 안다면 우리는 매우 방종하며 방탕해질 것이다. 왜냐하면 본성적으로 타락의 경향을 가지고 있는 인간은 재림 일시를 알 때 마음대로 살다가 바로 재림 직전에 가서야 회개할 것이 뻔하기 때문이다. 이것은 시험 일자를 알고 있는 학생들에게서 나타나는 현상과 비슷하다. 때때로 의지가 강한 학생들이 시험 일자를 알고 있기 때문에 하루하루를 계획대로 알차게 준비하며 보내는 것은 사실이다. 하지만 대부분의 학생들은 오히려 시험 일자를 알고 있기 때문에 많은 날을 어영부영하다가 시험 때가 임박해서야 비로소 큰 걱정을 하며 공부를 시작한다. 시험 일자를 알고 있다는 것이 해가 된 것이다. 이와 마찬가지로 재림 일시를 알 때 우리는 경성보다는 방종에 빠지기 쉽다. 그래서 재림 일시를 모르는 것이 은혜이다.

주님의 재림 시간을 알고 싶어 하는 것은 경성하기 위함이라기보다는 방종하기 위함인 것처럼 보인다. 이것은 마치 어린이들이 외출하는 부모에게 언제 돌아오느냐고 묻는 것과 비슷하다. 아이들이 부모의 귀가시간을 묻는 것은 부모가 돌아올 때를 알면 그때까지 자유롭게 지낼 수가 있기 때문이다. 아이들은 부모가 예고 없이 갑자기 돌아오는 것을 좋아하지 않는다. 그래서 아이들은 부모에게 귀가하기 전에 꼭 전화하라고 말하는 것이다. 신자들이 주님의 재림 시간을 안다면 오히려 많은 날을 헛되게 보내는 현상이 벌어질 것이다. 어차피 주님의 재림 시간을 알고 있으니 그 때까지 아무렇게나 살다가 재림이 임박해서야 삶을 정리할 것이기 때문이다. 따라서 재림 시간을 안다는 것은 신자들에게 시간의 낭비를 가져다줄 것이 분명하다. 이렇게 볼 때 성도들이 재림 일시를 알지 못하는 것 자체가 은혜이다. 항상 주님의 재림을 기다리며 준비할 수 있기 때문이다. 주님이 오시는 시간을 알지 못하기 때문에 성도들은 저물 때도, 밤중에도, 닭 울 때도, 새벽에도 항상 준비하는 자가 된다.

그러나 재림 일시는 정확하게 알지 못한다고 해도 재림 현상은 알 수 있다. 주님은 이것을 무화과나무 비유를 통해서 알려주셨다. "무화과나무의 비유를 배우라"(28). 무화과나무의 가지가 연해지고 잎사귀를 내면 여름이 가까이 온 줄을 안다. 이와 같이 말세의 현상들을 보면 재림이 임박했다는 것을 알 수 있다(29). 따라서 말세의 현상도 은혜이다. 비록 정확하게 재림 일시를 알 수는 없지만 주님의 재림을 대비하게 만드는 효과가 있기 때문이다. 그래서 우리는 항상 말세의 현상을 주도면밀하게 관찰할 필요가 있다.

188

## 2. 재림 앞에서 성도의 권한과 임무

그러면 주님의 재림을 대비하는 성도들은 어떤 임무를 감당해야 하는가? 주님은 이것을 기약 없이 여행하는 집주인 비유로 알려주셨다(34). 집주인은 타국으로 여행을 떠나면서 종들과 문지기에게 각각 권한을 주면서 임무를 맡겼다. 이 비유에서 집주인이 주님을 상징한다면, 종들은 성도들을 상징한다. 이 비유가 보여주는 요점은 집주인이 종들에게 권한과 임무를 준 것처럼, 주님도 성도들에게 권한과 임무를 주셨다는 것이다.

성도들은 주님의 재림 때까지 권한을 얻는 자들이다. 성도들은 주님이 재림하실 때까지 다양한 권세를 발휘한다. 우리는 단지 깨어있기만 하는 것이 아니다. 우리가 깨어있는 것은 무의미하게 깨어있는 것이 아니다. 아무런 권한도 없이 그냥 깨어있는 것이 아니다. 주님은 우리가 깨어있는 동안 권세를 사용하게 하신다.

가장 먼저 주님은 성도들에게 교회를 지키는 권한을 주신다. 마치 종들이 집을 지키듯이, 성도들은 교회를 지킨다. 주님은 특별히 문지기에 대한 말씀을 주셨는데 그는 출입을 관리하는 권한을 지니고 있다. 문지기는 나가는 것과 들어오는 것을 분별한다. 나가지 않을 것은 나가지 못하게 하고, 들어오지 못할 것은 들어오지 못하게 한다. 역으로 말하자면, 들어올 것은 들어오게 하고 나갈 것은 나가게 한다. 주인은 종들에게도 이런 권한을 주었다. 종들은 집안의 곳곳을 살피면서 일을 한다. 곡간을 맡은 자는 쌀을 내주는 권한을 가진다. 그는 누군가가 함부로 곡물을 내어가려 하면 막는다. 우물을 맡은 자는 물을 깨끗하게 지킬 권한을 가진다. 그는 누군가가 물을 더럽히려 하면 막는다. 세간을 맡은 자는 누군가가 세간을 아무렇게나 이동하려고 하면 막는다. 모든 종들이 자기에게 맡겨진 권리를 잘 감당하면 비록 집주인이 없더라도 집이 안정된다.

마찬가지로 성도들은 교회의 살림을 맡는다. 성도들은 주님이 맡겨주신 권한을 훌륭하게 감당해야 한다. 말씀을 맡은 자는 최선을 다해서 말씀을 가르쳐야 한다. 봉사를 맡은 자는 최선으로 봉사해야 한다. "각각 은사를 받은 대로 하나님의 여러 가지 은혜를 맡은 선한 청지기 같이 서로 봉사하라 만일 누가 말하려면 하나님의 말씀을 하는 것 같이 하고 누가 봉사하려면 하나님이 공급하시는 힘으로 하는 것 같이 하라"(벧전 4:10-11).

또한 주인이 타국으로 여행하는 동안 종들은 대외적인 관계도 잘 수행해야 한다. 주인이 다시 돌아올 것을 기다리는 종들은 집 바깥사람들에 대하여 좋은 관계를 유지해야 한다. 우선은 집안으로 악한 사상이 들어오지 못하도록 방비해야 한다. 또한 종들은 주인이나 주인집에 대하여 악담이나 헛소문이 돌지 않도록 조심해야 한다. 나아가서 종들은 비록 주인이 집에 없지만 바깥사람들에게 베풀 것은 베풀어야 한다. 이렇게 함으로써 종들은 대외적으로 주인의 집을 잘 알려야 한다. 주인의 집이 얼마나 행복하고 즐거운지 보여주어야 한다.

성도들에게도 세상에 대한 권한이 있다. 성도들은 먼저 세상의 악한 사상이 교회 안으로 침투하지 못하도록 방비한다. 성도들은 악한 사상이 침투하려고 할 때 적극적으로 싸운다. 성도들은 교회를 파괴하려는 세상의 사상들과 맞서 싸워야 한다. 그들이 어떤 목적을 가지고 있는지, 그들의 내용이 무엇인지, 그들의 문제점이 무엇인지 정확하게 파악하여 맞받아쳐야 한다. 또한 성도들은 세상에 교회의 소문이 잘 나도록 애를 써야 한다. 세상에 베푸는 것을 아끼지 말아야 한다. 이렇게 함으로써 성도들은 세상에 교회를 자랑하고 선전해야 한다. 교회가 얼마나 아름답고 행복하며 즐거운지 세상에 알려주어야 한다. 그래서 그들이 교회를 흠모하고 들어오게 해야 한다. "너희가 이방인 중에서 행실을 선하게 가져 너희를 악행한다고 비방하는 자들로 하여금 너희 선한 일을 보고 오시는 날에 하나님께 영광을 돌리게 하라"(벧전 2:12).

마지막으로 성도들은 영적인 세력들에 대한 권한을 가진다. 교회는 마귀의 궤계를 파괴하며 악한 영들을 극복한다. 교회는 악한 영적인 세력들을 방어할 뿐 아니라 공격한다. 이렇게 하기 위해서 성도들을 말씀으로 특별하게 무장시킬 필요가 있다. 예를 들면, 성도들 가운데 무속인만을 전문적으로 전도하는 사람들을 길러내야 한다. 이론적으로 기독교를 비판하는 사람들과 맞서서 공략할 수 있는 성도들을 양육하는 것도 중요한 일이다. 이런 성도들은 기독교를 비판하는 이론들을 수집하고 문제점을 정리하며 비판점을 수립하는 일을 해야 한다. 특히 현대인의 정신과 문화가 기독교에 대하여 시비를 걸 때 무작정 한탄만 할 것이 아니라 논리적으로 대응할 수 있는 역량을 갖추어야 한다.

주님께서는 비유를 가지고 집주인이 돌아올 때까지 종들에게 할 일이 있듯이, 주님이 돌아오실 때까지 성도들에게 할 일이 있다는 것을 가르쳐 주셨다. 집주인이 반드시 돌아오듯이 주님도 반드시 재림하신다. 집주인이 종들에게 권한과 임무를 주셨듯이 주님도 성도들에게 권한과 임무를 주셨다. 그러므로 종들은 깨어서 집주인이 맡긴 권한과 임무에 충실해야 하듯이, 성도들도 깨어서 주님께서 맡긴 권한과 임무에 충실해야 한다. 집주인이 종들에게 원하는 것은 단순히 깨어있는 것이 아니라 권한을 발휘하여 임무를 완수하는 것이다. 마찬가지로 주님께서 성도들에게 원하는 것도 단순히 깨어있는 것이 아니라 권한을 발휘하여 임무를 완수하는 것이다.

주님은 반드시 재림하신다. 주님의 재림은 필연적인 사건이다. 주님께서는 재림에 관하여 교훈을 주시면서 성도들에게 깨어있을 것을 주문하셨다. 성도들은 깨어있어야 한다. 그래야 주님께서 갑자기 오셔도 자는 모습을 보이지 않게 된다. "그가 홀연히 와서 너희가 자는 것을 보지 않도록 하라"(36). 자는 것은 단순히 신체적인 수면만을 의미하는 것이 아니다. 그것은 단순히 잠자리에 누워있는 것을 가리키는 것이 아니다. 자는 것은 기능적인 상실을 의미한다. 그것은 아무런 일도 하지 않는 것을 가리킨다. 주님께서는 재림하실 때 성도들이 주님이 맡겨주신 권한과 임무를 망각한 채 나태와 방종에 빠져있는 모습을 보지 않기를 원하셨던 것이다. 주님은 재림을 기다리는 성도들이 자신들의 권한과 임무를 최대한 발휘하고 완수하기를 원하신다. 그렇게 하여 주님께서는 아직 주님의 재림을 기다리는 성도들이 성숙한 신자의 모습을 보여주기를 원하신다.

필연적인 재림사건 앞에서 깨어 있어야 할 것은 옛날 주님의 제자들뿐만이 아니다. 주님은 이 말씀을 제자들뿐 아니라 모든 시대의 성도에게 주신다. "깨어있으라 내가 너희에게 하는 이 말은 모든 사람에게 하는 말이니라"(37). 그러므로 제자들처럼 우리도 깨어 있어야 한다. 우리는 깨어서 주님이 맡기신 권한과 임무를 활용하며 감당해야 한다. 우리는 주님이 우리에게 각각 어떤 권한과 임무를 맡기셨는지 눈여겨 살펴보아야 한다. 우리는 주님이 다시 오실 때까지 헛되이 시간을 보내지 말고 하루하루를 유용하게 살아야 한다. 주님은 다시 오셔서 우리가 맡겨진 권한을 얼마나 알뜰하게 발휘했으며 부여된 임무를 얼마나 활발하게 감당했는지 보실 것이다.

# 내게 좋은 일을 하였느니라

Mark 14:3-9 ————————————————————

시각의 차이는 가치관에서 비롯된다. 어떤 가치관을 가지고 있느냐에 따라서 바라보는 시각이 달라진다. 유아적 가치관을 가지고 있는 사람은 모든 것을 유아적 시각으로 볼 수밖에 없다. 만일에 어떤 사람이 영적인 가치관을 가지고 있다면 모든 것을 평가할 때 영적인 시각으로 평가할 것이 당연하다. 이런 시각의 차이가 주님께서 얼마 후면 십자가에 달려 대속의 죽음을 감당해야 할 시점에서도 주님과 사람들 사이에 벌어졌다. 유월절과 무교절을 이틀 남겨둔 상황에서(1), 대제사장들과 서기관들이 주님을 흉계로 잡아 죽일 방도를 찾는 상황에서(2), 시각의 차이가 얼마나 클 수 있는지를 보여주는 한 가지 특이한 사건이 발생했다.

## 1. 여자의 행위

주님께서 베다니 나병환자 시몬의 집에서 식사를 하셨다. 이것은 시몬이 치료를 받았다는 것을 전제한다. 이것은 주님께서 심지어 나병환자에게도 얼마나 깊은 애정을 가지고 있었는지를 보여준다. 그만큼 주님은 약자의 편에 서 계셨다.

이때 한 여자가 매우 값진 향유 곧 순전한 나드 한 옥합을 가지고 와서 그 옥합을 깨뜨려 주님의 머리에 부었다(3). 나드 향유는 주로 인도의 히말라야에 원산지를 두고 있는데 두발용으로 쓰이는 향료였다. 아마도 이것은 혼인을 준비하는 여성이 오랫동안 마련해놓은 향유일 것이다. 어떤 사람들은 이 여성이 향유 전문업에 종사하고 있었다고 추정하기도 한다. 어쨌든지 사람들이 향유의 값어치를 삼백 데나리온 이상 될 것이라고 평가한 것을 볼 때 그 가치는 대단한 것이었다. 그러나 여자는 조금치도 아까워하지 않고 옥합을 깨뜨려 향유를 주님의 머리에 부었다.

이것은 사람들을 아주 놀라게 만드는 사건이었다. 그런데 본문에는 여자가 왜 이런 행동을 했는지 아무런 설명이 없다. 하지만 특별한 이유가 없다면 여자가 이런 행동을 취했을 리가 없다는 점을 고려할 때 본문에서 어느 정도 그 이유를 추정해 볼 수 있다. 상황적으로 볼 때 이 여자는 나병환자 시몬과 밀접한 관계를 가지고 있었던 것 같다. 이 여자는 시몬의 부인이거나 자매였을 것이다. 다른 복음서들과 비교할 때 자매라고 판단하는 것이 가장 타당할 것 같다. 그렇다면 여자는 자신의 형제인 시몬이 주님에게 나병을 치료 받은 것을 감사하게 여겨 비싼 향유를 부은 것으로 생각해 볼 수 있다. 용서가 큰 곳에 감사도 크다. 치료가 큰 곳에 사례도 크다.

193

진정한 감사는 때때로 물질로 표현이 된다. 물질이 있는 곳에 마음이 있다고 한다. 역으로 진정으로 마음을 주는 곳에는 물질도 주는 것 같다. 진정한 감사는 힘을 다하는 물질로 표현된다. 주님은 여자의 모습을 보면서 "그는 힘을 다하여 내 몸에 향유를 부어"(8)라고 말씀하셨다. 여자의 헌신은 놀라운 것이었다.

## 2. 사람들의 비난

그러나 여자의 행동에 대한 사람들의 반응은 그다지 긍정적이지 않았다. 사람들은 주님의 머리에 향유를 붓는 여자를 보면서 신랄하게 비판을 가했다. 그들이 비판적인 자세를 취한 것은 다음과 같은 이유 때문이었다.

### 1) 계산적이다

거기에 모인 사람들 가운데는 셈에 빠른 사람들이 있었다. 그들은 여자의 옥합에 담긴 나드 향을 보고 어림잡아 삼백 데나리온은 될 것이라고 평가했다. 이들은 그만큼 경제생활에 밝은 사람들이었다. 계산은 때때로 유익하지만 때때로 무익하다. 모든 것이 계산대로 되는 것이 아니기 때문이다. 육체적인 면에서나 영적인 면에서 아무리 계산이 맞아도 행복한 것은 아니다. 빠른 계산이 도리어 불행을 일으킬 수도 있다. 여자를 비판하는 사람들에게서 그런 불행이 표현되었다. 그들은 물질에는 큰 관심을 보였지만 주님에 대한 관심을 잃어버렸던 것이다.

### 2) 자본주의적이다

그 자리에 있던 몇 사람은 여자의 행위를 가리켜 허비라고 불렀다. 그들의 눈에는 주님의 머리에 나드 향을 부은 것이 영락없이 허비처럼 보였다. 그것은 어떤 물질적인 이득도 가져다주지 않는 행위로 여겨졌기 때문이다. 이것은 그들이 상당히 자본주의적인 사고방식에 사로잡혀 있었다는 것을 보여준다. 투자보다 많은 이익을 노리는 사고방식이다. 투자를 했으면 이익이 있어야 한다는 것이다.

사실 주님의 일은 대부분 허비처럼 보일 때가 많이 있다. 예를 들면, 선교가 그렇다. 10년을 투자해도 결신자가 나오지 않는 경우가 적지 않다. 교회건물도 대부분 허비처럼 보인다. 주간 중에 공간을 비어둔 채 지내기 때문이다. 성경교육도 언뜻 보면 허비이다. 성경을 배우는 것이 음식을 만들거나 자동차를 정비하는 것과 같은 일상생활에 실제로 무슨 도움이 되는가 생각하게 만든다. 자본주의적인 사고에 따르면 이런 것은 분명히 허비이다. 하지만 교회는 자주 이런 허비를 감행한다. 외면적으로는 허비처럼 보이지만, 영적으로는 유익하기 때문이다.

주님의 머리에 향유를 붓는 여자를 비판한 사람들의 눈은 물질적인 차원에 사로잡혀 있었다. 그들은 주님과 한 자리에 앉아있지만 사고에 변화가 없었다. 그래서 그들은 물질적인 행위를 물질적인 행위로만 보고 말았다. 그들의 문제는 거기에서 영적인 가치를 찾지 못했다는 것이다.

## 3) 인본주의적이다

사람들이 셈에 빠르고, 여자의 행동을 허비라고 생각한 이유는 단순했다. 그들은 가난한 자들을 염려하는 것 같았다. "이 향유를 삼백 데나리온 이상에 팔아 가난한 자들에게 줄 수 있었겠도다"(5). 사람들은 가난한 자들을 불쌍하게 여기는 듯이 포즈를 취했다. 마치 어떻게 해서든지 가난한 자들을 돌보아야 한다는 너그러운 태도를 보였다. 가난한 자들에게 관심을 가져야 한다는 모습이다. 그러나 사람들의 지금까지 그들의 모습을 보면 가난한 자들에게 그다지 관심을 가지고 있었던 것처럼 보이지 않는다. 어쨌든 그들에게서 인본주의적인 자세가 발동되었다. 이것은 누가 보아도 훌륭한 것이다. 비판의 여지가 없다. 고상하고 숭고한 모습이다. 휴머니즘에 입각한 발상이며 발언이다.

그러나 문제는 이 사람들의 인본주의란 것은 단지 말로만의 인본주의이다. 그것은 실천 없는 인본주의였다. 남의 물질을 활용할 때만 발동되는 인본주의이다. 자기의 물질을 풀어 가난한 자들을 돕는 인본주의가 아니다. 그것은 남의 물질을 이용해서 가난한 자들을 돕겠다는 생각에 지나지 않는다. 가난한 자들을 운운하지만 실제로는 남을 이용할 뿐 자신을 내놓은 것은 아니다.

향유를 붓는 사건에 자리를 함께 하고 있던 사람들은 여자를 책망하였다. 그들의 책망은 빠른 계산에, 자본주의적 사고에, 값싼 인본주의에 기초한 한 것이다. 그러므로 그런 책망은 별 가치가 없는 것이다. 그것은 책망으로서의 가치가 없다. 그런 차원에 머물러 있는 사람들의 눈은 책망 일변도일 뿐이다. 그들은 책망에 익숙하다. 주님께 향유를 부은 여자를 칭찬하기는커녕 책망만 했다. 그들에게는 책망이 우선이었다. 여자를 비판하는 사람들은 칭찬을 생각해보지 않고 책망만 생각했다.

## 3. 주님의 평가

이런 상황에서 주님은 사람들이 여자를 책망하는 것을 보시면서 말씀하셨다. "가만 두라 너희가 어찌하여 그를 괴롭게 하느냐"(6). 주님은 사람들이 여자를 괴롭히고 있다고 생각하셨다. 이것은 주님께서 사람들과 다른 시각에서 여자의 행동을 파악하셨기 때문이다. 주님의 시각은 사람들의 시각과 완전히 다르다. 사람들은 여자의 향유를 계산적으로, 자본주의적으로, 인본주의적으로 평가하고 있지만, 주님은 여자의 향유를 순전히 주님과 관련해서 이해하신다. 그래서 주님은 "그가 내게 좋은 일을 하였느니라"(6)고 말씀하셨다.

주님이 보시기에 이 사건에서 결정적으로 중요한 것은 여자가 주님께 좋은 일을 했다는 사실이다. 다시 말해서 이 여자의 행동은 주님과 관련되어 있다. 이 여자에게는 주님이 목적이었다. 여자의 가치관은 주님에게 집중되어 있다. 주님이 있고야 비로소 다른 것도 있다. 주님이 없으면 다른 것도 의미가 없다. 그래서 여자는 주님께 자신의 값비싼 향유를 붓는 것을 아까워하지 않았다. 우리는 주님께 값진 것을 드리는 것을 아까워한다. 마치 허비하는 것처럼 생각한다. 그 이유는 주님께 전적인 목적을 두고 있지 않기 때문이다. 그러나 사실은 주님께 드리지 못하는 것이 허비하는 것이다. 주님 아닌 다른 것에 투자하는 것은 언제나 허비하는 것과 다를 바가 없다. 생각해보면 언제나 그렇다.

주님께서는 여자가 값비싼 향유를 붓는 것을 보시고 그녀의 행동을 색다르게 해석하셨다. 주님의 평가에 따르면, 여자가 행한 좋은 일이란 주님의 죽음을 미리 준비하였다는 것이다. "그는 힘을 다하여 내 몸에 향유를 부어 내 장례를 미리 준비하였느니라"(8). 주님이 보실 때 여자는 장례를 위하여 주님의 몸에 미리 향유를 부은 것이다. 주님은 여자의 향유 부음이 주님의 장례를 준비하는 것으로 해석하셨다.

주님은 이 자리에서도 자신의 죽음을 생각하셨다. 주님은 인류의 대속을 위한 십자가의 죽음을 바라보셨다. 그러므로 주님에게 중요한 것은 인류의 한 부분이 아니다. 예를 들면, 주님은 가난한 사람들만을 고려하지 않는다. 주님의 시야에는 경제적인 면에서 가난하건 부요하건 온 인류가 들어와 있다. 주님께서는 경제적인 빈부를 막론하고 모든 사람들에게 생명의 길을 열어주시기 위하여 십자가의 죽음을 감당하신다. 이것이 너무나도 중요한 일이기 때문에 주님은 이에 대하여 여러 차례 제자들에게 가르치셨다(막 8:31; 9:31; 10:32). 주님께서 마지막으로 예루살렘으로 올라가시는 것도 이 대속적인 죽음을 위한 것이었다. 그러므로 주님을 따르는 모든 사람들도 이 문제에 집중해야 했다. 그들은 마땅히 모든 인류를 위한 주님의 대속적인 죽음에 관심을 두어야 했다. 하지만 사람들은 주님의 죽음에 관심이 없었다. 불행하게도 그들의 관심은 여전히 물질에만 머물러 있었다.

사람들과 달리 주님은 자신의 죽음에 몰두하셨다. 그러므로 주님은 모든 일을 이 문제와 관련하여 생각하셨다. 이런 현상은 이후 문맥에서 반복적으로 잘 나타난다. 주님은 자신의 죽음을 바라보면서 제자들에게 유월절을 준비시키셨다. 주님은 겟세마네 동산에서도 죽음을 바라보면서 기도하셨다. 이렇게 주님은 인류를 위한 대속적인 죽음에 관심을 가지셨기 때문에 여자가 향유를 부은 사건도 자신의 죽음과 관련해서 이해하셨다.

주님은 여자의 행위를 긍정적으로 해석하셨다. 하나님은 언제나 성도들의 행위를 본래보다 크게 해석하셨다. 아브라함이 이삭을 드렸을 때, 솔로몬이 성전을 건축했을 때, 다니엘이 죽음을 각오하고 기도를 드렸을 때, 이 모든 것은 본래보다 더 크게 주님에게 받아들여졌다. 옛날과 같이 주님은 지금도 성도들의 모든 행동을 주님과 관련하여 크게 해석하기를 원하신다. 주님은 지금도 성도들의 행동을 값진 것으로 평가하기를 원하신다. 우리가 아주 작은 몸짓을 해도 주님은 그것을 크게 여기신다. 그러므로 우리의 모든 활동은 주님을 위한 것이 되어야 하며, 주님의 긍정적인 해석을 받을 만한 것이 되어야 한다.

이때 주님께 향유를 부었던 여자는 자신의 행동이 얼마나 값진 것인지 새롭게 깨닫게 되었다. 주님의 몸에 부은 향유가 주님의 장례를 준비하는 것이 되었다는 것이다. 여자는 주님의 해석을 통해서 자신의 행동의 가치를 새롭게 인식했다. 여자는 단순히 나병에 걸렸던 시몬이 치료를 받은 것에 대하여 감사하는 마음으로 향유를 부었는지 모르지만, 주님께서는 그것을 주님의 죽음을 준비하는 것으로 해석하셨고, 여자는 그 해석을 들으면서 자신의 행동이 얼마나 놀랍고 존귀한 것인지 알게 되었다. 이렇게 하여 여자는 주님께서 자신이 드린 향유를 더욱 값지게 여겨주시는 은혜를 체험했다.

게다가 주님은 향유를 부은 여자를 칭찬하셨다. "내가 진실로 너희에게 이르노니 온 천하에 어디서든지 복음이 전파되는 곳에는 이 여자가 행한 일도 말하여 그를 기억하리라 하시니라"(9). 복음이 전파되기 시작한 순간부터 기독교의 역사에서 이 여자의 헌신은 수없이 반복적으로 회자되었다. 그리고 우리도 지금 이 여자가 주님께 향유를 부었던 일을 말하며 이 여자를 기억하고 있다. 이렇게 주님은 여자에게 형언할 수 없이 큰 칭찬을 주신 것이다. 우리는 주님께서 항상 성도의 헌신을 칭찬하기를 기뻐하신다는 사실을 기억하면서 주님을 위하여 힘 있게 살아야 한다.

# 하나님 나라에서

Mark 14:22-26

기독교의 역사에서 성찬에 대한 이해는 오랫동안 뜨거운 감자로 다루어졌다. 성찬의 진정한 의미가 과연 무엇이냐 하는 질문은 여러 가지 입장에서 대답되었다. 중세 이후로 가톨릭은 성찬에서 떡을 성체라고 불렀는데, 그 까닭은 신자들이 먹은 떡이 그리스도의 몸으로 변화된다고 믿었기 때문이다. 이런 사상을 가리켜 보통 화체설(化體說)이라고 부른다. 가톨릭은 화체설을 중심으로 신자들이 입속에서 떡을 깨뜨릴 때 그리스도께서 다시 고난을 당하는 것으로 이해했다.

그러나 종교개혁이 시작되면서 독일의 마르틴 루터는 가톨릭의 성찬 이론을 미신이라고 비판하면서 떡이 그리스도의 몸으로 변화된다는 사상을 거절하였다. 루터는 성찬에서 그리스도께서 떡의 모든 방면에 실제적으로 임재하신다고 믿었다. 루터는 그리스도의 몸이 떡 위에, 곁에, 아래에 머문다는 생각을 전개했다. 이것은 보통 공재설(共在說)이라고 불린다.

하지만 루터의 이론에도 문제가 있다고 생각한 사람은 스위스 취리히의 츠빙글리였다. 그는 성경에 의하면 성찬은 단지 그리스도의 죽음을 기억하게 하는 역할을 한다고 생각했다. 성찬에는 어떤 미신적이거나 마술적인 성격이 있는 것이 아니라 순수하게 그리스도의 대속사역을 회상시키는 기능이 있을 뿐이라는 것이다. 이것은 기념설이다.

이에 대하여 스위스 제네바의 깔방은 성찬에는 임재의 의미가 있다는 것을 부각시켰다. 단지 그리스도의 몸은 부활하신 후에 하나님의 오른 편에 계시기 때문에 육체적으로 임재하시는 것이 아니라 성령님의 활동을 통해서 영적으로(성찬론적으로) 임재하신다는 것이 깔방의 생각이었다. 이것은 영적 임재설이다. 그런데 1549년에 취리히와 제네바는 성찬론에서 일치를 보게 되었다. 츠빙글리의 후계자인 불링거와 깔방이 취리히 협약(Consensus Tigurinus)을 통해서 기념설과 영적 임재설을 종합하였는데, 이때부터 이것은 개혁파 교회가 따르는 정통이론이 되었다.

신약성경에는 다섯 책이 예수님의 마지막 만찬에 관해 말한다(복음서 네 권과 고린도전서). 그 가운데 마가복음에 들어있는 설명이 가장 간략하다. 그럼에도 불구하고 마가복음 본문을 살펴보면 성찬의 핵심적인 의미가 잘 드러나는 것을 발견할 수 있다. 그것은 다음과 같이 세 가지로 정리해 볼 수 있다.

## 1. 교회론적 의미

예수님은 십자가의 죽음 직전에 제자들과 마지막 만찬을 나누시면서 가장 먼저 성찬의 교회론적인 의미를 보여주셨다. 주님께서는 떡 한 개를 떼어서 제자들에게 나누어주셨고, 제자들이 잔 하나로 마시게 하셨다. 한 떡과 한 잔은 무엇보다도 성찬에 교회론적인 의미가 들어있다는 것을 알려준다.

제자들은 한 떡을 먹으며 한 잔에서 마신다. 제자들은 한 떡을 먹는 사람들이며, 한 잔에서 마시는 사람들이다. 한 떡을 먹고 한 잔에서 마신다는 것은 삶을 공유한다는 것을 뜻한다. 제자들은 한 떡에 참여하고, 한 잔을 사용하는 공동체에 소속한다. 이것은 제자들에게 다양한 지체들이 한 몸을 이룬다는 의식을 불러일으킨다(고전 12:12 "몸의 지체가 많으나 한 몸임과 같이"). 신자들은 모두 고유한 개성을 가진 다양한 사람들이지만, 한 떡을 나누고 한 잔을 마시는 성찬에 참여함으로써 한 공동체를 형성한다. 다시 말하자면 신자들은 성찬을 통해서 한 공동체임을 확인한다.

따라서 성찬은 성도들 간에 긴밀한 상호관계를 만들어준다. 성찬에 참여하는 신자들에게는 형제와 자매라는 사상이 생긴다. 그들은 한 하나님을 아버지로 섬기는 가정을 이룬다. 이렇게 하여 교회는 하나님의 가정(Familia Dei)이 된다. 하나님의 가정에서 형제와 자매가 된 성도들은 서로 사랑한다. 성도들은 함께 기뻐하고 함께 슬퍼한다. 따라서 "즐거워하는 자들과 함께 즐거워하고 우는 자들과 함께 울라"(롬 12:15)는 권면이 가능하게 된다.

그런데 한 떡을 나누며 한 잔에서 마시는 성찬에는 또 하나의 중요한 교회론적인 의미가 들어있다. 그것은 성찬에 참여하는 모든 성도가 평등하다는 사상이다. 성찬에 참여하는 신자들은 모두 똑같은 떡을 먹고 똑같은 잔을 마신다. 거기에는 더 맛있는 떡을 먹는 사람이 없고, 더 비싼 잔으로 마시는 사람이 없다. 따라서 성찬에 참여하는 사람들에게는 타인경시나 자기중시가 있을 수 없다. 거기에는 고하가 없고, 경중이 없고, 대소가 없다(고전 12:12-27). 그래서 옛 유럽의 교회에 귀족의 자리가 있었던 것은 큰 잘못이었다.

이렇게 볼 때 성찬은 교회의 일치와 평등을 낳는다. 성찬에서 교회의 일치와 평등이 실현된다. 성찬에 참여하는 신자들은 하나가 된다. 원근의 간격과 상이가 없고, 고하의 구분과 차별이 없다. 성찬은 모든 신자를 하나 되게 만든다.

## 2. 기독론적 의미

둘째로 예수님은 성찬에는 기독론적인 의미가 있다는 것을 분명하게 제시하셨다. 주님은 떡을 자신의 몸과 관련시켰고 잔을 자신의 피와 관련시켰다. "이것은 내 몸이니라"(22). 성찬에서 떡은 그리스도의 몸을 가리킨다. "이것은 나의 피니라"(23). 성찬에서 잔은 그리스도의 피를 가리킨다. 따라서 성찬에서 부각되는 것은 그리스도 자신이다. 성찬은 주님을 지향하며 지시한다. 성찬이 설명하고자 하는 것은 주님 자신이다. 한 마디로 말해서 성찬은 주님을 보여준다. 그러므로 우리는 성찬으로 주님과 관계하는 것이다. 성찬에 참여함으로써 우리는 그리스도의 몸과 피에 참여한다. 성찬은 주님과 가장 긴밀한 관계를 형성한다.

그러면 성찬은 그리스도의 무엇을 말하는가? 성찬은 그리스도의 구원

을 말한다. 성찬은 주님께서 몸을 찢고 피를 흘려 구원을 이루셨다는 사
실을 증거한다. 따라서 성찬은 단순히 주님의 희생을 가리키는 것이 아니
다. 성찬은 고난의 의미로 끝나지 않는다. 만일 성찬에서 주님의 고난에
대한 의미만을 찾으면 가톨릭에 머물고 만다. 성찬은 고난을 넘어 구원을
가리킨다. 주님께서 몸을 찢고 피를 흘림으로써 우리에게 구원을 주셨다.
그래서 주님은 제자들에게 잔을 주시면서 "많은 사람을 위하여 흘리는
나의 피"(24)라고 말씀하셨다. 주님의 몸과 피는 구원을 이룬다는 것이다.

따라서 우리는 성찬을 통하여 그리스도의 구원을 배우게 된다. 성찬
은 우리가 주님께서 몸과 피로 이루신 구원을 얻는 사람들임을 확인시켜
준다. 우리는 성찬을 통하여 구원받은 자임을 확인하는 것이다. 이런 의
미에서 성찬은 감사이다. 주님께서도 이것을 아시고 성찬을 행하시면서
두 번이나 반복해서 축복과 감사를 말씀하셨다. "떡을 가지사 축복하시
고"(22). "잔을 가지사 감사하시고"(23). 성찬은 그리스도의 구원을 가르
친다. 더 나아가서 성찬은 주님께서 몸을 찢고 피를 흘려 이루신 구원에
대하여 감사하는 것이다. 그래서 성찬은 유카리스트(Eucharist 감사)라고
불린다. 성찬에 참여하는 사람은 구원을 감사하게 된다.

그러면 구원이란 무엇인가? 주님께서는 구원을 언약이라는 개념으로
이해하셨다. 그래서 주님은 많은 사람을 위하여 흘리는 피를 가리켜 "언
약의 피"(24)라고 부르셨다. 구원은 언약의 완성이다. 주님 당시에 유대인
들은 언약이 무엇을 의미하는지 잘 알고 있었다. 그것은 구약시대로부터
내려온 중요한 사상이기 때문이다. 특별히 유대인들은 출애굽의 언약을
알았다. 하나님께서 이스라엘 백성을 애굽에서 이끌어내시면서 언약을
세웠다. "너희를 내 백성으로 삼고 나는 너희의 하나님이 되리라"(출 6:7).
이것은 하나님께서 이스라엘의 왕이 되시고, 이스라엘은 하나님의 백성
이 될 것이라는 말씀이다. 따라서 언약의 기본골격은 왕과 백성의 관계이
다. 이것은 구약시대 내내 반복된 언약개념이다.

주님께서 성찬에서 언약을 말씀하시는 것은 구약성경에 수없이 반복
된 것과 동일한 개념이다. 주님이 왕이 되시고 제자들은 백성이 된다. 바
로 이것이 구원이다. 구원이란 주님이 우리의 왕이 되시고 우리가 그의
백성이 되는 것이다. 왕이신 주님은 우리를 통치하시고, 백성인 우리는

주님을 예배한다. 우리는 백성이기에 주님께 영광을 돌리고, 주님은 왕이시기에 우리를 보호하신다. 이것이 구원이다.

주님은 성찬으로 이 언약적 구원 또는 구원적 언약을 확립하셨다. 성찬에 참여하는 사람은 언약에 참여하는 것이다. 언약에 참여하지 않은 사람이 성찬에 참여하는 것은 아무런 의미가 없다. 성찬은 언약백성이라는 것을 나타낸다. 성찬은 주님과 우리가 언약적인 관계에 있다는 것을 보여준다. 성찬으로 주님은 우리와 언약적 관계에 있고, 우리도 주님과 언약적 관계에 있다. 이것이 주님께서 몸을 찢고 피를 흘려 이루신 구원이다.

### 3. 종말론적 의미

이와 같이 주님은 성찬을 신자들의 교제와 주님과의 교제라는 두 가지 방면에서 설명하신 다음에 성찬의 또 한 가지 중요한 내용을 알려주셨다. 그것은 성찬의 언약적인 의미로부터 자연적으로 도출되는 내용이다. 성찬이 언약적인 개념을 가지고 있다는 사실은 중요한 결론으로 이끈다. 위에서 살펴보았던 것처럼 언약은 왕과 백성의 관계를 중심으로 삼는다. 그런데 왕과 백성의 관계란 다름 아닌 왕국을 형성하는 것이다. 그래서 하나님과 성도 사이의 언약은 언제나 왕국의 개념을 가진다. 바로 여기에서 성찬의 왕국적인 의미가 성립된다. 성찬은 언약에 바탕을 두고, 언약은 왕국 개념에 토대를 둔다. 그러므로 성찬은 왕국 의미를 가진다.

이것이 바로 주님께서 성찬을 베푸시면서 느닷없이 하나님 나라를 언급하신 이유이다. "진실로 너희에게 이르노니 내가 포도나무에서 난 것을 하나님 나라에서 새 것으로 마시는 날까지 다시 마시지 아니하리라 하시니라"(25). 주님은 제자들에게 첫 번째 성찬을 베푸시면서 하나님 나라를 대망하셨다. 이렇게 하여 주님은 성찬이 하나님 나라를 지향하며 지시한다는 것을 알려주셨다. 성찬에 참여하는 사람은 하나님 나라를 바라보아야 한다는 것이다. 성찬은 우리의 눈을 떡과 잔이 놓여있는 상 위에 고정시키지 않는다. 성찬은 우리의 시야를 땅에 묶어놓지 않는다. 성찬은 우리에게 하늘을 바라보게 한다. 성찬은 우리에게 하나님 나라를 대망하게 한다.

이렇게 볼 때 성찬은 천상적 하나님 나라의 지상적 실현이며, 성찬은 미래적 하나님 나라의 현재적 실현이다. 성찬에 참여함으로써 우리는 지상과 현실에서 천상적이며 미래적 하나님 나라를 체험한다. 그래서 성찬은 우리를 하늘로 들어올리는 것이며, 우리를 미래로 이끌어가는 것이다. 성찬은 천상적 체험이며 미래적 경험이다. 우리는 성찬에 참여할 때 하나님 나라를 미리 맛보며 선험한다. 성찬에 하나님 나라가 미리 와 있고, 성찬에 참여하는 사람들은 하나님 나라를 미리 소유한다. 하나님 나라의 본질은 성령님 안에서 의와 평강과 희락인데(롬 14:17), 성찬에 참여하는 사람들은 바로 그 하나님 나라의 의와 평강과 희락을 누리며 즐기는 것이다.

그러면 주님이 생각한 하나님 나라는 어떤 것일까? 단적이긴 하지만 본문에 하나님 나라에 대한 주님의 생각이 나타난다. 그것은 잔치이다. 하나님 나라는 잔치이다. 그래서 주님은 "하나님 나라에서 새 것으로 마시는 날까지"(25)라는 표현을 사용하셨다. 이것은 주님께서 하나님 나라를 잔치로 생각하셨다는 것을 보여준다. 주님은 이 땅에서 활동하시는 동안 하나님 나라를 설명하기 위하여 자주 잔치 비유를 말씀하셨다. 이것은 하나님 나라가 잔치라는 것을 가르치기 위한 것이었다. 하나님 나라는 즐거운 잔치이다. 그래서 하나님 나라는 마치 혼인잔치와 같다. 게다가 하나님 나라는 화려한 잔치이다. 그래서 하나님 나라는 왕의 아들의 혼인잔치와 같다. 하나님 나라에는 의와 평강과 희락이 넘친다. 하나님 나라는 성령님 안에서 즐기는 잔치이다. 거기에는 웃음이 있고, 기쁨이 있고, 노래가 있다. 요한계시록은 이것을 용사처럼 늠름한 신랑이신 예수 그리스도와 신부처럼 순결한 새 예루살렘 곧 교회의 혼인잔치로 묘사했다.

주님은 십자가에 달리시기 직전에 제자들과 함께 유월절 만찬을 베푸셨다. 이렇게 하여 주님은 성찬이 하나님 나라를 가리키고, 하나님 나라는 잔치라는 것을 보여주기를 원하셨다(성찬 - 하나님 나라 - 잔치). 이것이 주님께서 제자들과 함께 유월절 잔치를 여신 진정한 목적이었다. 이것은 십자가의 죽음을 바로 앞에 두고 있는 주님이 제자들에게 가르쳐주신 최후의 교훈이다. 이렇게 하여 주님은 다음과 같은 사실을 보여주셨다. 주님의 십자가는 슬픔의 길이 아니라 기쁨의 길이다. 십자가는 고난의 길이 아니라 축복의 길이다. 십자가는 죽음의 길이 아니라 생명의 길이다. 십자가는 패배의 길이 아니라 승리의 길이다. 주님은 제자들에게 첫 번째 성찬을 베푸시면서 하나님 나라를 대망하게 하심으로써 십자가의 죽음에 대한 새로운 시각을 열어주신 것이다.

성찬은 하나님 나라의 잔치상이다. 그러므로 우리는 성찬에 참여할 때마다 하나님 나라를 대망한다. 우리는 성찬을 통하여 하나님 나라에서 잔치할 것을 대망한다. 우리는 성찬에서 하나님 나라의 잔치를 즐긴다.

# 내가 기도할 동안에

Mark 14:32-42

우리는 예수님이 마지막으로 기도를 드린 장면을 읽고 있다. 주님은 인류의 대속을 위한 십자가의 죽음을 앞두고 마지막 기도를 드리셨다. 주님의 마지막 기도는 겟세마네에서 드려졌다. 주님께서 겟세마네에서 마지막 기도를 드린 것은 여러 가지 면에서 매우 의미심장하다. 겟세마네는 예루살렘 성전의 동쪽 맞은편에 자리 잡은 감람원(올리브 동산)의 한 부분이다. 겟세마네는 본래 기름을 짜는 틀이라는 뜻을 지니고 있다. 기름틀은 큰 돌을 깎아 아랫부분을 만들고 그 위에 또 다른 둥근 돌을 올려놓는 구조이다. 여기에서 사람들은 올리브(감람) 열매를 기름틀에 넣어 올리브유(감람유)를 짜냈다. 주님은 잡히시기 전 날 밤에 기름틀을 붙잡고 기도하신 것으로 생각해볼 수 있다. 주님께서 겟세마네에서 마지막 기도를 드리심으로써 그 기도가 마치 기름을 짜는 것 같은 간절한 기도였음을 더욱 생생하게 느끼게 만든다. 실제로 주님의 마지막 기도는 진액을 짜내는 것과 다를 바가 없는 기도였다. "예수께서 힘쓰고 애써 더욱 간절히 기도하시니 땀이 땅에 떨어지는 핏방울 같이 되더라"(눅 22:44). 겟세마네의 기도는 결국 주님께서 십자가에서 죽으심으로써 그 육체가 기름틀에 산산조각으깨어 부서지는 올리브 열매처럼 될 것을 예고하는 것으로 생각할 수 있다. 어쨌든 겟세마네에서 주님께서 마지막으로 드린 기도는 기도가 무엇인지를 가장 명확하게 보여준 사건이다. 따라서 우리는 이 기도에서 주님의 기도가 어떤 의미를 가지고 있는지, 또한 우리의 기도가 어떤 것이 되어야 할지를 배운다.

## 1. 기도는 악조건과 싸우는 것이다

예수님은 겟세마네에서 마지막 기도를 드리셨을 때 너무나도 나쁜 상황에 처해 있었다. 마가는 주님의 모습을 "심히 놀라시며 슬퍼하사"(33)라고 묘사하였다. 주님은 하나님 아버지와 동등한 본성을 지닌 하나님의 아들이심에도 불구하고 육체를 가지고 이 땅에 계시는 마지막 시간에 인류의 대속을 위한 십자가의 죽음을 바라보시면서 심한 놀라움과 슬픔에 사로잡히셨다. 그래서 주님은 열두 제자 중에서 특히 베드로와 야고보와 요한을 데리고 기도의 자리로 나아가시면서 "내 마음이 심히 고민하여 죽게 되었다"(34)고 토로하셨다. 이것은 우리와 똑같은 인성을 지니신 주님이 십자가의 죽음을 목전에 두고 솔직하게 보여주신 가장 고통스런 심정이다. 주님은 심한 고민으로 말미암아 죽을 것 같은 마음을 느끼셨다. 바로 여기에서 중요한 질문이 제기된다. 주님은 이렇게 극심한 놀라움과 슬픔을 일으킨 죽음과 같은 고민 앞에서 무엇을 하셨는가? 주님은 이런 가장 나쁜 고통의 시간에 다른 것이 아닌 기도를 하셨다. 기도는 주님께서 가장 악한 상황과 싸우시는 제일 적절한 무기였다.

하나님의 성도들은 주님과 마찬가지로 험악한 상황에 처할 때 기도를 한다. 다윗은 사망의 줄이 그를 얽고 불의의 창수가 그를 두렵게 하며 스올의 줄이 그를 두르고 사망의 올무가 그에게 이르는 환난 가운데서 여호와께 아뢰며 하나님께 부르짖었다(시 18:4-6). 놀라움과 슬픔을 가져다주는 무서운 일을 당했을 때 다윗은 하나님께 기도를 했다. 사도 바울도 빌립보에서 복음을 전하다가 체포를 당해 매로 많이 맞은 후에 깊은 옥에 갇히고 그 발이 차꼬에 든든히 채워있는 중에 하나님께 기도를 하였다(행 16:22-25). 고난으로 말미암아 죽음의 자리에 임하게 되었을 때 사도 바울은 하나님께 기도를 했다. 옛날부터 하나님의 성도들은 기도야말로 험악한 상황을 이기는 가장 훌륭한 무기임을 알고 있다.

그러므로 우리도 악한 상황에 처할 때 기도해야 한다. 세상 사람들은

207

나쁜 상황을 만나면 술을 마시거나 여행을 떠나거나 수면제를 먹고 자버림으로 도피하려고 한다. 이것은 고통을 피하는 세상 사람들의 방식이다. 그러나 그리스도인은 어려운 형편 앞에서 주님처럼 기도를 한다. 가정에 어려움이 생겼을 때, 경제적인 문제를 만났을 때, 질병으로 고통을 당할 때 하나님의 성도들은 기도한다. "너희 중에 병든 자가 있느냐 그는 교회의 장로들을 청할 것이요 그들은 주의 이름으로 기름을 바르며 그를 위하여 기도할지니라"(약 5:14). 우리는 고통 가운데 있을 때 기도해야 한다. 놀라움과 슬픔을 만난 사람이 있다면 기도하라. 고난 가운데 죽음에 이를 것 같은 사람이 있다면 기도하라. 기도하는 성도는 악한 상황을 이긴다. 기도는 성도들이 악한 상황과 싸우는 가장 강력한 무기이다.

## 2. 기도는 깨어있는 것이다

이렇게 강력한 무기인 기도를 실행하는 방법은 깨어 있는 것이다. 주님께서는 겟세마네에서 기도하기 위하여 열두 제자 가운데 특히 베드로와 야고보와 요한을 데리고 가시면서 주님께서 기도하시는 동안 "깨어 있으라"(34)고 주문하셨다. 그러나 세 제자는 주님께서 기도하시는 동안에 잠에 빠져들고 말았다. 그들이 이렇게 심각한 상황에도 불구하고 잠을 잔 데는 여러 가지 까닭이 있었을 것이다. 제자들은 오랜 시간 동안 주님을 따라다닌 결과가 주님의 죽음이라는 사실을 알았을 때 낙심하면서 자포자기의 심정을 가짐으로써 피곤함이 한꺼번에 밀려왔을 것이라고 추정해 볼 수 있다. 그러나 마가는 오직 한 가지 이유를 제시한다. 그들의 눈이 심히 피곤했기 때문이라는 것이다(40). 주님은 제자들이 자는 것을 보시고는 대표적으로 베드로를 책망하셨다. "시몬아 자느냐 네가 한 시간도 깨어 있을 수 없더냐"(37). 제자들은 마지막 기도에 임하신 주님께서 깨어있기를 바라시는 것과는 달리 잠을 자고 말았다.

그러면 주님은 무슨 뜻으로 제자들에게 깨어 있으라고 말씀하셨을까? 깨어 있으라는 주님의 말씀은 단순히 육체적인 잠에 빠지지 않도록 눈을 부릅뜬 자세를 가지라는 의미가 아니다. 주님은 제자들이 눈에 버팀목을 받쳐놓고 밤을 지새우기를 희망하신 것이 아니다. 깨어 있으라는 주님의 말씀은 영적인 의미를 가지고 있다. 그것은 기도하라는 것이다. 그래서 주님은 베드로에게 바로 이어서 다음과 같이 말씀하셨다. "시험에 들지 않게 깨어 있어 기도하라"(38). 이 말씀을 볼 때 깨어 있다는 것이 무엇을 의미하는지 분명하게 드러난다. 깨어 있는 것과 기도하는 것은 서로 다른 것이 아니다. 깨어 있다는 것은 기도한다는 것이며, 기도한다는 것은 깨어 있다는 것이다. 그래서 깨어 있다는 것과 기도한다는 것은 같은 의미이다. 사도 바울도 이런 의미에서 성도들에게 권면했다. "모든 기도와 간구로 하되 무시로 성령 안에서 기도하고 이를 위하여 깨어 구하기를 항상 힘쓰며 여러 성도를 위하여 구하고"(엡 6:18). "기도를 항상 힘쓰고 기도에 감사함으로 깨어 있으라"(골 4:2).

주님께서 겟세마네에서 기도하시며 제자들과 대화를 나누시던 장면을 머릿속에 그려보면 주님께서 어떤 의미로 깨어 있는 것과 기도하는 것을 연결시켰는지 어렵지 않게 알 수 있다. 무엇보다도 주님은 기도하시는 동안에 제자들이 그들의 자리에서 주님의 기도에 동참하기를 희망했다. 그래서 제자들에게 깨어 있으라고 요구하신 것은 사실상 주님과 함께 깨어 있으라는 요구였다("나와 함께 깨어 있으라", 마 26:38). 주님은 제자들이 주님과 함께 기도하기를 바라셨던 것이다. 따라서 제자들은 깨어서 주님이 간절하게 기도하시는 모습을 지켜보는 것이 옳았다. 제자들은 깨어서 주님의 심정을 충분하게 이해하는 자세를 취해야 했다. 제자들은 깨어서 주님의 기도내용에 전적으로 참여하는 모습을 보여주어야 했다. 바로 여기에 기도의 의미가 드러난다.

기도는 영적 각성이다. 기도는 내용 이전에 자세이며, 기도는 언어 이전에 태도이다. 기도는 주님께 전적으로 마음을 기울이는 것이다. 마치 겟세마네에서 제자들이 깨어서 주님의 기도하시는 모습을 바라보고, 주님의 기도하시는 음성을 듣고, 주님의 기도하시는 마음에 참여해야 했던 것과 같다. 기도는 기도의 내용을 정하기 전에 주님께 정신을 집중하는 것이다. 기도는 기도의 입술을 열기 전에 주님께 마음을 고정하는 것이다. 이것은 여행을 떠난 집주인이 언제 돌아올지 모르지만 종들이 깨어 기다리는 것과 마찬가지이다(막 13:34-35). 깨어 있는 종들은 집주인이 돌아올 것을 늘 염두에 두고 있는 것이다. 그래서 종들이 깨어 있다는 것은 언젠가 돌아올 집주인에게 정신을 집중하고 마음을 고정하고 있다는 것을 가리킨다.

그러나 불행하게도 주님에게 마음을 집중하지 못하게 만드는 일들이 수없이 우리에게 다가온다. 때로는 환경이 우리의 마음을 흩어놓는다. 때로는 육체의 피곤함이, 질병이, 경제가, 사람이 우리의 마음을 주님께 집중하지 못하게 만든다. 주님께서 잠에 취한 베드로에게 "마음에는 원이로되 육신이 약하도다"(38)라고 말씀하셨던 것처럼 마음은 간절하지만 육체가 따라주지를 않는다. 그러나 기도하는 사람은 깨어 있어야 한다. 기도하는 사람은 주님을 놓치면 안 된다. 주님에게서 마음이 떠나면 안 된다. 주님 아닌 다른 것에 마음을 두면 안 된다. 주님을 잊어버리고 정신을 잃으면 안 된다. 기도하는 사람은 영적으로 각성하여 전적으로 주님을 바라보고, 전적으로 주님의 음성에 귀를 기울이고, 전적으로 주님의 마음에 합해야 한다. 이것이 기도이다. 기도는 주님에의 참여이다.

### 3. 기도는 하나님에의 몰입이다

겟세마네에서 기도하시는 주님 자신이 기도의 이런 성격을 모범적으로 분명하게 보여주셨다. 주님은 전적으로 하나님 아버지께 몰입하셨다. 이것은 여러 가지 방식으로 표현되었다.

먼저 겟세마네의 기도에서 주님께서 하나님 아버지께 몰입하신 것은 부름에서 나타난다. 주님은 마지막으로 기도하시면서 하나님을 향하여 "아빠 아버지여"(36)라고 불렀다. 주님은 십자가의 죽음을 앞에 놓고 하나님 아버지께 전적으로 집중했다. 마치 어린아이가 돌부리에 걸려 넘어지면서 곁에 있는 아빠를 온 힘을 다해 부르는 것과 같다. 주님은 하나님 아버지께 몰입했다. 주님에게는 다른 아무것도 보이지 않았다. 주님에게는 하나님 아버지 외에는 어떤 것도 바라볼 것이 없었다. 주님은 오직 하나님 아버지만을 불렀다. 하나님 아버지에 대한 전적인 몰입, 이것이 주님의 기도였다. 기도는 인간이 목적이 아니라 하나님이 목적이다. 이 때문에 주님은 사람에게 보이려고 기도하는 것에 대하여 신랄하게 비판하셨던 것이다(마 6:5). 그러므로 우리는 기도하면서 자기를 의식할 것이 아니라 오직 하나님을 의식해야 한다.

하나님 아버지에 대한 주님의 몰입은 여기에서 끝나지 않았다. 주님은 십자가의 시간이 너무나도 어려운 것임을 알고 계셨다. 그래서 주님은 십자가의 시간이 지나가기를 간절히 구하셨다. "조금 나아가서 땅에 엎드리어 될 수 있는 대로 이 때가 자기에게서 지나가기를 구하여"(35). 주님은 십자가의 잔을 마시는 것이 너무나도 고통스러운 것임을 알고 계셨다. 그래서 주님은 기도하셨다. "아버지께는 모든 것이 가능하오니 이 잔을 내게서 옮기시옵소서"(36). 그러나 주님은 십자가의 시간도 십자가의 잔도 철저하게 하나님 아버지의 뜻을 따르기를 원하셨다. "그러나 나의 원대로 마시옵고 아버지의 원대로 하옵소서"(36). 주님은 자신의 뜻을 버리고 하나님 아버지의 뜻을 구했다. 주님은 기도로 자신의 뜻을 관철시킨 것이 아니라 하나님 아버지의 뜻을 실천했다. 주님이 하나님 아버지의 뜻을 실현하는 까닭은 하나님 아버지의 뜻을 명확하게 이해하셨기 때문이다. 하나님 아버지의 뜻은 무엇인가? 그것은 인류의 구속을 위한 뜻이다. 무엇보다도 그것은 아들의 고통스러운 죽음을 통한 구속의 뜻이다. 주님은 하나님 아버지의 이런 뜻을 따르신다. 이렇게 하여 주님은 얼마나 하나님 아버지께 몰입되어 있는지 보여주셨다. 이것이 주님의 기도였다. 기도는 인간의 실현이 아니라 하나님의 실현이다. 우리는 기도로 우리의 뜻을 관철하려 할 것이 아니라 하나님의 뜻을 실천하려고 해야 한다.

하나님 아버지에 대한 주님의 몰입은 홀로 하나님 아버지께 나아가셨다는 것에서 절정에 이른다. 주님은 단독자로서 하나님 아버지께 기도하셨다. 주님의 기도에 제자들까지도 도움이 되지 않는다. 주님께서 제자들이 주님의 기도에 전적으로 동참하기를 바라시기는 했지만 그것은 제자들의 기도가 주님의 기도에 힘을 보태줄 것이라고 생각했기 때문이 아니다. 제자들의 기도는 그들의 기도로 의미가 있을 뿐이지 주님의 기도에 아무런 영향도 끼치지 못한다. 주님은 하나님 아버지께 기도하는 데 군중의 도움을 필요로 하지 않았다. 그러므로 주님께서는 겟세마네에 이르러 열두 제자들에게 말씀하셨다. "내가 기도할 동안에 너희는 여기 앉아 있으라"(32). 그리고 주님께서는 열두 제자 가운데 세 사람을 데리고 가서는 말씀하셨다. "너희는 여기 머물러라"(34). 주님께서 제자들을 떨어뜨린 까닭은 기도는 결국 오직 자신의 문제임을 아셨기 때문이다. 주님은 하나님 아버지 앞에 단독자로 서셨다. 주님은 하나님 아버지께 단독자로 기도하셨다. 이것이 하나님 아버지께 몰입한 주님의 기도였다. 우리도 하나님께 단독자로 나아가 기도해야 한다. 이런 이유 때문에 주님은 기도하는 사람이 골방에 들어가 문을 닫고 은밀한 중에 계신 하나님 아버지께 기도하라고 요청하셨다(마 6:6).

　나의 기도는 결국 내가 기도해야 할 문제이다. 누구도 도와줄 수 없다. 우리는 때때로 중보기도라는 말을 많이 쓴다. 다른 사람들을 위해서 기도하는 것은 매우 중요한 일이다. 그러나 내 문제를 놓고 내가 기도해야 한다. 결국 내 문제를 놓고 기도해야 할 사람은 나 자신이다. 그러므로 하나님께 홀로 나아가라. 하나님과 홀로 만나라. 하나님과 홀로 대화해라. 하나님께 홀로 기도해라. 지금 하나님은 우리가 단독자로 나아와 기도하기를 기다리고 계신다.

# 네가 나를 부인하리라

————————————————————————— Mark 14:66-72

우리는 일상생활에서 거의 승인(承認)과 부인(否認)을 절반씩 표현하면서 산다. 그렇기 때문에 부인은 우리가 일상에서 경험하는 삶의 한 부분이다. 모르는 것을 부인하는 것은 그렇게 고통스러운 일이 아니다. 우리는 누군가가 잘 모르는 길을 물어보거나 잘 알지 못하는 사람에 대하여 물어볼 때 고개를 저으면서 아무런 심적인 부담을 느끼지 않는다. 그러나 사실을 부인하는 것은 고통스러운 일이다. 이것은 무엇인가 잘못을 저질러놓고는 그것을 숨기려는 아이들에게서 자주 발견되는 현상이다. 아이들은 자기 저지른 잘못을 부인하려고 할 때 당황하는 모습을 나타낸다. 아이들뿐만이 아니다. 가끔 여러 가지 이유로 열리는 청문회를 시청해보면 사실을 감추기 위해서 애써 부인하는 사람들의 표정에서 아무리 감추려고 해도 그들의 내면에 숱한 갈등이 일어나고 있다는 것을 감지할 수 있다. 그런데 사실을 부인하는 것보다도 더욱 고통스러운 것은 사람을 부인하는 것이다. 왜냐하면 이렇게 함으로써 감정이 심하게 손상되고 인격적인 관계가 깨지고 말기 때문이다. 그래서 어떤 사실을 부인한 것은 그래도 시간이 흐르면 머릿속에서 잊히지만 사람과의 관계를 부인한 것은 두고두고 마음을 괴롭힌다.

예수님이 인류의 죄를 대속하기 위하여 죽음의 수난을 당하는 현장에서 베드로는 주님을 부인했다. 그것은 그냥 부인이 아니라 아주 뼈를 저리게 하는 부인이었다. 베드로를 철저하게 부서뜨리는 부인이었다. 이 사건은 베드로를 철저한 좌절로 이끌어갔다. 베드로는 주님을 부인한 것이 얼마나 좌절이 되었는지 닭이 두 번째 울었을 때 고통의 눈물을 흘렸다. "베드로가 예수께서 자기에게 하신 말씀 곧 닭이 두 번 울기 전에 네가 세 번 나를 부인하리라 하심이 기억되어 그 일을 생각하고 울었더라"(72). 베드로가 주님을 부인한 사건은 우리의 신앙생활에 시사하는 바가 매우 크다. 조금 더 정확하게 말하자면, 이 사건이 우리에게 주는 교훈은 주님을 부인함으로써 심각한 좌절에 빠진 베드로의 모습이다. 그리고 조금 더 근본적으로 말해서, 우리가 주목해야 할 것은 주님을 부인함으로써 베드로를 회복하기 어려운 좌절로 떨어뜨리려는 사탄의 시도이다. 주님은 이것을 내다보셨기 때문에 겟세마네 기도에서 베드로를 향하여 "시험에 들지 않게 깨어 있어 기도하라"(막 14:38)고 말씀했던 것이다. 우리는 베드로의 부인과 좌절로부터 사탄의 시도가 무엇인지 그리고 우리가 어떤 잘못을 저지를 수 있는지 명확하게 배운다. 그러면 베드로를 철저하게 무너뜨린 부인은 어떤 것인가?

## 1. 주님과 함께 있는 자리에서 부인하다

베드로가 주님을 부인하면서 완전히 좌절 가운데 빠질 수밖에 없었던 이유는 주님과 함께 있는 자리에서 부인했기 때문이다. 베드로는 주님이 심판받는 자리에 따라갔다. "베드로가 예수를 멀찍이 따라 대제사장의 집 뜰 안에까지 들어가서 아랫사람들과 함께 앉아 불을 쬐더라"(54). 그런데 베드로는 고난 받는 주님과 함께 있는 자리에서 주님을 부인했다. 당사자와 함께 있지 않을 때 그를 부인하는 것은 그래도 어느 정도 고통이 덜 심할 수 있다. 그러나 당사자가 함께 있는 자리에서 그를 부인하는 것은 너무나 고통스러운 일이다. 한 자매가 가난한 청년과 연애를 시작했다. 낌새를 알아챈 엄마가 그 청년을 좋아하냐고 물었을 때 약간은 마음이 아프지만 당사자가 함께 있지 않기 때문에 간단히 부인할 수 있었다. 하지만 자매는 막상 청년과 데이트를 하고 있는 현장에서 엄마를 만나 다그치는 질문을 받았을 때 부인한 것은 죽음과 같은 좌절을 가져다주었다.

베드로는 이런 고통을 맛보았다. 예수님과 함께 있지 않을 때 예수님을 모른다고 했다면 덜 고통스러웠을 것이다. 그러나 그는 예수님과 함께 있는 자리에서 부인했다. 이 때문에 베드로는 철저하게 좌절에 빠졌다. 사탄은 베드로를 넘어뜨리기 위하여 심리적으로 이겨내지 못할 좌절을 안겨주었다. 사탄은 우리에게도 이런 좌절을 안기려고 한다. 예수님과 함께 있을 때 예수님을 부인하는 자리로 이끈다. 사탄은 심지어 우리를 위해 죽음의 은혜를 베푸시는 주님과 함께 있는 자리에서 주님을 부인하게 만든다. 가장 큰 은혜를 베푸시는 주님과 함께 있을 때 주님을 부인하게 함으로써 가장 큰 좌절에 빠뜨린다. 한 여고생이 죽을 것 같은 자괴감에 빠졌다. 자기를 기르기 위해서 온갖 고생을 하면서 행상하는 어머니가 부르는 소리를 듣고는 친구들에게 어머니가 아니라 이웃 아주머니라고 둘러댔기 때문이다. 어머니와 멀리 있을 때가 아니라 바로 눈앞에 가까이 있을 때 부인했다는 것이 커다란 좌절감을 가져다준 것이다.

우리의 근본적인 문제도 이와 비슷하다. 우리는 주님과 함께 있는 자리에서도 주님을 부인한다. 주님이 우리에게 믿음을 선물로 주시는 순간에도 주님을 부인한다. 봉사의 기회를 주실 때도 주님을 부인한다. 주님을 확실하게 배울 수 있는 자리로 이끄시는 시간에도 주님을 부인한다. 사탄의 계략은 바로 이것이다. 사탄은 우리가 주님과 가장 가까이 있을 때 도리어 주님을 부인하도록 만든다. 믿음이 생길 때, 봉사를 할 때, 주님을 배울 때, 그때 사탄은 교묘하게 주님을 부인하는 자리로 우리를 이끌어간다. 그래서 주님과 함께 있을 때 우리는 더욱 조심해야 한다. 선 줄로 생각하는 자는 넘어질까 조심해야 한다. 주님과 함께 있을 때가 더욱 믿음을 강화해야 할 때이다. 더욱 말씀에 힘쓰고, 더욱 기도에 힘써야 한다. 우리는 주님과 함께 있을 때 주님과의 관계를 더욱 분명하게 확립해야 한다.

## 2. 사실을 부인하다

베드로를 철저하게 좌절로 몰아간 까닭은 사실을 부인했기 때문이다. 베드로가 대제사장의 아래 뜰에서 불을 쬐고 있을 때 한 여종이 다가와서 말했다. "너도 나사렛 예수와 함께 있었도다"(68). 베드로가 주님과 함께 있었다는 것은 베드로 자신이 너무나도 잘 알고 있는 사실이었다. 베드로는 주님을 사역초기부터 따라 다녔다. 그는 거의 주님의 곁에서 떠난 적이 없다. 그는 주님과 항상 함께 있었다. 여종이 밑도 끝도 없이 베드로를 향해 예수님과 함께 있었다는 말을 했을 때 베드로의 뇌리에는 처음부터 주님과 함께 있었던 사실이 주마등처럼 지나갔을지 모른다. 주님과 함께 있었다는 것이 여종에게는 부정확한 사실이었을지라도 베드로에게는 명확한 사실이었다. 이것은 하루 이틀의 사실이 아니다. 그것은 수년에 걸친 사실이다. 그런데 베드로는 이와 같은 사실제시 앞에서 크게 흔들렸다. 오래되고 확실한 사실을 부인하는 것이 좌절이 된다. 사탄은 사실을 부인하게 함으로써 베드로를 치명적인 좌절로 이끌어갔다.

우리에게도 비슷한 일이 자주 발생한다. 사탄은 베드로에게 했던 것과 똑같은 방식을 우리에게 사용한다. 슬그머니 식사기도를 하고 났을 때 옆에 있는 사람이 비아냥거리듯 묻는다. "너 지금 밥 먹기 전에 기도했지?" 그러면 우리는 "아니야, 기도는 무슨 기도"라고 말하면서 곧바로 그것을 부인한다. 이렇게 해서 우리는 좌절에 빠진다. 기도를 안 한 것이 좌절이 아니라, 기도한 것을 부인하는 것이 좌절이 된다. 때때로 사탄은 기도를 못하게 함으로써 우리를 좌절시키기도 하지만, 종종 기도를 한 것을 부인하게 함으로써 우리를 좌절로 이끌기도 한다. 우리는 세상에 사는 동안에 교회에 다니지 않으냐, 집사나 장로가 아니냐 하는 질문 앞에서 부인한다. 교회에 규칙적으로 다니지 않는 것도 좌절이 되지만, 교회에 다닌다는 것을 부인하는 것은 더 좌절이 된다. 교회에서 직분을 받지 못한 것도 좌절이 되지만, 교회의 직분을 가지고 있다는 것을 부인하는 것이 더 좌절이 된다. 우리는 동료나 선배나 거래처나 누구에게든지 자신이 예수님을 믿는 기독교인이라는 사실을 부인하는 경우가 있다. 어떤 때는 부끄러움 때문에, 어떤 때는 경제적인 이유 때문에, 어떤 때는 사회적인 진출을 위해서 기독교인이라는 사실을 부인한다. 그리고 이런 부인 후에는 심각한 좌절감에 휩싸인다. 사탄이 신자들에게 노리는 것은 바로 이런 회복하기 어려운 좌절감이다.

따라서 우리는 사실을 부인하게 만드는 사탄의 계교를 파악해야 한다. 이런 방식으로 다가오는 사탄의 공략을 물리치기 위해서 우리는 사실을 항상 밝히는 자세가 필요하다. 신앙을 공개하는 것이 좋다. 그러면 더 이상 사탄은 이런 방식으로 공격하지 못한다. 이것은 신앙을 은폐하는 사람에게 사탄이 써먹는 수법이기 때문이다. 이미 신앙을 공개한 사람에게는 사탄의 이런 수법이 먹히지 않는다.

## 3. 여종 때문에 부인하다

베드로가 주님을 부인하는 자리에서 무서운 좌절감에 빠진 이유는 여종과 이름 없는 사람들의 말 앞에서 주님을 부인했기 때문이다. 여종은 베드로에게 "너도 나사렛 예수와 함께 있었도다"(67), "이 사람은 그 도당이라"(69)고 말했고, 곁에 서 있는 사람들은 "너도 갈릴리 사람이니 참으로 그 도당이니라"(70)고 말했다. 베드로에게 말을 건 사람들은 대제사장도 아니며 사령관도 아니다. 그들은 여종과 이름 없는 사람들이었다. 베드로가 주님을 부인한 것은 엄청난 세력을 지닌 사람들의 말을 들었기 때문이 아니다. 물론 여종과 이름 없는 사람들의 배후에는 엄청난 세력이 있다는 것은 사실이다. 그러나 어쨌든 베드로를 부인으로 이끌어간 사건은 별 볼일 없는 사람들에게서 시작되었다. 사탄은 작은 일을 사용해서 우리를 공격함으로써 작은 일에 의해서 넘어졌다는 좌절감에 빠뜨린다. 이것이 사탄의 악랄한 계교이다.

사탄은 처음에 작은 일들을 사용해서 우리에게 주님을 부인하게 만든다. 아담은 뱀에게 무너졌다. 만일에 사탄이 본래의 형체로 나타나서 아담을 시험했더라면 아담은 멋지게 사탄을 물리쳤을지도 모른다. 바울과 바나바를 따라 전도여행에 나섰던 마가는 구브로 섬에서 마술사 엘루마 같은 사람들과 싸워야 하는 것을 보면서 여행을 포기했다. 만일에 마가가 더 큰 영적인 세력과 싸웠다면 더욱 용감하게 이겼을지 모른다. 사탄은 자주 우리를 넘어뜨리기 위해서 사소한 일들을 가지고 공격을 한다. 우리는 아주 작은 일들이 주님을 부인하게 만드는 치명적인 원인이 될 수 있다는 것을 잊어서는 안 된다. 이것은 우리가 매일같이 만나는 사탄의 시험이다. 그래서 이것을 가리켜 일상의 시험이라고 부를 수 있다. 그리고 이런 일상의 공격을 통해서 사탄은 결국 우리를 작은 일에서도 주님을 긍정하지 못하는 사람이라고 느끼게 하는 치명적인 좌절감을 갖게 한다.

그러므로 우리는 작은 것들을 통해 오는 시험을 처음부터 잘 대적해야 한다. 무명의 것들에 잘 대처해야 한다. 작은 것들이라고 무시하면 안 된다. 이런 것들에 무너지면 좌절감에 빠지면서 마침내는 큰 것에도 무너지기 때문이다. 따라서 우리는 작은 사람에 대하여 그리고 작은 일에서 주님을 긍정하기 시작해야 한다. 작은 것들과 관련해서 승리하는 것을 연습해야 한다. 베드로는 처음에 여종의 말을 들었을 때 위험을 피할 수 있을 것이라고 생각했는지 모른다. 그래서 베드로는 주님을 부인하는 것을 피하기 위하여 자리를 이동하기까지 했다. 그는 아래 뜰에 있다가(66) 앞뜰로 이동했다(68). 그러나 이렇게 장소를 이동한다고 해서 예수님을 부인하는 것을 피할 수는 없다. 장소이동은 근본적인 해결책이 아니다. 이것은 단지 아주 일시적인 도피에 불과할 뿐이기 때문이다. 그럼에도 불구하는 우리도 자주 이런 소극적인 방법을 택한다. 게다가 첫 시험에 실패하면 그 다음에도 실패한다. 우리는 처음 실수를 대수롭지 않게 생각하려는 경향이 있다. 하지만 첫째 실패는 둘째 실패를 낳는다. 그래서 아무리 작은 일로 다가오는 사탄의 공격이라 할지라도 방심하지 말고 처음부터 승리해야 한다. 사탄의 공격 사슬은 처음에 끊을수록 좋다.

사탄의 공격은 끈질기다. 사탄은 사소한 방식으로 베드로에게 주님을 부인하도록 만들기 위하여 세 번 연속적으로 공격을 했다. 예수님을 부인하게 하는 자는 또 다시 따라왔다. 마치 확인 사살하듯이 반복적으로 주님을 부인하게 만들었다. 사탄은 베드로를 철저하게 파멸시키기 위하여 반복해서 찾아왔다. 그래서 결국 베드로는 세 번 주님을 부인했다. 이것이 사탄의 방식이다. 사탄은 성도들을 넘어뜨리기 위하여 반복적으로 공격한다. 사탄은 욥을 파멸로 이끌기 위해서 세 번 연속적으로 공격했다. 사탄은 우리 주님을 시험하기 위하여 세 번 반복해서 공격했다. 사탄의 시험은 끈질기다. 사탄은 한번 공격하고 마는 법이 없다. 주님이 우리를 끈질기게 지켜주시듯이, 사탄도 우리를 끈질기게 공격한다. 그러나 우리는 사탄의 시험이 시한적이라는 것을 알아야 한다(요한계시록의 한 때, 두 때, 반 때라는 표현). 사탄의 공격은 제한적이다. 영원하지 않다. 반드시 지나간다. 그러므로 우리는 인내해야 한다.

　대신에 주님의 은혜는 영원하다. 주님이 영원하시기 때문이다(히 13:8). 우리 안에 계신 이가 세상에 있는 자보다 크시다(요일 4:4). 우리를 위하는 자가 우리를 대적하는 자보다 많다(왕하 6:16). 그러므로 사탄이 우리를 넘어뜨리기 위해서 반복적으로 공격할 때, 우리는 주님만을 의지하여 경각심을 가지고 반복적으로 방어해야 한다. 우리 앞에는 주님을 부인하게 하는 상황이 날마다 펼쳐진다. 주님을 부인하게 하는 상황들은 거절할 수 없이 매일같이 다가온다. 사탄은 지금도 물질, 건강, 가정, 사회 같은 이런저런 방식으로 공격한다. 우리는 주님의 영원한 은혜에 의지하여 이 모든 공격에 반복적으로 승리해야 한다.

# 무리에게 만족을 주고자

Mark 15:6-15

예수님이 십자가에 달리기 직전에 벌어진 최종적인 재판 자리에는 여러 인물이 등장한다. 그들은 예수님을 비롯하여 빌라도, 대제사장, 바라바이다. 이들에게는 각각의 특징이 있다. 빌라도는 책임을 다른 이에게 떠넘기는 자로, 대제사장은 시기와 충동을 일삼는 자들로(10,11), 바라바는 흉악한 범죄자로 묘사된다. 게다가 이들에게는 극에서 극에 이르는 대조적인 면이 있다. 예수님은 하나님의 아들이시고, 빌라도는 로마로부터 식민통치를 위한 최고 권력을 부여받은 총독이며, 대제사장은 유대민족의 종교를 이끄는 최고의 종교지도자이다. 이에 비하여 바라바는 살인도 마다치 않는 민란을 꾸미던 사람들과 함께 체포된 죄수이다(7). 이렇게 본문의 등장인물들에게서 극단적인 대조가 나타난다. 사실상 이들은 모두 서로 간에 대립적인 관계에 놓여있다.

그런데 최종의 재판 자리에는 이와 같은 특정한 등장인물들 외에 하나의 덩어리로 등장하는 사람들이 있다. 그들은 "무리"(8,11,15)라는 표현으로 나타나기도 한다. 이 무리는 위의 등장인물들 각각과 교묘하게 연결되어 있다. 그들은 예수님을 십자가에 못 박으라고 소리를 지른다. 무리는 빌라도에게 주님의 십자가 처형을 압박한다. 무리는 주님을 죽이려는 대제사장과 결탁한다. 무리는 민란의 주동자이며 살인범인 바라바를 선택한다. 이렇게 여러 가지 관계 속에 있는 무리를 분석해보면 인간이 군중으로 표현될 때 어떤 본성을 가지고 있는지 파악할 수 있다. 군중 속의 인간본성은 주님이 최종적인 재판을 받는 현장에서만 그러한 것이 아니다. 그것은 역사의 모든 국면에서 나타나는 것이며, 그렇기 때문에 그것은 바로 우리의 모습이기도 하다.

## 1. 요구하는 무리(6)

무엇보다도 무리는 다수라는 성격을 이용하는 세력으로 나타난다. 빌라도는 명절이 되면 사람들이 요구하는 죄수 한 사람을 풀어주는 선심을 베풀었다. 이 명절특사는 빌라도가 로마식민 통치에 분개하는 유대인들의 환심을 사기 위한 고도의 정치적인 방안이었다. 그런데 무리는 이 기회를 놓치지 않고 자신의 의지를 펼쳤다. 그들은 빌라도에게 몰려가서 빌라도가 전에 그들에게 보여준 대로 죄수 한 명을 놓아달라고 요구했다. 이렇게 무리가 빌라도에게 나아가서 자신의 요구를 내밀 수 있었던 것은 다수에 대한 믿음이 있었기 때문이다.

　인간은 다수에 대한 신념을 가지고 있다. 인간은 다수를 이루면 자신의 의지를 관철시킬 수 있다는 생각을 가진다. 그래서 여러 분야에서 다수를 확보하기 위해서 결사적인 노력을 기울인다. 예를 들어 시위를 해도 일인시위는 카메라의 초점을 피해가지만 많은 사람이 집회를 하면 뉴스의 대대적인 보도꺼리가 된다. 이것은 얼마나 많은 사람이 모였느냐 하는 것이 세력의 정도가 된다는 것을 의미한다. 군중은 그 자체가 힘으로 간주된다. 이 때문에 정치를 비롯해서 세상의 모든 분야는 다수라는 세력을 규합하기 위해서 수단과 방법을 가리지 않는 것이다.

　다수에 대한 신념은 인간의 역사에서 아주 오래된 것이다. 인류의 언어가 하나이며 말이 하나였을 때 사람들이 동방으로 이동하다가 시날 평지에서 만나게 되자 그 엄청난 다수에 감동을 하면서 다시 흩어지지 않기 위해서 도시와 탑을 건축하였다. 이것은 후에 바벨이라는 이름으로 불리게 되었다. 이것은 인간이 다수에 대한 신념을 가지고 있다는 것을 아주 명확하게 보여주는 사건이다. 다수는 없던 도시도 건축하고 없던 탑도 건립할 수 있는 힘이다. 개인으로 있을 때는 아무런 능력도 없는 것처럼 보이지만 다수를 이룰 때 맨 땅에 도시와 탑을 세우는 무서운 힘을 발휘했다. 바로 이런 현상 때문에 사람들은 다수를 이루고 싶어 하는 것이다.

이스라엘의 열왕시대를 살펴보면 하나님께서 이스라엘을 보호하시겠다고 그렇게 확실하게 말씀해주셨음에도 불구하고 자주 왕들이 백성의 다수에 마음을 빼앗기는 것을 발견할 수 있다. 그 대표적인 예가 다윗이다. 다윗은 하나님의 은혜로 왕좌에 앉아 나라를 정립한 후에 엄청난 실수를 저질렀다. 그것은 이스라엘과 유다의 인구를 조사하여 군사의 수가 얼마나 되는지 확인하게 하는 일이었다. 이 사건으로 말미암아 하나님은 크게 분노하셨다. 다윗의 인구조사에서 문제는 무엇인가? 문제는 다윗이 하나님 대신에 많은 사람들을 의지하는 마음을 가졌다는 사실이다. 이것은 이후에도 열왕에게서 반복적으로 나타난 문제점으로서, 이스라엘의 역사는 인간의 다수에 대한 신념이 얼마나 허망한 것인가를 잘 보여준다. 그러나 다수에 대한 믿음은 우리 시대의 기독교에서도 대형화라는 방식으로 계속된다. 많은 목회자들과 신자들이 다수를 이루는 대형화의 길을 갈 때 마치 하나님께서 큰 영광을 받으시는 것처럼 오해한다. 그러다보니 대형화를 실현하기 위하여 심지어 비정상적인 방법론들까지 기독교 안에 난무하게 되었다. 그리고 대형화에 도움이 되기만 하면 세속적이든지 무속적이든지 어떤 방법을 사용해도 무조건 수용할 수 있는 것처럼 생각한다. 다수에 대한 신념을 무비판적으로 받아들임으로써 기독교는 심각하게 타락하고 말았다.

성경은 다수가 진리는 아니라는 사실을 곳곳에서 선명하게 보여준다. 이스라엘의 아합 왕이 유다의 여호사밧과 함께 아람과 전쟁을 하러 나갔을 때 하나님께서 승리를 주실 것인지 확인하게 되었다(왕상 22장). 이때 아합은 선지자 400명을 모으고 그들에게 하나님의 뜻을 물었다. 선지자들은 모두 한결같이 아합의 승전을 예언했다. 그러나 이것은 다수가 진리는 아니라는 사실을 명확하게 보여주었다. 왜냐하면 이믈라의 아들 선지자 미가야 한 사람만이 하나님의 뜻을 진정으로 예언했기 때문이다. 이 전쟁은 엄청난 패전으로 끝나고 아합은 전사하고 말았다.

예수님은 다수의 길이 진리가 아니라는 것을 힘주어 말씀하셨다. "좁은 문으로 들어가라 멸망으로 인도하는 문은 크고 그 길이 넓어 그리로 들어가는 자가 많고 생명으로 인도하는 문은 좁고 길이 협착하여 찾는 자가 적음이니라"(마 7:13-14). 신자의 모든 생활에서, 신앙생활에서, 예배에서, 심지어 우리가 부르는 찬송에서 다수가 택한 길에 대한 깊은 반성과 성찰이 필요하다. 다수를 신뢰하지 말라. 우리가 믿어야 할 대상은 오직 하나님 한 분밖에는 없다.

## 2. 충동받는 무리(11)

그런데 다수의 힘을 믿는 무리는 빌라도에게 나아가 명절특사를 요구하면서 살인도 서슴지 않는 민란의 주동자인 바라바를 놓아달라고 말했다. 이렇게 무리가 바라바를 요구하게 된 까닭은 대제사장들에게 충동을 받았기 때문이다. "그러나 대제사장들이 무리를 충동하여 도리어 바라바를 놓아 달라 하게 하니"(11). 무리는 바라바를 요구하도록 대제사장들에게 선동되었다. 대제사장들이 볼 때 개인은 회유하기 어렵지만 군중은 선동하기 쉽다고 생각했을 것이다. 그러므로 대제사장들은 빌라도의 관저 앞에 군중이 모여 있는 것을 충동을 위한 절호의 기회로 생각했던 것이다.

대체적으로 개인은 어떤 회유가 들어올 때 우선은 방어적으로 머뭇거린다. 그것이 자신의 자유를 얼마나 빼앗을지, 육체에는 고통을 가져다주지 않을지, 물질에는 어떤 손해를 끼치게 될지 머릿속에 생각이 뱅글뱅글 돌면서 따져본다. 이런 현상은 물건을 살 때, 어딘가에 가입을 할 때, 사업을 할 때, 거의 모든 상황에서 나타난다. 하지만 군중의 경우에는 다르다. 개인이 군중 속으로 들어가면 지금까지 방어적으로 가지고 있던 자세가 풀리면서 군중심리를 따르게 된다. 많은 사람이 가는 방향으로 가기 쉽고, 많은 사람이 먹는 음식을 택하고, 많은 사람이 가지는 생각에 동참한다. 군중성이 개인성을 잡아먹는다. 이런 현상은 역사에 자주 발생하였다(예를 들면, 독일 히틀러의 나치에 선동되는 군중). 이로부터 개인은 이성적이지만 군중은 비이성적이라는 주장이 어느 정도 사실임을 볼 수 있다.

군중심리의 가장 큰 문제는 범죄의식과 관련이 있다. 개인이 수치심을 느끼는 행위에 군중은 수치심을 가지지 않는다. 예를 들어 혼자서 수영복을 입는 것은 부끄럽게 생각하지만 많은 사람이 함께 수영복을 입으면 아무런 부끄러움을 느끼지 않는다. 이런 예는 최근 오페라 살로메에 출연하는 테너 두 사람이 헤롯의 유아적인 성격을 보여주기 위해서 팬티만 입고 무대에 서라는 연출가의 지시를 거절한 사태에서 어렵지 않게 발견할 수 있다. 쓰레기를 무단투기하지 못하는 개인이 군중 속에서는 아무 가책 없이 그 일을 행한다. 군중심리는 심지어 범죄에서도 발생한다. 혼자서는 저지르지 못하는 범죄를 여러 사람이 함께 있으면 거침없이 행한다. 군중 속에서는 범죄의식이 희박해지거나 상실되며 그렇기 때문에 범죄에 빠지기가 쉽다. 아우구스티누스는 그의 고백록에서 소년시절에 야음을 틈타 친구들과 함께 배를 서리하던 일을 고백한다(2권 4절). 만일에 아우구스티누스가 혼자였다면 이런 도둑질을 감행하지 못했을 것이다. 그가 이런 악행을 저지를 수 있었던 까닭은 친구들이 함께 했기 때문이다.

군중은 충동에 노출되어 있다. 주님을 십자가에 못 박으라고 요구하는 무리는 본래 주님의 말씀을 듣기 위해 몰려들었던 사람들이다. 그들은 주님의 말씀을 배우는 데 열심을 가졌던 사람들이었다(막 2:1-2). 그러나 무리는 대제사장의 충동을 받았을 때 주님을 십자가에 못 박으라고 소리지르는 사람들로 변신했다. 군중은 신앙의 길에서 쉽게 불신의 길로 떨어진다. 이것이 우리에게 주는 교훈이다. 신자는 개인으로 있을 때도 조심해야 하지만 군중 속에 있을 때도 조심해야 한다. 군중이 된 교회 그 자체가 진리에서 멀어지고 악의 선동을 받을 가능성이 있다. 종교개혁 당시에 성경의 진리를 가르친 사람들을 마녀사냥 식으로 죽음으로 몰아간 군중의 모습이 바로 그것이다. 오늘날 교회 안에는 비리가 밝혀짐으로 말미암아 언론에 공개된 목회자를 감싸겠다고 방송언론사 앞에서 데모하는 군중적 신자들이 있다는 것이 불행한 일이다.

사회에서 다수를 이루고 대형화를 이룩한 기독교의 관건 가운데 하나는 충동받기 쉬운 군중심리를 얼마나 배제할 수 있느냐 하는 것이다. 목회자들에게는 군중심리를 이용해서 신자들을 충동하려는 경향이 있다. (어떤 설교비평가가 유명한 설교자를 평가하면서 설교가 아니라 선동이라고 정의한 적이 있다. 그 비평가가 예로 제시한 설교의 내용은 다이어트를 강조하는 것이었다). 목회자가 예배당 건축이나 해외선교나 무엇이든지 간에 성도들을 충동질하는 방식으로 추진하는 것은 옳지 않다. 또한 신자들에게는 쉽게 군중심리에 빠지는 경향이 있다. 성경적이지도 않고 신학적이지도 않은 내용을 듣고 있지만 많은 사람이 함께 듣고 있다는 사실 때문에 그냥 감격하고 감동한다. 목회자는 성도의 군중심리를 이용하려고 하면 안 될 것이며, 성도는 군중심리에 아무 개념 없이 말려들어서는 안 될 것이다.

## 3. 무리의 영적 문제

대제사장들이 바라바를 놓아주고 예수님을 십자가에 못 박도록 무리를 충동했을 때, 무리가 그렇게 쉽게 충동을 받은 것과 관련해서 우리는 반드시 짚고 넘어가야 할 사실이 있다. 무리가 충동을 받은 이유는 군중심리보다 더 내면적인 문제가 있다는 것이다. 무리가 대제사장들의 충동에 쉽게 반응한 것은 그 내면에 충동을 받을 조건을 갖추고 있었기 때문이다. 사실 내면에 충동받을 조건을 가지고 있지 않으면 외적인 충동에 잘 넘어가지 않는다. 예를 들어 어떤 사람이 약속시간이 많이 남아서 그냥 시간이나 때워야겠다는 생각으로 아이쇼핑을 시작했다고 가정해보자. 이렇게 처음부터 구경만 하자는 사람은 (게다가 그 사람이 신용카드도 현금도 지참하지 않고 있다면) 점원이 아무리 유혹해도 웬만해선 넘어가지 않는다. 점원들도 이런 사람은 금방 알아보고 흥미를 잃는다. 사람이 외부의 충동을 받아들이는 것은 내면에 그 충동에 민감하게 반응할 조건을 갖추고 있기 때문이다.

그러면 무리가 예수 그리스도 대신에 바라바를 선택하라는 대제사장들의 충동을 받아들인 이유는 무엇인가? 그들의 내면에 주님보다는 바라바를 친근하게 여기는 심정이 있었기 때문이다. 무리는 주님이 아니라 바라바를 선택할 내면적 조건을 가지고 있었다. 무리에게는 예수보다 바라바가 가깝다. 무리가 볼 때 주님은 힘든 인물이고 바라바는 쉬운 인물이다. 주님은 무리에게 엄격하게 진실과 공의를 행할 것을 가르치기 때문에 힘든 인물이다. 바라바는 무리에게 적당하게 거짓과 불의를 행하는 것을 눈감아주기 때문에 쉬운 인물이다. 무리에게 예수님은 멀고 바라바는 가깝다. 그러므로 무리는 예수보다 바라바에게 반응하기 좋다. 다시 말하자면 무리의 내면에서는 주님이 거절되고 바라바가 환영받는다. 따라서 무리가 대제사장들의 충동을 받은 근본적인 이유는 영적인 것이다.

　무리와 마찬가지로 우리가 충동을 잘 받는 이유도 내면에 충동받을 조건을 가지고 있기 때문이다. 우리도 무리와 똑같이 이런 영적인 문제를 고스란히 가지고 있다. 우리 안에도 민란을 꾸미고 살인하는 바라바의 인격이 도사리고 있다. 우리는 바라바를 택하라는 약간의 충동만 받으면 곧바로 바라바를 택하며 바라바의 인격을 드러낸다. 우리는 주님의 가르침을 따라 진실과 사랑을 행하는 것을 좋아하지 않는다. 도리어 우리는 바라바의 인격을 따라 난장판을 만들고 피를 흘리는 것을 좋아한다. 그래서 주님을 닮는 것은 힘들고 바라바를 닮는 것은 쉽다. 주님을 표현하는 것은 어렵고 바라바를 표현하는 것은 쉽다. 우리는 주님보다 바라바에게 더 적극적으로 반응한다. 언제나 주님보다는 바라바에게 기울어진다. 따라서 우리는 우리 자신을 믿으면 안 된다. 우리를 안전하게 지킬 수 있는 것은 우리 자신이 아니라 오직 하나님의 은혜이다. 그러므로 우리는 언제든지 자만할 수 없다. 우리는 오직 사실을 냉철하게 비판하면서 겸손하게 하나님의 은혜를 구하면서 항상 하나님께서 우리를 굳건하게 붙잡아주시기를 기도해야 한다.

# 예수님의 십자가

Mark 15:21-32

예수님의 십자가는 기독교의 핵심이다. 주님의 십자가를 말하지 않고는 기독교를 말할 수가 없다. 그래서 사도 바울도 고린도 교회를 향해서 다음과 같이 말했다. "내가 너희 중에서 예수 그리스도와 그가 십자가에 못 박히신 것 외에는 아무 것도 알지 아니하기로 작정하였음이라"(고전 2:2). 이렇게 십자가 신학이 기독교의 기둥이 됨에도 불구하고, 최근에 기독교의 일각에서는 십자가 없는 기독교를 주장하는 이상한 기류가 일고 있다. 이것은 비판적인 신학자들이 재구성한 소위 "Q 복음서"라는 것에 근거를 둔 주장이다. 하지만 이런 시도는 기독교의 본질을 까맣게 잊어버린 헛된 수고이다. 우리는 이런 이론에 경계심을 늦추지 말고 바른 신학을 잘 견지하며 보급해야 한다.

그런데 주님의 십자가와 관련하여 또 한 가지 문제점이 발견된다. 그것은 주님의 십자가가 이렇게 중요함에도 불구하고 잘못 이해되는 경우가 무척 많다는 것이다. 본문에 주님의 십자가를 중심으로 등장하는 여러 사람들의 모습이 바로 이런 사실을 잘 보여준다. 이들은 모두 예수님의 십자가와 함께 역사적인 현장에 자리를 잡고 있던 사람들이다. 이 사람들에게서 십자가에 대한 다양한 이해가 나타난다. 이 사람들로부터 종합적으로 배우는 교훈은 무엇보다도 예수님의 곁에 있다고 해서 다 신앙인이 아니라는 것과 십자가라고 해서 다 같은 십자가가 아니라는 사실이다. 주님의 십자가와 다른 십자가도 있기 때문이다. 이 교훈을 조금 더 자세히 살펴보자.

## 1. 구레네 사람 시몬의 십자가

본문에 가장 먼저 등장하는 사람은 시몬이다. "마침 알렉산더와 루포의 아버지인 구레네 사람 시몬이 시골로부터 와서 지나가는데 그들이 그를 억지로 같이 가게 하여 예수의 십자가를 지우고"(21). 이 시몬이 어떤 사람인지 확인할 길이 없다. 다만 어떤 학자들은 사도 바울이 로마서에서 안부를 전하는 중에 루포와 그의 어머니를 언급하는 것을 보고 뭔가 연관점을 찾으려고 한다(롬 16:13). 만일에 이 두 루포가 동일인물이라면 루포의 아버지 시몬은 후에 그리스도인이 되었을 가능성이 있다. 본문의 상황을 미루어 볼 때 시몬은 아마도 디아스포라 유대인으로서 유월절을 맞이하여 예루살렘에 순례를 하러 왔었던 것 같다. 그런데 그는 마침 주님께서 십자가를 메고 가는 길에 있었다. 시몬은 주님의 십자가를 대신 지었다. 그러나 그것은 그의 십자가가 아니었다. 이 십자가는 단지 군인들이 강제로 그의 어깨에 지운 십자가였다. 시몬이 진 십자가는 주님의 십자가였을 뿐이지 그 자신과는 아무런 상관이 없는 것이었다. 그 십자가는 시몬의 십자가가 아니었다. 그것은 그가 억지로 진 십자가였다. 그러므로 이 십자가는 시몬에게 아무런 은혜도, 감사도, 감격도 되지 않았다.

지금도 억지로 주님의 십자가를 지는 사람들이 많이 있다. 그런 사람들은 할 수 없이 신앙생활을 한다. 어떤 이에게는 억지 십자가에 가정적 이유가 있다. 이런 사람은 부모의 강요나 배우자의 요구 때문에 하는 수 없이 교회에 출석한다. 어떤 사람은 십자가를 메는 데 사회적 이유가 작용을 한다. 다시 말하자면 사회적으로 유리하기 때문에 기독교인으로 행세하는 사람이 있다. 언젠가 은행에서 차례를 기다리는 중에 여성잡지를 펼쳐보았는데 한 연예인의 인터뷰가 실려 있었다. 기자가 그에게 왜 교회에 다니느냐고 묻자 그는 다른 종교보다 기독교에 속하는 것이 훨씬 서양적이며 문화적이고 지성적으로 보이기 때문이라고 대답했다. 기독교인이 대통령으로 당선되자 그가 출석하는 교회에 인구가 급증했다고 한다.

사람들이 대통령에게 줄을 댈 수 있는 기회가 많을 것이라고 판단했기 때문이다. 이 사람들은 모두 사회적인 이유에 의하여 기독교인 됨을 강요당한 것이다. 어떤 사람은 미신적 이유 때문에 기독교를 믿는다. 예수 믿으면 건강을 회복한다든지 재물의 축복을 얻는다는 생각이다. 미신적인 요인이 억지로 신앙생활하게 만든 것이다.

어떻게 보면 시몬이 주님의 십자가를 대신 진 것은 굉장히 멋있고 화려한 일처럼 생각될 수도 있다. 시몬은 분명히 주님의 십자가를 어깨에 메었기 때문이다. 하지만 이것은 실제로는 주님과 아무런 상관이 없는 일이었다. 그것은 단지 외부의 압력에 강요당한 행동에 지나지 않았다. 이것은 괜한 고생에 불과했다. 시몬이 주님의 십자가를 진 것은 주님과 아무런 인격적인 관계가 없기 때문이다. 시몬에게는 주님과 신앙적 관계가 형성되지 않았다. 그는 주님과 상관없이 십자가를 진 것이다. 시몬이 예수님의 십자가를 진 것은 예수님이 누군지, 예수님이 왜 고난을 받는지, 예수님께서 무엇을 얻을 수 있는지 하나도 관심 없이 이루어진 행위였던 것이다. 그러므로 주님의 십자가는 시몬에게 분명히 불만만 불러일으켰을 것이다.

시몬은 단지 십자가를 진 모양만을 보여준 사람이었다. 그에게는 십자가를 진 형태만 있었다. 다시 말해서 시몬의 십자가는 내면이 없는 외면적인 종교행위에 불과했다. 시몬은 십자가를 날랐지만 그 자체가 무의미한 행위였던 것이다.

## 2. 강도들의 십자가

예수님이 십자가에 못 박혔을 때 좌우에 두 명의 강도가 함께 십자가에 달렸다. "강도 둘을 예수와 함께 십자가에 못 박으니 하나는 그의 우편에, 하나는 좌편에 있더라"(27). 주님 당시에는 도적과 강도가 많았다. 그래서 주님의 비유에도 도적과 강도에 대한 이야기들이 심심치 않게 등장을 한다. 주님은 선한 사마리아인 비유에서 한 사람이 예루살렘에서 여리고로 내려가다가 강도를 만났다고 말씀하셨다. 주님은 자신을 선한 목자로 비유하시면서 담을 넘어 들어오는 도적이나 강도와 다르다고 알려주셨다. 주님은 다시 오실 것을 약속하시면서 재림은 마치 도적같이 임할 것이라고 예고하셨다. 이것은 그만큼 주님 당시에 도적과 강도가 많았다는 것을 단적으로 보여주는 예들이다.

강도 두 명이 주님을 중심으로 좌우에 못 박혔다. 십자가에 못 박혔다는 사실만으로도 이들이 얼마나 흉악한 강도들인지 짐작할 수 있다. 주님의 십자가와 강도들의 십자가는 모양이 비슷하다. 골고다 언덕을 그리는 화가들은 자주 주님의 십자가에 비해 강도들의 십자가가 볼품없는 것으로 묘사하기를 좋아하지만 실제로는 그렇지 않았을 것이다. 이 세 십자가는 모양에 있어서 다를 바가 없었다. 그러나 주님의 십자가와 강도들의 십자가는 성격상 완전히 다르다. 두 강도는 순전히 자신들의 죄악 때문에 십자가에 못 박힌 것이다. 그러므로 그것은 자기들의 십자가였다. 이런 점에서 강도들의 경우는 시몬의 경우와 같지 않다. 시몬은 남의 십자가를 졌지만 강도들은 자기들의 십자가를 졌기 때문이다. 그들은 자기들의 문제 때문에 스스로 고난을 당하는 것에 불과했다.

강도들의 십자가는 순전히 그들의 십자가였다. 그들이 십자가에 못 박힌 까닭은 자신들의 잘못 때문이었다. 그러므로 이것은 종교적으로 승화될 수 없다. 우리는 자주 자신의 문제 때문에 고난을 당하면서도 종교적으로 또는 신앙적으로 승화시켜 나의 십자가라는 표현을 쓰고 싶어 한다. 이것은 진정한 신앙의 십자가와 순전히 제 잘못 때문에 지는 십자가를 혼동하는 경우이다. 이런 혼동을 일으키지 않도록 주의해야 한다.

강도들의 십자가는 주님의 십자가를 가운데 두고 좌우편에 서 있었다. 이 두 십자가가 주님의 십자가에 공간적으로 아주 가까이 서 있었다. 그러나 그들의 십자가가 아무리 주님의 십자가 곁에 가까이 서있어도 실제로는 아무런 연관성이 없었다. 우리의 십자가가 단지 예수님의 십자가 곁에 있다는 이유로 승화되는 법은 없다. 그것은 평안도 주지 않으며 구원도 주지 않는다. 이런 십자가는 주님의 십자가와 공간적으로 간격이 있을 뿐 아니라 영적으로도 무관하기 때문이다. 진리와 상관없이 받는 고난은 주님의 고난과 아무런 관계가 없다. 그것은 제 몸에 태인 십자가라도 무의미한 십자가이다. 사도 베드로는 이미 이런 잘못을 예리하게 지적하였다: "죄가 있어 매를 맞고 참으면 무슨 칭찬이 있으리요"(벧전 2:20).

## 3. 행인과 종교지도자들의 십자가

예수님의 십자가에 완전히 반립적인 입장을 취한 사람들이 있다. 첫째로 행인들이다. "지나가는 자들은 자기 머리를 흔들며 예수를 모욕하여 이르되 아하 성전을 헐고 사흘에 짓는다는 자여 네가 너를 구원하여 십자가에서 내려오라"(29-30). 둘째로 대제사장과 서기관 같은 종교지도자들이다. "그와 같이 대제사장들도 서기관들과 함께 희롱하며 서로 말하되 그가 남은 구원하였으되 자기는 구원할 수 없도다 이스라엘의 왕 그리스도가 지금 십자가에서 내려와 우리가 보고 믿게 할지어다"(31-32). 셋째로 강도들도 합세했다. "함께 십자가에 못 박힌 자들도 예수를 욕하더라"(32). 주님을 비난하는 데 종교지도자들, 행인들, 강도들을 망라하는 모든 계층에 총체적인 연합이 이루어진다. 이 모든 사람들에게 주님의 십자가는 단지 비난과 공격의 대상일 뿐이다. 주님의 십자가는 조롱거리이며 혐오의 대상이다. 그 이유는 무엇인가? 한 마디로 말해서 예수 그리스도에 대한 오해 때문이다.

첫째로 사람들은 주님의 말씀을 이해하지 못했다. 그들은 주님께서 성전을 헐고 사흘 만에 짓겠다고 말씀하셨을 때 어떤 영적 의미가 들어있는지 전혀 알지 못한다. 주님께서 이렇게 말씀하신 것은 성전 된 자기의 육체를 가리키면서 죽음과 부활을 상징적으로 말씀하신 것인데(요 2:21 참조) 사람들은 그것을 깨닫지 못했던 것이다(막 14:58).

사람들이 주님의 십자가를 비난한 둘째 이유는 주님의 구원에 대한 몰이해 때문이다. 행인들은 "네가 너를 구원하여 십자가에서 내려오라"(30)고 말했고, 대제사장들과 서기관들은 "그가 남은 구원하였으되 자기를 구원할 수 없도다"(31)고 말했다. 이들은 모두 십자가에서 내려옴을 주님 자신의 구원을 증명하는 도구로 잘못 이해했다. 그들에게는 십자가에 대한 바른 이해가 없다. 따라서 이 사람들은 주님께 십자가에서 내려오라고 요구하였다. 주님께서 왜 십자가에 달렸는지 전혀 알지 못했던 것이다. 게다가 그들은 주님의 구원이 단지 육체적인 구원이 아니라는 사실을 알지 못했다. 주님의 구원은 영혼의 구원이다. 육체 구원이 영혼 구원에 어떤 동기를 제공할 수는 있을지 모르지만, 무엇보다도 주님은 영혼 구원을 이루기 위해서 십자가에 달리셨던 것이다. 사람들을 구원하기 위해서 주님께서 멸망하는 것이다. 예수님이 죽음의 길을 가지 않으면 사람들이 구원의 길을 얻을 수가 없다. 그러므로 주님은 십자가에서 자기를 구원하면 안 된다. 사람들은 이것을 알지 못했다.

셋째로 대제사장들과 서기관들은 믿음에 대하여 오해하였다. 이 오해 때문에 그들은 이렇게 말했다. "지금 십자가에서 내려와 우리가 보고 믿게 할지어다"(32). 그들은 믿음을 봄과 연결시켰다. 보지 않고는 믿을 수 없다는 것이다. 그들이 말하고자 하는 것은 신앙의 가시화이다. 그들은 가시성에 근거한 신앙을 요구하였다. 바로 여기에 그들의 문제가 있었다. 그들은 이적 행위로 신앙을 확인하려고 했던 것이다. 오늘날에도 불신자 전도에서 이적을 수단으로 사용하려는 사람들이 이와 비슷한 오류를 저지른다. 그들은 전도를 활성화한다는 이유 때문에 아말감으로 씌운 치아가 금니가 되었다는 터무니없는 주장까지 펼친다. 하지만 이런 주장을 하는 사람들은 이런 식으로 전도 받은 사람이 진리에 들어서기 어렵다는 사실을 알지 못한다. 이적으로 신앙에 입문한 사람은 진리로 신앙을 양육하기가 어렵다. 이것은 마치 백지에 어떤 그림을 그려놓으면 그 위에 다시 새로운 그림을 그리기가 어려운 것과 같은 이치이다. 이적 신앙을 가지면 진리 신앙을 갖기 어렵다. 이적 신앙은 마치 아편과 같은 성격을 지니고 있기 때문이다. 그래서 만일 주님이 십자가에서 내려온 것을 보고야 믿게 된 사람에게는 계속해서 주님이 십자가에서 내려오는 것과 같은 일을 반복적으로 보아야만 믿음을 지속하는 어리석은 일이 발생한다. 이런 사람들은 주님이 주시는 진리의 말씀으로는 믿음을 유지하지 못한다.

### 4. 예수님의 십자가

예수님의 십자가는 모든 이를 대상으로 한다. 시몬, 군인들, 강도들, 행인들, 종교지도자들 모두가 주님의 십자가 사랑의 대상이 된다. 주님께서는 이 모든 사람을 위하여 십자가를 지셨다. 주님의 십자가는 치욕의 십자가이며 조롱받는 십자가이다. 주님은 조롱과 치욕의 길을 가셨다. 주님이 조롱과 치욕의 길을 가지 않으면, 우리에게는 은혜와 영광의 길이 열리지 않는다. 그러므로 주님의 죽음이 우리의 생명이다.

예수님의 십자가는 약한 십자가이다. 거기에는 능력이 없다. 주님께서는 묵묵히 십자가를 견디셨고 그냥 십자가 위에서 죽으셨다. 왜냐하면 우리는 이적으로 구원을 받는 것이 아니라 주님의 십자가 죽음으로 구원을 받는 것이기 때문이다. 우리는 오직 예수님의 십자가로 말미암아 구원을 받았다. 우리는 이 십자가를 자랑하면서 살아야 한다. 우리는 억지로 십자가를 지는 자가 되어서는 안 되며, 자기의 문제로 생긴 십자가와 혼동하지 말아야 하며, 십자가를 조롱하며 비판하는 무리에 의해 낙심하지 말아야 한다. 우리는 오직 예수님의 십자가를 자랑하며 감사하자. 사도 바울의 고백이 우리의 고백이 되어야 한다. "그러나 내게는 우리 주 예수 그리스도의 십자가 외에 결코 자랑할 것이 없으니"(갈 6:14).

# 어찌하여 나를
# 버리셨나이까

우리 주위에는 크고 작은 사건들이 끊임없이 발생한다. 어떤 사건이 벌어졌을 때 그 사건에 참여하는 사람들이 모두 동일한 방식으로 참여하는 것은 아니다. 각 사람이 자기의 방식대로 참여한다. 그래서 모든 사람들은 자신이 관련된 사건에 자기가 가지고 있는 입장을 보여주게 된다. 이런 현상은 인류의 죄를 위하여 예수님이 십자가에 못 박혀 죽으신 사건에서도 마찬가지로 일어났다. 주님은 제3시(아침 9시)에 십자가에 못 박혔는데(25), 제6시(낮 12시)부터 온 땅에 어둠이 임하면서 제9시(오후 3시)까지 계속되었다(33). 주님의 대속적인 죽음에 대하여 천지도 심각하게 반응한 것이다.

예수님은 마지막 순간에 도달해서 크게 소리를 질렀다. "엘리 엘리 라마 사박다니"(34). 이 말은 번역하면 "나의 하나님, 나의 하나님 어찌하여 나를 버리셨나이까"(34)라는 뜻을 가지고 있다. 이것은 십자가에 달린 주님께서 어쩌다가 무의식중에 하신 말씀이 아니라, 시편 22:1에서 가져온 말씀이다. 주님께서는 십자가에 못 박혀 고통스럽게 죽는 최후의 순간에도 구약성경을 인용하셨다. 그만큼 주님은 하나님의 말씀에 철저하게 사로잡혀 있었고, 하나님의 말씀은 주님의 마음속에 깊숙이 박혀 있었다. 주님께서 시편을 인용하신 것은 자신의 죽음이 구약성경의 예언대로 되고 있음을 아셨다는 것을 의미한다. 주님께서 이렇게 큰 소리를 지르시고 숨지셨다(37). 이때 성소의 휘장이 위로부터 아래까지 찢어져 둘이 되었다(38).

그러면 주님의 이런 십자가 죽음 사건에 참여한 사람들은 어떤 방식으로 참여했을까? 본문을 보면 주님의 십자가 사건에 세 부류의 사람들이 등장한다. 그들은 모두 각각 자신들의 방식대로 이 사건에 관련되었다.

## 1. 곁에 섰던 사람들(35-36)

먼저 예수님의 십자가 곁에 섰던 사람들의 방식을 살펴보자. 그들은 주님께서 큰 소리로 "엘리 엘리 라마 사박다니"라고 외치자 주님이 엘리야를 부르는 것으로 오해했다. "곁에 섰던 자 중 어떤 이들이 듣고 이르되 보라 엘리야를 부른다 하고"(35). 이 사람들은 아마도 로마 군인들이거나 헤롯의 군인들이었을 것이다. 그들의 귀에는 주님께서 외친 소리 가운데 첫 마디만 들렸던 것처럼 보인다. 그래서 이 사람들은 주님께서 엘리야를 부르는 것으로 생각했다. 그들도 엘리야에 대해서 조금 들은 이야기가 있었을 것 같다. 왜냐하면 엘리야에 대한 이야기는 민간에 많이 퍼져 있었기 때문이다(막 8:28; 9:11). 따라서 주님께서 "엘리 엘리 라마 사박다니"라고 말했을 때 이 사람들은 자신들이 들은 적이 있는 소문을 연상하면서 주님께서 엘리야를 부르는 것으로 잘못 생각했던 것이다. 그래서 그들은 엘리야가 와서 주님을 내려주나 보자고 말하였다(36). 이 사람들은 자기들의 방식대로 주님의 십자가 죽음 사건에 참여한 것이다.

주님의 십자가 곁에 섰던 사람들은 제멋대로 주님의 외침을 받아들였다. 이들은 주님이 하신 말씀과는 달리 딴소리를 했다. 이 사람들이 이렇게 딴소리를 한 것은 성경에 무지했기 때문이다. 그들은 성경을 알지 못하는 까닭에 주님의 외침을 오해했다. 그들은 그저 풍문으로 성경의 어떤 내용에 관해서 어렴풋이 들었을 뿐이지 실제로는 성경을 제대로 알지 못하는 사람들이었다. 따라서 이들은 주님께서 가장 고통스러운 죽음의 자리에서까지도 성경을 인용하고 있다는 놀라운 사실을 상상조차 할 수 없었다. 그 결과로 이 사람들은 주님의 십자가와 가장 가까운 곳에 있으면서도 주님의 말씀을 가장 크게 오해하고 말았다.

지금도 기독교에 관해 들은 이야기로 기독교를 이해하려는 사람들이 많이 있다. 이런 사람들은 자기들이 여기저기에서 들었던 이야기를 바탕으로 해서 기독교란 그런 종교려니 생각한다. 오래 전에 나는 한동안 매주 토요일마다 어느 부대에 복무하는 사람들을 대상으로 기독교에 대한 질의응답 시간을 가진 적이 있는데 그들이 얼마나 주먹구구식으로 기독교를 이해하고 있는지 확실하게 체험을 했다. 또한 소위 학문적으로 기독교를 비판한다는 글들을 보아도 사실상 편견에 사로잡혀 성경말씀을 정당하게 받아들이지 않는 현상을 많이 발견하게 된다. 이런 사람들은 결국 성경을 진지하게 알아보지 않은 채 기독교를 자기 방식대로 평가하고 만다. 그러나 이런 자세는 기독교에 대한 심각한 오해만을 불러일으킨다.

성경에 대한 무지와 관련해서 더욱 큰 문제는 기독교 내부에 도사리고 있다. 기독교 신자라고 하는 사람들 가운데 성경에 무지한 사람들이 적지 않다는 것이다. 많은 사람들이 성경에 무지한 채 예수님을 믿는다고 말한다. 하지만 신자들도 성경을 알지 못하면 기독교를 오해하는 엄청난 오류를 저지르게 된다. 성경을 알지 못하면 예수님을 바로 알지 못할 뿐 아니라 도리어 크게 오해하는 문제를 일으킨다. 독일에서 교민교회를 목회하면서 어떤 젊은 유학생이(그의 부친은 아주 보수교단에 속한 교회의 장로였다) 예배만 끝나고 나면 조르르 달려와서 자기가 알고 있는 성경지식을 들이대며 설교내용에 시비를 걸었던 적이 있다. 그런데 그의 성경지식이란 것은 거의 언제나 대충 아는 것에 지나지 않았다. 그런 대충 성경지식은 그의 사고를 비틀어놓고 그의 생활을 뒤틀리게 만들었다. 성경을 정확하게 알지 못하고 그저 들은 풍월에 근거하는 것은 큰 문제를 야기한다. 성경에 무지함은 신앙에 결핍과 손상을 끼쳐 신앙의 성장을 방해하며, 신앙의 왜곡현상을 초래한다. 성경에 무지하면 기독교를 오해하게 만들며, 진리에서 벗어나게 만들며, 왜곡된 신앙행태를 만들고 만다.

## 2. 백부장(39)

둘째로 예수님의 십자가 사건에는 한 백부장이 참여하고 있었다. 그 백부장은 주님을 마주보고 서 있었는데 주님께서 큰 소리를 지르고 숨지시는 것을 보았다. "백부장이 그렇게 숨지심을 보고"(39). 백부장은 피와 물이 빠져나가는 십자가의 고통으로 말미암아 탈진한 상태에 있던 주님께서 그렇게 큰 소리를 지르는 것을 보고 놀라움과 두려움을 감추지 못했다(마 27:54). 사실 주님께서 이런 상황에서 큰 소리를 외친 것은 특별한 모습이었다. 이것이 특별한 현상이었음을 알려주기 위해서 본문도 주님께서 큰 소리를 질렀다는 것을 두 번 언급한다(34,37). 십자가 처형의 특징은 죄수가 최후의 힘까지 사라져 죽는 것이다. 따라서 십자가에 못 박힌 죄수는 탈진해서 죽기 때문에 개미소리만한 소리도 지를 힘이 없다. 그런데 놀랍게도 주님께서는 죽음을 맞이하는 마지막 순간에 큰 소리를 지르셨다.

십자가 곁에 있던 백부장은 주님께서 최후의 순간에 이렇게 큰 소리를 지르는 것을 보고 하나님의 아들이라고 생각했다. 그는 신화적인 차원에서 신의 아들이 아니고서는 주님께서 이런 놀라운 괴성을 지를 수 없다고 생각했던 것이다. 그러므로 백부장이 예수님을 하나님의 아들로 묘사한 것은 신앙에서 나온 것이 아니다. 그것은 진리의 깨우침에서 나온 고백이 아니다. 백부장이 주님을 가리켜 하나님의 아들이라고 부른 것은 성경을 알았기 때문도 아니며 계시를 이해했기 때문도 아니다. 백부장은 단지 놀라운 현상을 보았기 때문에 이런 말을 한 것이다. 백부장은 자기의 방식대로 주님의 십자가 죽음 사건에 참여한 것이다. 어떤 사람들은 백부장의 고백을 긍정적으로 해석해서 이것을 참된 고백이라고 받아들이려고 한다. 심지어 어떤 사람들은 이 백부장을 사도행전에 나오는 고넬료와 동일시하려는 시도를 하였다. 이것은 가능성이 전혀 없는 것은 아니지만 전혀 있는 것도 아니다. 본문만 볼 때는 그럴 가능성을 찾기 어렵기 때문이다. 오히려 백부장의 예는 진리 없이 외적인 현상만 가지고도 예수님을 하나님의 아들이라고 부를 수 있다는 헛된 사실을 보여주는 전형적인 예이다.

오늘날 예수님을 하나님의 아들로 묘사하며 고백하는 사람들 가운데 많은 사람들이 진리 없이 그렇게 한다. 마치 백부장이 죽음에 임박해서도 큰 소리를 지르는 주님을 보고는 굉장하다고 생각해서 하나님의 아들로 묘사한 것처럼, 많은 사람들이 단순히 외형적인 놀라운 현상만을 보고 기독교 신앙을 받아들인다. 그러나 예수님을 하나님의 아들로 고백한다 할지라도 놀라운 현상에만 근거하고 진리가 없이 그렇게 고백하는 것은 너무나도 헛된 일이다. 불행하게도 오늘날 많은 사람들이 외형적인 것에 매료되는 쉬운 방법으로 신앙에 들어서기를 좋아한다. 그들은 그냥 어떤 외형적인 체험을 통해서 신앙에 이르려고 하기 때문에 진리를 심각하게 배우는 일에 열심을 내지 않는다. 쉬운 신앙을 택하고 힘든 신앙을 버린다.

주님의 십자가 곁에서 주님의 큰 외침소리를 듣고 하나님의 아들이라고 불렀던 백부장은 우리에게 신앙의 모범이 되어서는 안 된다. 물론 특별한 경우에 그런 신앙의 길이 벌어질 수 있는 가능성을 배제할 수는 없을 것이다. 하지만 예수님을 하나님의 아들로 고백하는 것은 진지한 진리교육을 통해서 확실하게 된다. 진리교육이 없는 신앙고백은 그 이상 아무것도 아니다. 그것은 솔직히 말해서 매우 연약한 고백에 지나지 않는다. 예수님을 말로 고백한다고 해서 다 바른 고백이 아니다.

### 3. 여자들

본문은 예수님의 십자가 곁에 여러 명의 여자들이 있었다고 말해준다. 그 가운데 대표적인 사람들은 막달라 마리아, 작은 야고보와 요세의 어머니 마리아, 살로메였다(40). 이 세 명은 주님이 갈릴리에 계실 때에 따르며 섬기던 여자들이었다(41). 주님의 십자가 사건에는 이 여자들 외에도 주님과 함께 예루살렘에 올라온 무명의 여자들도 많이 참여하였다(41). 이 여자들의 공통점은 모두 주님을 따르며 섬겼다는 점이다. 그러나 이제 주님께서 십자가에 달려 죽는 자리에서 이 여자들은 아무것도 할 수 없었다. 그들이 할 수 있는 것이라고는 고작해야 "멀리서"(40) 예수님의 죽음을 바라보는 것뿐이었다. 이 여자들은 관망자들이다. 이 여자들은 멀리 있는 사람들이다. 거리를 두고 관망하는 것 외에는 더 이상 아무것도 할 수 없는 여자들이었다. 이것은 여자들에게 좌절을 의미한다. 그들은 십자가에 못 박힌 주님을 위해서 아무것도 할 수 없다는 절망적인 사실에 직면해 있었다. 여자들은 자기들의 방식대로 주님의 십자가 죽음 사건에 참여한 것이다.

우리는 자주 이런 절망을 경험한다. 때때로 이런저런 자리에서 기독교가 비난을 받을 때 아무 도움도 주지 못하고 먼발치서 관망만 하는 경우가 있다. 교회를 공격하는 세력이 강할 때 그것을 저항할 힘이 없이 마치 기독교와 상관없는 사람처럼 숨을 죽인다. 복음을 비판하는 소리가 높을 때 복음을 변증할 능력이 없어 마치 복음에 속하지 않은 사람처럼 딴짓을 한다. 핍박세력을 두려워하여 십자가에서 물러나고, 믿는 바를 정확하게 설명할 자신이 없어 십자가를 관망한다. 우리는 자주 저항도 못하고 변증도 못하는 무능력한 신자들이 된다. 마치 주님의 십자가를 멀리서 바라보기만 했던 여자들과 같은 모습을 가진다.

그러면 주님의 십자가 앞에서 여자들이 정말로 가져야 했던 것은 무엇인가? 그것은 십자가에 못 박혀 죽임을 당하는 주님을 통해서 오는 구원의 감격이었다. 주님은 십자가에 도달하기까지 여러 차례 자신의 죽음으로 말미암는 구원에 관해서 가르쳐주셨다(10:45; 14:24). 그러므로 여자들은 이제 주님의 십자가 사건으로 구원의 은혜가 성취되었다는 것을 알아야 했던 것이다. 주님을 따르는 것은 중요하다. 그러나 따르는 것만 가지고는 안 된다. 주님을 섬기는 것도 중요하다. 그러나 섬기는 것만 가지고는 안 된다. 주님과 함께 가는 것도 중요하다. 그러나 함께 가는 것만 가지고는 안 된다. 이 여자들은 많은 시간 동안 공간적으로 주님과 함께했다. 하지만 일차적으로 공간적인 관계가 주님과의 관계를 안전하게 하지는 않는다. 이 여자들은 주님을 위해서 일했다. 하지만 원칙적인 면에서 볼 때 일로 주님을 만나는 것은 바람직하지 않다. 일 관계로 주님을 만나면 결정적인 순간에 주님과 먼 관계가 되고 만다. 그래서 주님과의 일차적인 관계는 공간적인 관계도 아니며 사무적인 관계도 아니다.

이것들보다 더욱 중요한 것은 주님의 십자가 죽음을 통한 구원을 받아들이는 것이다. 십자가 사건과 관련하여 중요한 것은 주님의 죽음이 없이는 나의 생명이 없다는 사실이다. 십자가 앞에서 우리는 주님의 죽음이 나를 위한 죽음이라는 것을 깨달아야 한다. 이렇게 함으로써 주님의 십자가 죽음에 영적으로나 신학적으로 합일해야 한다. 어떤 이유에서든지 간에(두려움이든지 무능력이든지) 주님의 십자가를 바라보는 것으로 그칠 것이 아니라 주님의 십자가를 영혼에 받아들여야 하는 것이다. 기독교에 속해 있다는 식으로 주님과의 공간적 관계로 만족하지 말라. 복음을 위해서 많은 일을 한다는 식으로 주님을 일로 만나려 하지 말라. 주님을 영혼과 인생의 구세주로 만나라. 주님께서 십자가에 못 박혀 죽은 것은 절망 가운데 관망하라는 것이 아니라 영혼과 인생이 그 십자가 죽음을 통하여 주어지는 천국의 구원을 감격으로 받으라는 것이다.

이렇게 예수님의 십자가 사건에 사람들은 제각기 자기의 방식을 가지고 참여했다. 주님은 이와 같이 이렇게 다양한 방식으로 참여하는 사람들 앞에서 십자가에 못 박혔다. 사람들이 다양한 방식으로 참여하는 동안 주님은 십자가의 죽음을 당했다. 주님은 십자가에서 죽는 마지막 순간에 크게 소리를 외쳤다. "엘리 엘리 라마 사박다니"(34). "나의 하나님, 나의 하나님 어찌하여 나를 버리셨나이까"(34). 예수님은 자신이 하나님의 버림을 받으셨다는 것을 아셨다. 주님은 십자가 위에서 하나님과 단절되셨다. 이것은 주님에게 가장 고통스러운 일이었다. 주님은 우리를 하나님과 연결시키기 위하여 자신이 하나님과 끊어졌다. 성소의 휘장이 찢어지듯이 주님의 육체가 십자가 위에서 찢어졌다. 성소의 휘장이 찢어지듯이 주님은 하나님에게서 찢어졌다. 우리가 죽어야 하는데 예수님이 죽으셨다. 우리가 죄악 때문에 하나님의 버림을 받아야 하는데 주님께서 우리 대신에 하나님의 버림을 받으셨다. 하나님께서 죄인인 우리를 버리는 대신에 아들인 예수님을 버리셨다.

주님께서 우리 대신에 하나님과 관계가 단절되심으로써 우리는 주님 덕분에 하나님께 연결되었다. 그러므로 우리는 고통스러운 일을 만날 때 "나의 하나님, 나의 하나님 어찌하여 나를 버리셨나이까" 외칠 수 있다. 그때 우리를 위하여 아들을 버리셨던 하나님께서 아들을 위하여 우리를 구하신다. 하나님은 우리의 외침을 외면하지 않는다. 외면이 얼마나 힘든 일인지 하나님은 아신다. 인류의 구원을 위하여 아들을 외면하셨을 때 하나님은 그 고통을 체험하셨다. 따라서 하나님은 다시는 그의 자녀들이 외치는 소리를 외면하지 않는다. 아들의 외침을 외면함으로 고통을 당해야 했던 하나님은 이제 다시는 성도들의 외침을 외면하지 않으신다. 주님이 하나님과 단절되는 고통의 외침은 우리가 하나님의 응답을 받는 은혜의 외침되었다. 그러므로 고난 중에 있는 성도는 하나님께 외치라. "나의 하나님, 나의 하나님 어찌하여 나를 버리셨나이까." 그러면 하나님이 대답하신다. 유다 왕 히스기야가 눈물로 기도했을 때 하나님께서는 이렇게 대답하셨다. "내가 네 기도를 들었고 네 눈물을 보았노라"(사 38:5). "자기 아들을 아끼지 아니하시고 우리 모든 사람을 위하여 내어주신 이가 어찌 그 아들과 함께 모든 것을 우리에게 주시지 아니하겠느냐"(롬 8:32).

# 바위 속에 판 무덤

Mark 15:42-47

예수 그리스도 당시의 유대인들은 아주 우울한 역사적 현실을 맞이하고 있었다. 로마의 무력적인 식민정치 앞에서 주권을 상실했을 뿐 아니라 에돔 사람인 헤롯으로부터 시작된 이방인 통치자들이 권력을 장악했기 때문이다. 게다가 온 세계를 휩쓴 그리스-로마의 세속적인 문화는 유대인 사회의 전반에 스며들어 점차 하나님에 대한 경건이 사라지고 있었다. 이런 시대적인 분위기 가운데 예수님의 활동은 유대인들에게 놀라운 활력소를 불어넣었고, 대중으로부터 폭발적인 반응을 얻었다. 그러나 예수님의 운동은 한순간에 종말을 맞이했다. 정치적으로는 빌라도와 헤롯이 결탁하고 종교적으로는 대제사장 가문과 그 외의 지도자들이 합세해서 예수님을 습격하여 체포했고 매우 짧은 시간 안에 십자가의 죽음으로 내몰았다. 그러나 예수님의 십자가 사형에 모든 사람이 동의한 것은 아니었다. 여기에 특이한 인물이 등장한다. 그것은 요셉이라는 사람이었다.

요셉은 무엇보다도 아리마대 출신이라고 소개된다. 아리마대는 지금까지 정확하게 어디를 가리키는지 확인되지 않은 지명이다. 어떤 이들은 이곳이 라마다임소빔(삼상 1:1)일 가능성이 높다고 생각한다. 아리마대를 문자적으로 분석해보면 마태의 산 또는 마태의 도시라는 뜻이 될 수도 있다. 요셉의 신상과 관련하여 더 중요한 것은 그가 존경받는 공회원이었다는 사실이다. 당시에 공회(산헤드린)는 70명으로 이루어져 있었다. 아마도 요한복음에 등장하는 니고데모도 공회원 가운데 한 명이 아니었을까 추측된다. 우리 사회에서도 국회의원이라고 하면 매우 중요한 위치에 있는 사람들이다. 그런데도 우리는 국회의원의 이름을 다 못 외운다. 그만큼 신망이 떨어졌기 때문이다. 하지만 당시의 사람들은 산헤드린의 공회원들의 이름과 신상과 경건을 익히 알고 있었다. 거기에는 정치적인 이유보다도 종교적인 이유가 더 컸다. 그래서 아리마대 요셉이 존경받는 공회원이었다는 말은 그가 모든 사람이 인정할 정도로 상당히 경건한 사람이었다는 사실을 의미한다.

본문을 살펴보면 아리마대 요셉이 어떤 점에서 존경받을만한 사람이었는지 나타난다. 첫째로 요셉은 하나님의 나라를 기다리는 사람이었다는 점에서 뭇사람들로부터 존경을 받을 요소를 가지고 있었다. 이와 더불어 요셉이 사람들에게서 존경을 받을 또 한 가지 중요한 이유는 심지어 십자가 처형을 당한 사람을 장례하였다는 점이다. 이제 요셉의 두 모습을 조금 더 자세히 살펴보자.

243

## 1. 하나님 나라를 기다리는 사람

아리마대 요셉은 하나님의 나라를 기다리는 사람이었다(43). 사람들은 자기가 기다리는 것에 의해서 영향을 받는다. 호손(Nathaniel Hawthorne)이 쓴 큰 바위 얼굴이라는 단편소설에 이런 점이 잘 묘사되어 있다. 일생동안 인자하고 장엄한 큰 바위 얼굴과 닮은 주인공을 기다리던 어네스트는 황혼 나이에 그런 인물이 되었다. 재물을 기다리는 사람은 재물에 영향을 받고, 권력을 기다리는 사람은 권력에 영향을 받는다. 하나님의 나라를 기다리는 사람은 하나님의 나라에 영향을 받는다. 그는 하나님의 나라에 의해서 인생이 결정된다. 그의 모든 삶은 하나님의 나라를 지향한다. 하나님의 나라를 위한 인생이 된다. 예수 그리스도 당시에는 하시딤이라고 불리는 경건한 부류가 있었는데 하나님의 나라를 기다리던 사람들이었다. 주님께서 어린 아기의 몸으로 이 세상에 오셨을 때 예루살렘에서 만난 시므온과 안나도 하나님의 나라를 기다리고 있었다(눅 2:25,38).

하나님의 나라를 기다리는 사람들은 자신들이 기다리는 하나님의 나

라 앞에 자신들을 세운다. 그들에게는 하나님의 나라가 모든 것의 척도이
며 표준이다. 그들은 무엇을 보든지 하나님 나라의 관점에서 보며, 무엇
을 하든지 하나님 나라의 관점에서 한다. 판단도 결정도 행동도 모두 하
나님 나라의 관점에서 이루어진다. 이런 점에서 우리는 어떤 관점을 가지
고 살고 있는지 물어볼 필요가 있다. 우리는 열등 관점으로 우리의 인생
을 지탱하고 있는 것이 아닌가? 하나님 나라의 관점에서 인생을 살 때 인
생은 새롭고, 힘 있고, 가치 있다. 이런 사람은 무엇보다도 자신에게 매이
지 않는다.

하나님 나라는 하나님이 왕이신 나라이다. 하나님의 나라는 왕이신
하나님의 성품이 표현되는 나라이다. 그래서 하나님 나라를 기다리는 자
는 하나님의 성품에 감화된다. 하나님의 성품이 그 사람에게 스며들고 그
사람은 하나님의 성품에 젖어든다. 하나님의 나라를 기다리는 사람을 다
스리는 것은 세상이 아니라 하나님이다. 그는 언제 어디에서든지 하나님
의 다스림을 받는다. 따라서 하나님의 나라를 기다리는 사람은 항상 하나
님의 눈길을 의식한다(시 139편). 그는 전능하신 하나님의 눈길이 자기를
따라다니는 것을 의식한다. 왜냐하면 하나님의 눈은 온 땅을 환하게 살피
기 때문이다. "여호와의 눈은 온 땅을 두루 감찰하사 전심으로 자기에게
향하는 자들을 위하여 능력을 베푸시나니"(대하 16:9; 참조. 잠 15:3; 슥 4:10).
따라서 하나님의 나라를 기다리는 사람은 하나님 앞에서 진실하게 산다
(코람데오 Coram Deo). 그는 거룩한 삶에 열심이며 성결한 삶을 추구한다.
그는 하나님 앞에 자신의 모든 것을 솔직하게 공개한다. 하나님이 모르는
인생을 살 수가 없다. 하나님이 자신의 인생을 알게 한다.

하나님의 나라를 기다리는 사람은 하나님을 상대하면서 살기 때문에
사람을 두려워하지 않는다. 아리마대 요셉이 빌라도 앞에 당돌하게 나설
수 있었던 것은 하나님의 나라를 기다리는 사람이었기 때문이다. 그는
하나님 나라를 기다리고 있기 때문에 세상 권력을 두려워하지 않았다.
이렇게 함으로써 아리마대 요셉은 세상이 이해하지 못하는 삶을 형성했
으며, 세상이 감당하지 못하는 삶을 실현했다. 아리마대 요셉은 빌라도
앞에 자신의 견해를 분명하게 제출했다. 이것이 진정한 인생이다. 자기
가 믿는 바를 표현하지 못하는 것은 매우 불행한 일이다. 대부분의 인생

이 그렇게 진행된다. 물론 어떤 경우에는 진리 아닌 것을 믿고 그것을 표현하지 못해서 안달하는 사람들도 있다. 이것도 불행한 일이다. 그러나 진리를 가지고 있으면서 그것을 확신있게 표명하지 못하는 것은 가장 불행한 일이다.

## 2. 예수님을 안장한 사람

아리마대 요셉은 예수님이 하나님의 나라를 실현할 것으로 생각했을 것이다. 그러나 주님께서 하나님의 나라를 실현하는 대신에 십자가에 못 박혀 처참하게 죽임을 당하는 것을 보고 크게 절망했을 것이다. 아리마대 요셉은 단지 현실적인 상황만을 바라보았기 때문에 예수님이 구세주이심을 알지 못했다. 그는 하나님 나라를 기다리고 있지만, 주님을 메시아로 인식하지 못했던 것이다. 그러나 최소한 요셉은 예수님을 의로운 사람으로는 생각했던 것처럼 보인다. 그는 주님을 자신과 마찬가지로 하나님 나라를 기다리는 경건한 인물로 간주했기 때문에 예수님을 안장할 마음을 가졌다.

아리마대 요셉은 빌라도에게 나아가 예수님의 몸을 달라고 요구했다. 빌라도는 백부장에게 확인 후에 예수님의 시신을 요셉에게 내주는 것을 허락했다. 예수님의 장례는 신속하게 진행되었다. 이것은 겨우 한 절로 설명될 만큼 간단한 장례였다. "요셉이 세마포를 사서 예수를 내려다가 그것으로 싸서 바위 속에 판 무덤에 넣어 두고 돌을 굴려 무덤 문에 놓으매"(46). 아리마대 요셉은 먼저 예수님의 시신을 십자가에서 내렸다. 그리고 미리 사 두었던 세마포로 예수님의 죽은 몸을 쌌다. 그는 세마포로 싼 예수님의 시신을 바위 속에 판 무덤에 안치했다. 마지막으로 아리마대 요셉은 돌을 굴려 무덤의 입구를 굳게 닫았다. 그 돌은 큰 돌이었다(16:4). 아리마대 요셉이 예수님의 무덤 문을 닫았다. 이것은 사람이 닫은 무덤 문이다.

보통 인간은 자신이 문을 닫고는 스스로 절망한다. 우리가 스스로 이야기를 끝내며, 그리고 이야기가 끝났다는 표시를 한다. 우리는 자주 "내 활동은 여기까지다", "내 사업은 여기까지다", "내 인생은 여기까지다"라고 말한다. 이런 현상은 최근 들어 자살이 급증하는 원인이 된다. 자신에게 스스로 문을 닫으며 절망을 한다. 하지만 이것은 단지 우리가 만든 끝일 뿐이다. 이것은 우리 스스로의 종지부이다. 인간에게 끝이 하나님에게는 시작일 수 있다는 것을 기억해야 한다.

아리마대 요셉이 예수님의 시신을 바위 속에 판 무덤에 안치하고 큰 돌을 굴려 그 입구를 막았을 때 정말로 모든 것이 다 끝난 것처럼 보였다. 한 마디로 말해서 절망이다. 이로써 예수님의 일은 완전히 끝난 것 같았다. 더 이상 예수님은 없다. 예수님은 이제 과거의 기억 속에 한 페이지로 남을 것이다. 예수님은 과거의 한 인물에 지나지 않는다. 역사는 아무런 일도 없었다는 듯이 그대로 흘러갈 것이다. 그리고 시간이 흘러갈수록 예수님은 사람들의 기억 속에서 지워질 것이다. 예수에 대한 기억은 사람들의 머릿속에서 지워지는 것만 남았다. 예수님은 죽었고 그의 시신은 무덤에 갇혔다. 한 동안 장안을 떠들썩하게 만들었던 게임은 끝났다. 이게 요셉의 생각이었다. 그는 예수님의 무덤 입구에 큰 돌을 굴려놓으며 모든 것이 끝났다고 생각했을 것이다. 아리마대 요셉은 예수님의 이야기는 여기까지이며, 예수님에 대한 우리의 이야기도 여기까지라고 생각했을 것이다.

메시아를 알 때까지는 아리마대 요셉의 생각이 맞다. 예수님이 하나님의 아들이며 구세주라는 사실을 알지 못할 때는 여기까지이다. 죽음은 인간의 한계이다. 마치 무덤 입구의 돌이 무덤 안과 무덤 밖을 엄격하게 구분하는 것처럼 죽음과 생명은 넘어설 수 없는 경계로 분리된다. 죽은 자가 산 자에게 올 수도 없고, 산 자가 죽은 자에게 갈 수도 없다(참조. 눅 16:26-31). 그것은 엄격한 분리다. 예수님이 하나님의 아들이심을 믿지 못하는 자들에게는 죽음이란 언제나 인간의 한계일 뿐이다. 빌라도가 그랬다. 빌라도는 아리마대 요셉의 요구를 들으면서 예수님이 벌써 죽었을까 의아해하면서(44), 백부장에게 죽은 지 오래냐고 물었고(44), 결국 예수님의 시체를 내주게 했다(45). 빌라도는 예수님의 죽음 밖에는 보지 못했다. 존경받는 공회원이며 하나님의 나라를 기다리는 아리마대 요셉도 그랬다. 그래서 요셉은 빌라도에게 나아가서 죽은 예수님의 몸을 내달라고 요청했다(43). 심지어는 주님과 오랫동안 동행을 하며 봉사를 했던 여자들도 그랬다. 여자들은 고작해야 예수님의 주검이 어디에 안치되는지 관심했을 뿐이다. "막달라 마리아와 요세의 어머니 마리아가 예수 둔 곳을 보더라"(47). 그들은 모두 주님의 죽음 밖에는 보지 못했다. 그들은 예수님에게서 생명을 보지 못했다. 모든 사람들이 예수님의 시신이 무덤에 안치되어 있다는 것과 그 무덤 입구가 큰 돌로 막혀있다는 것에 대한 생각을 넘어서지 못했다. 그들의 관심은 오직 주님의 죽음에만 놓여있다. 그들은 예수님의 십자가에서 단지 외면만을 볼 수 있을 뿐이었다. 그러므로 그들은 죽음으로부터 시작되는 생명을 보지 못했다.

그러나 예수님의 죽음은 시작이다. 거기에서부터 역사가 알지 못하던 새로운 일이 시작된다. 부활이다. 돌은 영원히 무덤 입구를 닫지 못한다. 세마포는 영원히 주님의 몸을 싸매지 못한다. 무덤은 영원히 주님의 몸을 붙잡아 두지 못한다. 주님은 영원히 죽음에 머물지 않으신다. 돌은 굴려내기 위한 것이며, 세마포는 풀기 위한 것이며, 주님의 무덤은 비워지기 위한 것이다. 주님에게 죽음은 생명을 위한 것이다. 돌은 끝의 돌이 아니라 시작의 돌이다. 세마포는 죽음의 옷이 아니라 부활의 표시이다. 무덤은 죽음을 위한 것이 아니라 영생을 위한 것이다. 죽음의 시간 다음에는 부활의 시간이 온다. 죽음의 시간이 왔지만 부활의 시간이 남아있다. 사람들이 바위 속에 무덤을 파듯, 하나님께서는 죽음 속에 생명을 파셨다. 사람들이 바위에서 무덤을 만들어내듯, 하나님은 죽음에서 생명을 만들어내셨다.

우리는 아리마대 요셉이 못 보았던 것을 보아야 한다. 때때로 우리도 무덤에 던져지는 것 같은 상황을 만나며 돌로 막히는 것 같은 상황을 만난다. 그때 우리는 모든 것이 끝났다고 생각하기 쉽다. 우리의 능력은 여기까지이다, 우리의 행동은 여기까지이다, 우리의 인생은 여기까지이다라고 말하려 할 바로 그때 우리는 그 다음에 올 생명의 시간을 기다려야 한다. 우리의 시간은 끝이지만 하나님의 시간이 남아있기 때문이다. 우리의 이야기는 끝났지만 하나님의 이야기가 이어지기 때문이다. 우리의 능력은 끝났지만 하나님의 능력이 계속되기 때문이다. 그러므로 신자에게는 절망이 없다. 세마포와 무덤과 무덤의 돌, 이 모든 것은 단지 새 것을 위한 준비일 뿐이다. 우리는 하나님의 나라를 기다림으로써 아리마대 요셉처럼 되어야 할 뿐 아니라 죽음의 무덤 다음의 장면을 소망함으로써 아리마대 요셉을 넘어서야 한다.

# 그가 살아나셨다

Mark 16:1-8

오늘날 많은 사람들이 예수님의 부활을 초대교회의 신자들이 만들어낸 이야기로 생각하는 경향이 짙다. 이것은 기독교를 반대하는 사람들에게만 나타나는 현상이 아니다. 안타깝게도 기독교 안에서 활동하는 신학자들 가운데조차도 적지 않은 수가 온 힘을 다해서 예수님의 부활이 단지 신화에 지나지 않는다고 주장한다.

하지만 예수님의 부활은 역사적인 사건이다. 만일 이것이 역사적인 사실이 아니라면 오래 가지 않아 허위였다고 밝혀졌을 것이다. 우리는 역사상에 지금까지 밝혀지지 않는 거짓이 거의 없다는 사실을 명심해야 한다. 인간이 얼마나 영악한데 주님의 부활 사건이 인류에 작은 영향을 끼친 것도 아니고 이렇게 널리 믿어지는 것 그 자체가 만들어낸 이야기일 수 없다는 사실을 반증한다.

본문은 예수님의 부활이 역사적인 사건이라는 전제 하에 그 현장을 소개하고 있다. 이것은 주님께서 부활하신 아침에 관한 묘사이다. 부활의 아침은 어떠했을까? 본문을 중심으로 부활의 아침은 다음과 같이 간단하게 정리해 볼 수 있다. 몇 명의 여자들이 안식일 다음 날 새벽에 주님의 무덤을 찾아왔고 한 천사가 그들에게 주님께서 살아나셨다는 것을 알려주면서 갈릴리로 가서 뵈라고 말했다.

그런데 주님의 부활은 단순히 역사적인 사건으로 끝나지 않았다. 그것은 그냥 옛날 어느 시점에 일어난 일이 아니다. 주님의 부활은 지금도 우리에게 놀라운 교훈을 준다. 예수님의 부활과 관련해서 역사적인 사건에 현실적인 교훈이 들어있다. 그래서 부활의 아침은 우리에게 항상 현실로 다가온다. 그러므로 우리는 주님의 부활이 역사적인 사건이라는 사실과 함께 현실적인 교훈이라는 사실을 함께 생각해야 한다. 본문이 묘사하는 부활의 아침은 오늘 우리에게 어떤 교훈을 주는가? 주님의 부활로부터 우리는 다음과 같은 몇 가지 교훈을 얻는다.

## 1. 인간의 의도와 상관없는 부활

예수님의 부활은 사람들의 의도와는 완전히 다른 것이었다. 제자들은 아예 주님의 부활을 믿지 않았다. 그들은 부활하신 주님을 가장 먼저 만난 막달라 마리아와 시골로 가다가 부활하신 주님을 만난 두 사람이 제자들에게 부활의 소식을 전했을 때 믿지 않았다(16:11,13). 이 때문에 나중에 부활하신 주님은 제자들에게 나타나서 그들의 믿음 없는 것과 마음이 완악한 것을 꾸짖었던 것이다(16:14). 이런 불신은 심지어 베드로에게도 마찬가지였고 더 심했던 것 같다. 그래서 부활현장에 나타난 천사는 여자들에게 주님의 "제자들과 베드로"(7)에게 말하라고 했다. 베드로는 다른 제자들 다음에 언급되었다. 이렇게 주님의 부활은 제자들의 생각과 상관없는 것이었다.

예수님의 부활은 안식일 후 첫날 새벽에 등장한 여자들의 생각과도 상관없었다. 여기에 몇 명의 여자들이 거명된다. "막달라 마리아와 야고보의 어머니 마리아와 살로메"(1). 이 여자들에 대하여 일일이 설명할 필요는 없을 것 같다. 단지 중요한 것은 이 여자들이 오늘날로 보면 일종의 소그룹을 이루고 있었다는 점이다. 이 소그룹은 무엇을 위한 것인가? 그것은 예수님께 향품을 바르기 위한 소그룹이었다. "예수께 바르기 위하여"(1). 정확하게 말하자면 예수님의 주검에 향품을 바르는 것이다. 이 여자들의 소그룹은 죽은 예수님께만 관심을 가졌다. 그들의 관심의 대상은 무덤의 예수였다. 여자들은 예수님의 주검에만 마음을 두었다. 따라서 이 소그룹은 예수님의 죽음에만 관심이 머문 소그룹이었다. 현금에 많은 목회자들이 소그룹 운동을 중요시하면서 소그룹 자체에 큰 의미를 둔다. 그들은 소그룹 운동에 교회부흥의 원인이 있다고 생각한다. 하지만 소그룹은 각 구성원에게 생명력이 없으면 가치가 없다. 다시 말해서 개인 신앙이 있고야 비로소 소그룹의 신앙이 의미가 있다는 것이다. 개인 신앙이 없는 소그룹은 오히려 더욱 심각한 문제를 야기할 뿐이다.

여자들의 모습이 생생하게 묘사된다. 그들의 첫 모습은 준비성이다. 여자들은 예수님의 시신에 바르기 위하여 향품을 사다 두었다(1). 그들은 안식일이 끝나자마자(토요일 저녁) 향품을 준비했던 것이다. 게다가 여자들은 아주 부지런한 모습을 보여주었다. 그들은 "매우 일찍이 해 돋을 때에"(2) 무덤으로 갔다(주일 아침). 이것은 토요일 저녁부터 주일 아침까지 밤을 꼬박 지새웠을지도 모르는 여자들의 대단한 열심을 보여준다. 더 나아가서 여자들은 자신들의 의도를 어떻게 실현할 수 있을지 대화를 나누었다. "서로 말하되 누가 우리를 위하여 무덤 문에서 돌을 굴려 주리요"(3). 여자들의 대화는 서로의 생각을 모으는 일종의 회의와도 같은 것이었다. 그러나 여자들의 준비와 열심과 논의는 아무런 의미가 없는 것이었다. 왜냐하면 그것은 오직 예수님의 죽음과 관련된 것일 뿐이지 예수님의 부활과 관련된 것이 아니기 때문이다.

여자들의 준비와 열심과 대화는 모조리 예수님의 주검과 관련된 것일 뿐이었다. 그러나 주님께서는 부활하셨다. 예수님은 여자들의 준비, 열심, 대화와 아무런 상관없이 부활하셨다. 주님의 부활은 여자들의 활동과 아무런 상관없이 발생했다. 그들의 수고는 모두 허사였다. 여자들의 노력은 주님의 부활에 상관이 없으며 도움이 되지 않았다. 예수님의 부활은 인간의 의도와 아무런 상관없는 부활이었다.

오늘날 우리는 무엇을 위하여 준비하며 열심을 내며 논의를 하는가? 우리 신자들도 사회생활은 물론이고 교회활동에서도 무엇인가를 준비하며 무엇인가에 열심을 내며 무엇인가를 놓고 논의를 한다. 예를 들어 주일에 우리가 하루 종일 하는 일을 무엇을 위한 것인가? 얼마 전 나는 여기저기에서 인기를 얻는 어떤 찬양전문 사역자가 주일 저녁집회에서 찬양을 인도하기 위해 토요일 밤을 꼬박 새워가면서 회의를 하고 준비를 하는 데 온 힘을 쏟은 후에 주일아침 예배시간에는 집에 가서 잠을 자고 비로소 저녁 때 교회에 온다는 말을 들었다.

우리의 준비와 열심과 대화는 무엇을 위한 것인가? 우리는 주님에게 아무짝에도 쓸모없는 무엇인가를 준비하고 있는 것이 아닌가? 우리의 헛된 향품은 무엇인가? 우리는 주님과 아무런 상관이 없는 일에 이른 아침부터 열심을 내고 있는 것이 아닌가? 우리의 무의미한 새벽은 무엇인가? 우리는 주님의 뜻과 전혀 다르게 많은 시간을 드려 대화를 나누고 토론을 하며 회의를 하고 있는 것이 아닌가? 여자들이 주님의 무덤을 막고 있는 심히 큰 돌 때문에 허망한 대화를 나누었듯이, 우리도 머리를 싸매고 이야기해봐야 별 해결책을 낼 수 없는 일을 놓고 인간적인 생각을 교환하며 회의하느라고 귀중한 시간을 다 소모하는 경우가 많다. 우리는 사람들 보기에는 심히 큰 돌이라 할지라도 주님이 치우시면 간단하다는 것을 잊어버린다.

여자들과 마찬가지로 우리는 지금 예수님의 부활과 무슨 상관이 있는 일을 하고 있는가? 우리의 삶은 예수님과 상관이 있는가? 우리는 우리가 스스로 생각하는 예수 일에 심취해 있는 것이 아닌가? 우리는 주님이 전혀 원하지 않는 일에 몰두하고 있는 것이 아닌가? 우리는 단지 우리가 생각하기에 주님에게 필요하다고 여기는 일들에 열심 내고 있는 것이 아닌가? 우리는 피리도 불고 춤도 추지만 주님은 전혀 관심이 없는 우리만의 잔치를 벌이고 있는 것은 아닌가? 소그룹을 만드는 것, 주님을 위하여 준비를 하며 부지런을 떨며 대화를 나누는 것이 누구를 위한 것인가? 그런 모든 일이 예수님의 의도와 상관이 없다면, 예수님의 일과 관련이 없다면, 예수님이 원하시는 것이 아니라면, 우리는 예수 없이 따로 돌고 있는 것이 아닌가? 우리의 톱니바퀴는 주님의 톱니바퀴와 아무런 상관없이 돌고 있는 것이 아닌가? 우리는 물레방아에 물리면 쉬울 떡메를 내 손으로 내려치는 수고를 하고 있는 것이 아닌가?

## 2. 조용한 부활

예수님의 부활은 이미 오래 전에 예언된 것이다. 구약성경에 주님의 부활이 약속되었고 많은 사람들이 그 날을 기다렸다. 그러나 놀랍게도 정작 예수님의 부활은 대단히 조용하게 진행되었다. 여자 세 명이 주님의 무덤을 찾아간 것을 제외하고는 인간 편에는 부활의 현장에 아무도 없었다. 게다가 더욱 놀라운 것은 예수님이 부활하신 자리에 천사들도 많이 나타나지 않았다는 것이다. 본문에 의하면 거기에는 오직 한 천사가 등장했다. "흰 옷을 입은 한 청년이 우편에 앉은 것을 보고 놀라매"(5). 누가와 요한은 두 천사가 나타났다고 말한다(눅 24:4; 요 20:12). 마가는 훨씬 더 절제된 숫자를 사용하고 있다. 하여튼 두 명이든 한 명이든지 간에 주님께서 부활하신 자리에 왜 천군천사가 동원되지 않았을까? 물론 천상에서는 주님의 부활과 관련해서 소동이 일어났을 것이다. 하지만 지상에는 오직 제한된 수의 천사만이 나타났다. 이것은 큰 잔치를 벌이면서 문을 꼭 걸어 잠그고 집안에서만 즐거워할 뿐 밖에는 그저 "행사 중"이라고 쓴 팻말 하나 내건 것과 다를 바가 없는 현상이다.

우리는 무슨 장 자리에 취임만 해도 수많은 사람을 초청한다. 또 우리는 저명인사가 무슨 장 자리에 취임만 해도 남에게 질세라 부지런히 축하하러 간다. 그러나 예수님이 부활하신 자리에는 땅의 대표로 오직 여자 세 명이 방문했고, 하늘의 대표로 오직 한 천사가 등장했다. 그 이유가 무엇일까? 주님의 부활은 사람들이나 천사들을 드러내는 이벤트가 아니기 때문이다. 사람들이나 천사들이 부활축하무대를 열면 결국 예수님은 사라지고 그들이 박수를 받을 것이기 때문이다. 오늘날 한국교회는 부활주일이 되면 연합새벽예배를 하는 것이 관례로 되어있다. 사실 성도들이 연합해서 예배를 드린다는 것은 얼마나 좋은 일인가? 그러나 실상을 파헤쳐보면 부활주일 연합새벽예배가 그렇게 좋은 일만은 아니다. 조금 쓴 소리를 하자면 목사도 성도도 문제가 심각하기 때문이다. 목사들은 그 예배에서 설교든 기도든 축도든 순서를 하나 맡겠다고 앞을 다투어 신청을 한다. 주님께 영광을 돌리기보다는 자신이 영광을 받고 싶은 것이다. 성도들은 그 예배에서 자기네 교회 목사가 순서를 맡은 것을 자랑스럽게 생각하고 자기네 교회 사람들이 많이 참석한 것을 뽐내면서 주님께 영광을 돌리기보다는 스스로 영광을 취한다.

오늘날 교회들과 신자들은 주님께 영광을 돌리기보다는 스스로 영광을 받기 위하여 시위적인 이벤트를 만드는 데 열을 올리고 있다. 실내체

육관을 빌려 수많은 사람들을 동원해서 대형집회를 열고, 흰 장갑을 끼고 십자가를 멘 채 가두행진을 하며, 종교가 다른 나라의 한복판에서 보란 듯이 북치고 노래하며 거리공연을 하고, 여기저기에서 돈을 끌어 모아 소외된 사람들에게 밥 퍼주고 국 퍼준답시고 요란하게 사진을 찍어 홍보한다. 이것은 보이는 기독교이며, 보이기에 힘쓰는 기독교이며, 보이는 것에 목매단 기독교이며, 보이는 것이 전부인 기독교이다. 이것이 쇼 기독교의 실체이다. 이렇게 하여 기독교의 무대에서 예수님은 사라지고 사람만 남았다. 보이는 기독교에서 사람들이 촬영기 앞에서 손가락으로 브이자를 만들어 올리고 이를 드러내놓고 웃을 때 주님은 그림자도 없이 실종되었다.

예수님은 보이는 종교로 전락해버린 유대교를 신랄하게 비판하신 적이 있다. 특히 서기관들이 긴 옷을 입고 다니는 것과 외식으로 길게 기도하는 것을 비판하셨다(막 12:38,40). 주님은 신자들도 이런 부패한 짓에 곧잘 빠질 수 있기 때문에 누누이 경계하셨다. "사람에게 보이려고 그들 앞에서 너희 의를 행하지 않도록 주의하라"(마 6:1). 무엇보다도 구제와 기도와 금식 같은 지극히 종교적인 행위에서 그런 잘못을 저지르지 않도록 주님은 경계하고 또 경계하셨다. 하지만 오늘날 기독교는 주님께서 심각하게 주신 경고의 말씀을 콧등으로도 듣지 않고 보이는 기독교로 전락해버렸다. 기독교는 예수님을 위한다는 표어 아래 수많은 시위적인 행사를 개최하지만 주님이 영광을 받는 것이 아니라 사람들이 영광을 받는다. 교회와 성도는 조용해라. 떠는 것을 멈추고 드러내는 것을 그쳐라. "오직 여호와는 그 성전에 계시니 온 땅은 그 앞에서 잠잠할지니라"(합 2:20). 예수님의 부활은 대단히 조용하게 진행되었다. 주님의 조용한 부활은 자신을 보이고 싶고 드러내고 싶은 우리의 악하고 부패한 본성에 대한 철저한 도전이다.

예수님의 부활현장은 매우 조용했다. 거기에는 이벤트도 팡파르도 축하무대도 퍼레이드도 없었다. 부활은 조용한 현장이었다. 부활 그 자체에 능력이 있는 것이지 부활의 행사에 영광이 있는 것이 아니기 때문이다. 부활의 행사는 금방 지나갈 것이지만 부활 그 자체는 영원히 능력을 발휘하기 때문이다. 그러므로 중요한 것은 예수님이 부활하셨다는 사실이다.

그리고 더욱 중요한 것은 부활하신 예수님을 만나야 한다는 것이다. 그러므로 천사는 여자들에게 갈릴리에 가서 부활하신 주님을 보아야 할 것을 말했던 것이다. "너희가 거기서 뵈오리라"(7). 부활행사에 육체적으로 참석하는 것이 중요한 것이 아니라 부활예수님을 인격적으로 영접하는 것이 중요하다. 그러므로 요란뻑적지근한 행사를 하는 데 힘을 쏟을 것이 아니라 조용히 개인적으로 주님을 만나는 데 관심을 기울여야 한다. 천사가 여자들에게 한 말을 깊이 새겨야 한다. "너희가 십자가에 못 박히신 나사렛 예수를 찾는구나 그가 살아나셨고 여기 계시지 아니하니라"(6). 우리는 행사를 찾을 것이 아니라 예수님을 찾아야 한다. 우리는 무덤에 누인 예수님을 찾을 것이 아니라 부활하신 주님을 찾아야 한다. 우리는 죽음에서 부활하신 주님을 확신해야 한다. 부활의 주님에 대한 확신이 없는 부활주일 행사는 그 자체가 무의미하다. 부활하신 예수님이 생명의 구주로 영접되어야 한다. 그리고 주님께 성숙한 관계로 항상 붙어있어야 한다.

예수님의 부활은 역사적 사건이다. 주님의 부활이 역사적 사건이 아니라면 사도 바울이 말했던 것처럼 우리의 전파도 우리의 신앙도 헛것이며 우리는 헛된 사람들이 되고 만다(고전 15:15). 그러나 주님의 부활은 역사적인 사실이기 때문에 우리의 전파도 우리의 신앙도 모두 진실한 것이며 우리는 부활의 소망을 굳게 가진다. 따라서 주님의 부활은 우리에게 지금도 놀라운 교훈을 주는 현실적인 사건이다. 그것은 그냥 과거의 사건이 아니다. 주님의 부활은 모든 시대에 말을 건다. 예수님의 부활은 자신의 부활을 대망하는 신자들에게 놀라운 교훈을 전달한다. 그것은 매우 현실적인 메시지이다. 주님의 부활현장은 우리에게 예수님의 뜻과 부합된 신자가 될 것과 조용한 기독교가 될 것을 요청하고 있다.

# 믿지 아니함일러라

Mark 16:14-18 ———————————————————————

사람의 기본적인 사상 가운데 하나가 이원론이다. 이원론적인 사고에 젖어있는 사람들은 빛과 어둠이 대립하고 선과 악이 투쟁한다고 생각한다. 그런데 신자들 가운데도 이원론에 빠져있는 사람들이 있다. 신자들의 이원론은 자주 신앙과 생활의 마찰로 나타난다. 어떤 신자들은 너무 신앙에 치우치다가 그만 생활을 잃어버린다. 그러나 역으로 어떤 신자들은 신앙은 상실하고 생활에만 몰두한다. 이런 신자들은 하나님과 내면적인 관계가 없이 형식적인 신앙인이 되고 만다. 우리는 본문에서 제자들로부터 이런 모습을 발견한다.

## 1. 믿음 상실

제자들의 가장 큰 문제는 불신이었다. 주님의 부활과 관련하여 제자들의 불신이 얼마나 깊었는지를 보게 된다. 부활하신 주님께서는 먼저 마리아에게 나타나셨다(9-11). 마리아는 주님과 함께 하던 사람들에게 이 사실을 보고하였다. 그러나 그들의 반응은 불신이었다. "그들은 예수께서 살아나셨다는 것과 마리아에게 보이셨다는 것을 듣고도 믿지 아니하더라"(11). 또한 주님께서는 부활하신 후에 시골로 가는 두 사람에게 나타나셨다(12-13). 두 사람은 가서 남은 제자들에게 주님의 부활 소식을 알렸다. 그러나 제자들은 불신하였다. "역시 **믿지 아니하니라**"(13). 이 때문에 주님은 제자들에게 나타나시어 불신을 책망하셨다. "그들의 믿음 없는 것과 마음이 완악한 것을 꾸짖으시니 이는 자기가 살아난 것을 본 자들의 말을 **믿지 아니함일러라**"(14).

그런데 본문을 잘 살펴보면 제자들에게 불신보다도 더 큰 문제는 이 원론적인 현상이었다.

### 1) 불신 중에도 일상생활의 반복

제자들은 주님의 부활을 불신하면서도 일상생활을 그대로 반복하였다. 그들은 식사자리를 마련했다. "음식을 먹을 때에"(14). 제자들은 신앙을 잃고도 일상에는 힘을 썼다. 제자들은 자신들이 왜 주님의 부활을 믿지 않는지 생각해보지 않았다. 아무도 그런 화두를 꺼내지 않았다. 마리아의 말과 두 사람의 말에 관해서 심각하게 논의하지 않았다. 제자들은 그냥 늘 하던 대로 식사시간이 되자 식사자리에 앉아서 밥을 먹었다. 그들은 늘 하던 대로 눕듯이 몸을 한 쪽으로 기울여 음식을 먹으면서 아무런 일도 없었다는 듯한 여유를 부렸다. 그들에게는 이렇게 밥만 먹고 있어도 괜찮은지 물음이 없다. 그들은 지금 제대로 하고 있는 것인지 전혀 반성해 보지 않았다.

우리도 마찬가지이다. 우리는 지금도 설교를 통해서 계속해서 복음을 듣는다. 그러나 이에 대한 고민이나 아픔이 없다. 그냥 듣기만 한다. 그리고 아무런 일도 없다는 듯이 일상생활을 계속한다. 막연하게 그런 이야기가 있었는가보다 생각하고 만다. 그리고는 들은 말씀을 곧바로 기억에서 지워버린다. 우리는 내가, 우리가, 지금 제대로 하고 있는 것인지 묻지 않는다. 믿음에 대한 고민이 없이 일상생활에 파묻힌다. 일상생활로 빨리 되돌아가며 쉽게 반복한다. 우리는 믿음 없이 이렇게 살아도 괜찮은 것인지 질문하지 않는다. 우리에게서 신앙에 대한 고민의 흔적이 발견되지 않는다.

우리는 믿음으로 일상생활을 끌어가지 않는다. 일상생활에 믿음이 관통하며 스며들게 하지 않는다. 일상생활이 믿음에 의해 주도되게 하지 않는다. 우리는 믿음이 없음을 안타까워하지 않고 생활에 몰두하고 만다. 우리의 모습은 안일하다. 우리는 무엇을 먹을까, 무엇을 마실까 생각할 뿐이다. 그러다 보니 믿음 없이 사업하며, 믿음 없이 사회생활을 한다. 믿음에 대한 의지가 없다. 가정생활도 계속하며, 돈 버는 일도 계속하지만 믿음 없다는 것이 고민이나 아픔이 되지 않는다. 일상생활이 별 다를 바 없이 그대로 지속된다.

### 2) 불신 중에도 공동체 생활의 연속

그런데 제자들에게는 더 큰 문제가 있었다. 불신 중에도 일상생활이 반복되었다는 것보다도 더 심각한 문제가 있었다. 그것은 제자들이 불신 중에도 공동체 생활이 지속되고 있었다는 사실이다. 본문에서 "열한 제자가"(14)라는 표현에 주목해야 한다. 열한 제자가 다시 식사자리에 모였다. 외형적으로 보면 전과 크게 다를 바 없는 모습이다. 다른 점이 있다면 가룟 유다가 빠졌다는 것이다. 그 외에는 변함이 없다. 그들은 여전히 공동체를 이루고 있었다. 공동체 생활을 지속하고 있었다. 그들은 함께 모여 식사를 했다. 그들은 함께 먹기 위해서 모였다.

주님의 십자가 죽음 후에 공동체가 와해된 것이 아니다. 주님이 감람산 겟세마네에서 체포를 당하실 때 제자들은 모두 도망을 쳤었다. "제자들이 다 예수를 버리고 도망하니라"(막 14:50). 그런데 지금은 오히려 다시 모임을 가지고 있다. 외형적으로 보면 공동체가 와해되기는커녕 도리어 회복된 것처럼 보인다. 게다가 그것은 식사공동체였다. 그러나 결정적인 문제는 제자들의 공동체에 믿음이 빠졌다는 것이다. 제자들의 공동체의 문제는 믿음의 결여이다. 제자들의 공동체는 외형적으로 존재하지만 내면적으로는 손상되었다. 제자들의 공동체는 예수님의 부활에 대한 신앙이 없다. 그것은 불신으로 왜곡된 불신적인 공동체였다.

이것은 오늘날 우리의 공동체에서도 자주 나타나는 현상이다. 우리에게도 외형적으로는 공동체가 성립된다. 우리에게는 예배도 있고, 조직도 있고, 경제도 있고, 행사도 진행된다. 심지어 공동식사도 있다. 그런데 문제는 믿음이 없다. 모든 것이 외형적으로 볼 때 안정되어 있다. 외형적으로는 모든 것이 안정된 것처럼 보인다. 그러나 문제는 믿음이 없다는 것이다. 우리가 심각하게 따져보아야 할 것이 바로 이 점이다.

왜 우리는 공동체를 유지하는가? 여러 가지 이유가 있을 것이다. 제자들은 함께 먹기 위해서 모였는데, 우리는 왜 모이는가? 어떤 사람들은 인간관계 때문에 모인다. 가족관계, 친구관계, 동료관계 같은 사회적 관계가 공동체를 이루는 기반이 된 것이다. 이런 사람들은 체면 때문에 공동체에 속한다. 어떤 이들은 관습 때문에 공동체에 나온다. 오랫동안 기독교에 젖어있기 때문에 공동체 생활을 한다. 이런 사람들은 기독교가 익숙하기 때문에, 교회가 익숙하기 때문에 그냥 공동체에 속한다. 오늘날 많은 교회들이 재미를 추구하는 데 힘쓰지만 믿음을 추구하는 데 힘쓰지 않는다. 성도 상호 간의 교제에 힘쓰지만, 진리와의 교제에 힘쓰지 않는다.

우리는 믿음의 공동체를 이루어야 한다. 인간관계를 돈독히 하기 위한 공동체가 되면 안 된다. 개인적인 재미를 얻기 위한 공동체가 되어서도 안 된다. 믿음의 공동체가 되어야 한다. 공동체에는 인간관계나 재미보다 믿음이 중요하다. 믿음의 공동체가 되어야 한다. 부활의 주님을 믿어야 한다. 우리의 죄를 위하여 죽으신 주님, 우리의 생명을 위하여 살아나신 주님을 믿어야 한다. 부활에 대한 믿음을 가진다는 것은 성경의 진리를 받아들인다는 것을 의미한다. 그것은 제자들에게는 구약의 증언과 예수님의 증언을 받아들이는 것이었고, 우리에게는 구약의 증언과 예수님의 증언과 사도들의 증언을 받아들이는 것이다. 한 마디로 말하자면 성경진리를 받아들이는 것이다. 이렇게 부활에 대한 믿음이 공동체를 이끌어가야 한다. 신자들은 공동체를 통해서 믿음을 배워야 한다. 무엇보다도 중요한 것은 믿음을 확립하기 위해서 공동체가 모여야 한다는 것이다. 일하기 위해서 공동체가 성립되면 안 된다. 공동체를 통해서 믿음을 확립해야 한다. 제자들의 급선무는 불신 해소하는 것이었듯이, 오늘날 우리의 급선무도 불신을 해소하는 것이다.

## 2. 전도 요청

그러면 불신을 해소하는 길은 무엇인가? 부활하신 주님은 제자들에게 불신을 해소하는 지름길을 알려주셨다. 제자들은 주님의 부활을 불신했다. 그런데 부활하신 주님은 불신하는 제자들에게 전도하라고 말씀하셨다. "너희는 온 천하에 다니며 만민에게 복음을 전파하라"(15). 이것은 언뜻 보면 매우 이상한 논리이다. 주님께서는 믿음으로 충일한 제자들에게 복음전파를 요구하는 것이 아니라 믿음이 결여된 제자들에게 복음전파를 요구하고 있기 때문이다. 주님은 제자들에게 불신에 가득 차 있지 말고 할 일이 있다는 것을 알려주셨다. 왜 그랬을까? 그 이유는 전도야말로 불신을 깨뜨리는 최선의 방법이기 때문이다. 아이러니이다. 복음을 전하면 믿음이 강해진다. 온 천하를 다녀보면 얼마나 많은 사람들이 사망에 종노릇하고 있는지 볼 수 있다. 모든 사람들이 죽음을 두려워한다. 죽음은 사탄의 가장 강력한 무기이다. 그 때문에 사람들은 잘못된 신앙을 가진다. 사람들은 죽음의 공포에서 벗어나기 위하여 미신과 우상을 섬긴다. 그러나 부활신앙이 없다면 그들은 모두 무의미한 인생이 된다. 부활신앙만이 죽음에 대한 공포를 깨뜨리고 사탄을 이긴다. 부활신앙만이 사람들을 진정한 생명으로 초대한다. 사람들은 부활신앙을 가질 때 인생의 새로운 가치를 얻는다.

주님은 불신하는 제자들에게 복음전도를 요청하셨다. 복음전도는 이원론을 극복한다. 복음전도는 믿음과 생활이 따로 도는 이원론을 해소한다. 그러므로 불신에 머물러 있지 말고 복음전도에 나서라는 것이다. 복음을 전하기 위해서는 몇 가지 교훈을 이해해야 한다.

첫째로 복음을 전하기 위해서 대상을 정해야 한다. 주님은 온 천하와 만민이 복음의 대상이라고 말씀하신다(15). 온 세상이 대상이다. 그러므로 우리는 어디에 복음을 전할까 생각해야 한다. 모든 사람이 복음전도의 대상이다. 그러므로 우리는 누구에게 복음을 전할까 생각해야 한다. 보통 우리는 교회를 통해서 또는 선교기관을 통해서 간접적으로 복음을 전하는 것으로 만족하는 경향이 있다. 그러나 우리는 개인적으로 나의 전도대상을 만들어야 한다. 전도하지 못할 대상은 없다. 모든 사람이 전도의 대상이다. 그러므로 모든 계층을 대상으로 삼아야 한다. 높낮이가 문제 되지 않는다. 모든 영역을 대상으로 삼아야 한다. 모든 생활권이 전도의 대상이다. 모든 시간을 사용해야 한다. 좋은 때도 나쁜 때도 복음전도의 시간이기 때문이다(딤후 4:2).

둘째로 복음전도의 방법을 강구해야 한다. 주님은 "온 세상 안으로"(15) 라고 말씀하셨다. 이것은 참여적 전도를 의미한다. 우리는 복음을 전하기 위해서 세상에 참여해야 한다. 불신세상을 뚫고 들어가라. 불신세상 밖에서는 아무리 외쳐도 소용이 없다. 불신자의 사회와 세계로 들어가야 한다. 그들과 관계를 맺어야 한다. 관계전도가 좋다. 친구를 삼고 이웃을 삼아야 한다. 그리고 이웃과 친구에 대하여 좋은 관계를 맺어야 한다. 그 다음에는 복음을 가지고 다가가야 한다. 우리는 복음을 전하는 일에 골몰해야 한다. 어떻게 하면 복음을 전할까 연구해야 한다. 전도대상을 선정하고, 그를 위하여 기도하고, 그에게 접근할 방법을 강구하고, 접근할 시기를 잡아야 한다.

셋째로 복음전도는 적극적으로 해야 한다. 이 때문에 주님은 제자들에게 가라고 말씀하신다. "가서"(15). 우리는 복음을 전하기 위해서 가야 한다. 행동해야 한다. 기도만 해서는 안 된다. 생각만 해서는 안 된다. 계획만 세워서는 안 된다. 실천해야 한다. 전도에 적극적인 행동을 보여야 한다. 만나고 말해야 한다. 찾아가야 한다. 저절로 전도되는 법은 없다. 주님은 우리에게 행동을 요구하신다. 행동할 것을 요구하신다. 항상 가라고 말씀하신다(마 10:7 "가면서 전파하라").

넷째로 복음을 제시해야 한다. 주님은 "복음을 전파하라"(15)고 말씀하신다. 복음 외에 다른 말은 능력이 없다. 복음을 전하러 가서 다른 말만 실컷 하고 돌아오면 안 된다. 정치 이야기, 세상 이야기, 돈 버는 이야기, 자녀교육, 자기자랑, 이것들은 도리어 전도의 문을 막는다. 우리는 사람들에게 복음을 말해주어야 한다. 그렇게 하기 위해서는 나 자신이 먼저 복음을 명확하게 알고 있어야 한다. 또한 복음을 명확하게 제시할 수 있는 교안을 가지고 있어야 한다. 머릿속에 대충 가지고 있으면 안 된다. 명확한 내용을 가지고 있어야 한다. 인간의 문제를 말하라. 인간에게는 자기 해결이 없다. 하나님의 은혜를 말하라. 하나님은 우리의 영혼(죄의 문제)과 육체(삶의 문제)를 해결해주신다. 예수님을 말하라. 십자가의 죽음이 우리를 구속한다. 하나님의 자녀/백성 됨에 대하여 말하라. 그것은 영광스러운 삶이다. 이렇게 할 때, 새로운 가치관이 획득된다. 우리는 복음을 전하면서 상대방이 직면한 삶의 문제를 파악해야 한다. 그리고 복음이 삶 문제의 진정한 해결책임을 알려주어야 한다. 삶과 직결되지 않으면 복음을 받아들이지 않기 때문이다.

지금도 많은 신자들이 이원론을 벗어나지 못하고 그 속에서 헤매고 있다. 그들은 신앙과 생활에 괴리를 일으킨다. 믿음 없이 일상을 지속하며, 믿음 없이 교회에 다닌다. 믿음 없이 일상을 지속하지 말라. 믿음 안에서 일상을 살자. 믿음 없이 교회에 다니지 말라. 믿음으로 충일한 공동체 생활하자. 이원론을 분쇄하는 지름길은 복음전도를 실행하는 것이다. 전도로 믿음을 확립하자. 우리가 믿는 예수님을 전해보자. 전도는 신앙과 생활에 괴리를 일으키는 이원론을 깨뜨리는 가장 좋은 무기이다.

# 하늘로 올려지사

Mark 16:19-20

모든 것에 시작이 있고 끝이 있다. 인생이 그렇다. 출생이 있으면 사망이 있다. 말도 그렇다. 서두가 있으면 결어가 있다. 모든 것에 시작이 있으면 끝이 있다. 마찬가지로 마가복음도 시작을 가지고 있고 끝을 가지고 있다. 처음에 마가복음은 "하나님의 아들 예수 그리스도의 복음의 시작이라"(막 1:1)는 말로 시작했다. 그리고 마지막에 마가복음은 "주 예수께서 말씀을 마치신 후에 ... 말씀을 확실히 증언하시니라"(막 16:19-20)는 말로 종결한다. 마가복음의 끝 부분은 주님께서 최종적으로 제자들에게 어떤 뜻을 가지고 계셨는지를 보여준다는 점에서 매우 중요하다. 마가복음의 종결부를 통해서 주님의 최종적인 뜻이 무엇이었는지를 살펴보자.

## 1. 말씀을 마치신 주님

주님께서 이 땅에서 말씀을 마치셨다. "주 예수께서 말씀을 마치신 후에"(19). 주님은 이 땅에 계시는 동안에 많은 말씀을 하셨다. 주님은 무엇보다도 하나님의 나라를 가르치고 전파하셨다. 하나님의 나라는 주님께서 가르치신 첫 말씀이자 마지막 말씀이었다. 처음에 주님은 갈릴리에 오셔서 하나님의 복음을 전파하셨다. "때가 찼고 하나님의 나라가 가까웠으니 회개하고 복음을 믿으라"(막 1:15). 하나님의 나라는 때로는 설교로,

때로는 비유로, 때로는 논쟁으로 설명되었다. 주님께서는 제자들과 마지막으로 만찬을 나누시면서 하나님의 나라를 언급하셨다. "진실로 너희에게 이르노니 내가 포도나무에서 난 것을 하나님 나라에서 새 것으로 마시는 날까지 다시 마시지 아니하리라 하시니라"(14:25). 주님께서는 승천하시기 직전에 제자들에게 복음전도에 대한 사명을 고취시키는 말씀을 주셨다. "또 이르시되 너희는 온 천하에 다니며 만민에게 복음을 전파하라"(15). 이렇게 주님은 이 땅에 계시는 동안에 많은 말씀을 하셨다.

그러나 이제 주님은 더 이상 이런 방식으로 말씀하시지 않는다. 주님은 지상에서 육성으로 말씀하시는 것을 끝내셨다. 그러므로 더 이상 주님의 육성이 이 땅에 울리지 않는다. 이 때문에 지금도 주님께서 이런 방식으로 말씀하실 것을 기대하는 것은 옳지 않다. 이런 기대를 가지면 잘못된 신앙을 낳는다. 오늘날도 주님의 육성을 들으려고 하면 오류가 생기고 이단이 발생한다. 그러면 왜 주님은 더 이상 이런 방식으로 우리에게 말씀하시지 않는가?

첫째로 주님께서 지상에 계시는 동안에 들려주신 말씀이면 우리의 구원과 생활에 충분하기 때문이다. 주님께서 이 땅에 계시는 동안에 하신 말씀만 가지고 있으면 구원을 받기에 충분하고 구원의 삶을 살기에 충분하다. 그 말씀으로 우리는 하나님의 나라를 알기에 부족함이 없으며, 신자의 거룩한 삶을 살기에 충분하다.

둘째로 주님은 그 말씀을 성경에 기록하게 하셨기 때문이다. 지금 우리는 성경기록을 보면 주님의 말씀을 알 수 있다. 주님의 말씀은 성경을 통해서 계속된다. 그래서 주님의 말씀을 들으려면 성경으로 돌아가야 한다. 우리는 성경에서 주님의 모든 말씀을 들을 수 있다. 그러므로 우리는 주님께서 이 땅에서 말씀하셨던 말씀을 듣기 위하여 부지런히 성경으로 돌아가야 한다.

## 2. 하늘로 올리어지신 주님

주님은 이 땅에서 말씀을 마치신 후에 하늘로 올리어져 하나님의 우편에 앉으셨다. 주님께서 하나님의 우편에 앉으셨다는 것은 매우 중요한 의미를 가진다. 그것은 무엇보다도 주님께서 지상활동을 종결하고 천상활동을 시작하셨다는 의미를 가진다. 여기에서 두 가지가 중요하다.

## 1) 하늘로 올리어짐

무엇보다 주님이 하늘로 올리어지셨다는 것의 중요성이다. 주님은 하늘로 올리어졌기 때문에 더 이상 세상의 어떤 권세도 주님을 공격하지 못한다. 사실상 주님은 이 땅에 계시는 동안에 세상 권세들에 의하여 수많은 공격을 받으셨다. 유대종교의 지도자들이 주님을 공격했고, 헤롯과 빌라도 같은 정치지도자들이 주님을 공격했다. 주님께서는 이런 공격을 받으심으로써 심지어는 십자가의 죽음의 길을 가셨다. 그러나 주님은 이제 하늘로 올리어지심으로써 더 이상 세상의 권세에 의해 침범 당하지 아니하신다. 심지어는 죽음의 권세도 주님을 침범하지 못한다. 주님은 하늘로 올리어졌기 때문에 더 이상 땅에 매인 분이 아니다. 주님은 진정한 자유의 주인이시다. 따라서 주님은 세상의 눈치를 따를 분이 아니며, 인생의 감시를 당할 분이 아니다. 도리어 주님은 세상의 권세를 다스리시며 인생의 능력을 통치하신다. 주님께서 하늘로 올리어졌기 때문에 주님의 천상활동은 안전하며 확고하며 견고하다.

이로 말미암아 하나님의 성도들은 가장 큰 힘을 얻는다. 주님이 올리어진 하늘이 우리의 소망이다. 우리는 주님이 계신 하늘을 바라보면서 산다. "위의 것을 찾으라 거기는 그리스도께서 하나님 우편에 앉아 계시느니라"(골 3:1). 우리의 소망은 이 땅에 있지 않다. 이 땅에 있는 것들은 모두 지나가는 것이다. 지상의 모든 것들은 그림자처럼 사라지며 물위의 배 지나간 자리처럼 사라진다. 오직 주님이 계신 하늘에만 우리의 소망이 있다. 주님이 올리어진 하늘의 소망은 부패도 오염도 쇠퇴도 없다. "우리 주 예수 그리스도의 아버지 하나님을 찬송하리로다 그의 많으신 긍휼대로 예수 그리스도를 죽은 자 가운데서 부활하게 하심으로 말미암아 우리를 거듭나게 하사 산 소망이 있게 하시며 썩지 않고 더럽지 않고 쇠하지 아니하는 유업을 잇게 하시나니 곧 너희를 위하여 하늘에 간직하신 것이라"(벧전 1:3-4). 그러므로 하나님의 성도들은 하늘을 올려다볼수록 자유롭

265

다. 우리는 하늘을 생각할수록 평안하며 기쁘다.

### 2) 하나님의 우편에 앉으심

나아가서 주님께서 승천하시어 하나님의 우편에 앉으셨다는 것의 중요성이다. 주님께서 하나님의 우편에 좌정하심으로써 만물이 중심을 잡는다. 이것은 마치 왕이 등극할 때 나라가 중심을 잡는 것과 비슷한 현상이다. 하나님의 우편에 앉으신 주님을 중심으로 만물의 모든 질서가 확립된다. 왜냐하면 주님의 좌정과 함께 만물이 다시 머리를 얻는 것이 되기 때문이다. "하늘에 있는 것이나 땅에 있는 것이 다 그리스도 안에서 통일되게(문자대로 번역하면, 다시 머리를 얻게) 하려 하심이라"(엡 1:10). 주님이 하나님의 우편에 앉으심으로써 만물이 머리를 회복하여 안정될 뿐 아니라 신자의 구속이 완성된다. 하나님의 우편에 앉으신 주님은 우리를 위해서 두가지 일을 하신다. 첫째로 중보자가 되시며, 둘째로 후원자가 되신다.

첫째로 하나님의 우편에 앉으신 주님께서는 신자들을 위한 중보자이시다. 주님은 신자들을 위하여 중보의 기도를 드린다. 우리는 매우 연약한 사람들이다. 우리는 수많은 영적인 공격과 수다한 육체적인 고난가운데 사방으로 우겨 쌈을 당하며 살고 있다. 우리는 우리를 그리스도의 사랑에서 끊으려는 악한 시도들 앞에서 고통을 당한다. 우리는 우리 자신의 힘으로는 이런 모든 악한 시도를 이길 수 없다는 것을 잘 알고 있다. 하지만 이렇게 연약한 자리에 있으면서도 우리가 넘어지지 않는 까닭은 주님께서 하나님의 우편에서 우리를 위하여 중보의 기도를 해주고 있기 때문이다. "누가 우리를 정죄하리요 죽으실 뿐 아니라 다시 살아나신 이는 그리스도 예수시니 그는 하나님 우편에 계신 자요 우리를 위하여 간구하시는 자시니라"(롬 8:34). 우리가 말로 표현할 수 없을 정도로 심각한 고통에 빠져있을 때 하나님의 우편에 앉아계시는 주님께서 우리를 위하여 중보의 기도를 해주신다. 주님은 우리가 이 고난의 싸움에서 승리할 수 있도록 우리를 응원하신다(행 7:56). 그러므로 우리는 이렇게 고백한다. "누가 우리를 그리스도의 사랑에서 끊으리요 환난이나 곤고나 핍박이나 기근이나 적신이나 위험이나 칼이랴"(롬 8:35).

둘째로 하나님의 우편에 앉아계신 주님께서는 신자들을 위한 후원자이다. 하나님의 우편에 앉아계신 주님은 신자들에게 은혜와 위로와 사랑과 지혜와 생명과 안식과 평강과 기쁨을 주신다. 이 때문에 신자들은 은혜의 보좌 앞에 나아가야 한다. "그러므로 우리가 긍휼하심을 받고 때를 따라 돕는 은혜를 얻기 위하여 은혜의 보좌 앞에 담대히 나아갈 것이니라"(히 4:16). 주님께 나아가면 부흥과 치유와 회복을 얻을 수 있다. 근심에 처한 사람들, 사랑을 잃은 사람들, 지혜가 없는 사람들, 죽음에 처한 사람들, 고통이 있는 사람들, 불안에 빠진 사람들, 슬픔이 있는 사람들은 주님께 나아가야 한다. 주님께서는 모든 사람들을 만나주신다. "수고하고 무거운 짐진 자들아 다 내게로 오라"(마 11:28). 주님께서는 은혜의 보좌로 나오는 사람들에게 긍휼을 베푸시며 도움을 주신다. 주님께서는 우리가 처해 있는 형편에 가장 적절한 긍휼과 도움을 주신다. 주님께서는 애굽으로 팔려간 요셉에게 은혜의 손길을 펴셨던 것처럼 가장 적절한 시간에 우리에게 도움의 손길을 펴신다.

267

## 3. 사명을 주시는 주님

주님은 승천하시면서 제자들에게 사명을 주셨다. "너희는 온 천하에 다니며 만민에게 복음을 전파하라"(막 16:15). 주님의 천상활동은 제자들의 지상사명으로 이어졌다. 하나님의 우편에 앉아계신 주님께서는 제자들에게 전도의 사명을 맡기셨다. 주님께서 하나님의 우편에서 신자들을 위하여 중보의 기도를 하시며 신자들에게 가장 적절한 시간에 긍휼과 도움을 주시는 것은 단지 신자들을 위한 목적만을 가지는 것이 아니다. 하나님의 우편에 앉아계신 주님께서는 이제 제자들을 사용하시기를 소원하신다. 주님은 제자들이 세상에 복음을 전파하기를 바라신다. 제자들은 이것을 잘 이해했다. 그래서 제자들은 주님께서 하나님의 우편에 앉으시자 두루 다니며 전도를 시작했다. "제자들이 나가 두루 전파할새"(20).

지금도 하나님의 우편에 앉아계신 주님은 신자들이 제자들처럼 지상사명을 감당하기를 원하신다. 우리들도 제자들의 전도방식을 따라야 한다.

첫째로, 전도하기 위하여 나가야 한다. 이것은 전도의 활동성을 가리킨다. 우리는 전도를 위하여 활동적이 되어야 한다. 가만히 정지해 있어서는 안 된다. 입과 손과 발을 총동원해야 한다. 또한 이것은 전도의 외향성을 보여준다. 전도를 위하여 외향적이 되어야 한다. 교회는 세상을 향해 가는 문을 열어야 한다. 교회 안에만 머물면 안 된다. 우리는 주님께서 지상에 계시는 동안에 수많은 사람들을 찾아다니면서 복음을 전하시던 바로 그 사명을 맡은 것이다.

둘째로, 전도하기 위하여 두루 다녀야 한다. 이것은 전도의 범위를 확장해야 한다는 것을 의미한다. 전도하는 사람은 먼저 시야를 확장해야 한다. 공간적으로나 시간적으로나 멀리 보아야 한다(행 2:39 "이 약속은 너희와 너희 자녀와 모든 먼 데 사람 곧 주 우리 하나님이 얼마든지 부르시는 자들에게 하신 것이라"). 또한 전도하는 사람은 활동을 확장해야 한다. 계획적으로 점진적으로 널리 일해야 한다(행 1:8 참조).

셋째로, 우리의 인생의 목적 가운데 전도가 큰 몫을 차지해야 한다. 전도는 신자의 인생에서 매우 중요한 사명이다. 우리는 전도를 소홀히 하면 안 된다. 매사에 전도에 대한 의식을 가져야 한다. "너는 말씀을 전파하라 때를 얻든지 못 얻든지 항상 힘쓰라"(딤후 4:2). 전도에는 시간에 좋고 나쁨이 없다. 가장 좋은 때도 전도할 때이며, 가장 나쁜 때도 전도할 때이다. 그래서 신자는 항상 전도의 대상을 마음에 품고 기도해야 하며, 기회가 되면 복음을 제시해야 한다. 우리의 삶을 전도 모드로 바꾸어야 한다. 복음전도는 하나님의 우편에 앉아계신 주님의 뜻을 이루는 것이다. 하나님의 우편에 앉아계신 주님은 지금 우리를 전도에 사용하시기를 원하신다. 전도는 주님의 천상활동을 이루는 우리의 지상활동이다. 전도함으로써 우리는 땅에서 하늘의 주님을 이어가는 것이다.

언젠가 우리의 인생은 끝난다. 인생의 끝을 염두에 두고 전도하자. 역사도 언젠가는 끝난다. 역사의 끝을 염두에 두고 전도하자. 우리의 인생이 마감될 때까지 전도하자. 역사가 종결할 때까지 전도하자. 전도는 우리가 땅에서 하늘에 계신 주님의 뜻을 이어가는 것이다.